포스트코로나 시대와

교회의 미래

포스트코로나 시대와 교회의 미래

2020년 12월 27일 초판 1쇄 발행
2021년   7월 8일 초판 2쇄 발행

엮은이 | 미주성시화운동본부
지은이 | 강준민 고승희 김사무엘 김현경 민종기 박동식
         박성호 이상명 이상훈 이종찬 정성욱 정요석
펴낸이 | 김영호
펴낸곳 | 도서출판 동연
편 집 | 김 구 박연숙 전영수 김율 디자인 | 황경실
등 록 | 제1-1383호(1992. 6. 12)
주 소 | 서울시 마포구 월드컵로 163-3
전 화 | (02)335-2630
전 송 | (02)335-2640
이메일 | yh4321@gmail.com
블로그 | https://blog.naver.com/dong-yeon-press

ISBN 978-89-6447-640-6 03200

포스트코로나 시대와 교회의 미래

미주성시화운동본부 **엮음**

이상명 **책임 편집**

강준민 고승희 김사무엘 김현경 민종기 박동식
박성호 이상명 이상훈 이종찬 정성욱 정요석 **함께 씀**

동연

　　별안간 급습한 코로나19 팬데믹으로 인해 세계는 질병과 죽음, 자택 격리와 거리두기, 경제활동 제한과 세계 질서 재편과 같은 초유의 사태를 경험하고 있다. 이로 인한 불안과 공포는 물론 우울증과 위기감으로 인해 막다른 골목에 다다른 느낌이다. 이러할 때 교회는 그 미래가 과연 어떻게 될지를 다각적으로 예측하여 그에 대해 준비해야만 한다. 이 도서는 미주성시화운동본부가 후원하고 주최한 '포스트코로나 시대와 교회의 미래' 공개 포럼 및 출간 프로젝트의 귀한 결실이다. 목회자, 신학자들과 평신도들이 현 위기의 시대를 예리한 눈으로 통찰하여 교회의 미래를 가늠하고 교회가 나아가야 할 방향을 주요 분야별로 제시하고 있다는 점에서 이 도서는 현시대를 사는 그리스도인들이라면 한 번은 읽어야 할 필독서다.

김창길

(개신교수도원수도회 창립목사 ｜ 뉴저지장로교회 원로목사)

추천의 글

금번 미주성시화운동본부에서 주최한 '포스트코로나 시대와 교회의 미래' 공개 포럼과 도서출판은 미주 한인 교계의 획기적 프로젝트입니다. 우리는 지금까지 일 년여 동안 코로나19로 인해 집안에 격리되어 있어야 했고, 교회들이 문을 닫는 사상 초유의 일들이 일어났으며, 사회적 거리두기로 인해 이전과는 다른 일상을 지내고 있습니다. 지난 10월 초 세계보건기구(WHO)는 전 세계 인구 76억 명 중 7억 6천만 명이 코로나19에 감염되었고, 그 가운데 10%가 사망했다는 통계를 발표하였습니다. 그뿐만 아니라 코로나바이러스의 기세가 꺾일 줄 모르고 계속해서 확산하고 감염되면서 사망자가 증가하고 있어 우리를 더욱 불안에 빠트립니다. 코로나바이러스는 언제 진정될지, 의약계의 백신 개발은 과연 가능한지 가늠할 수 없는 암담한 상황이 우리에게 끝 모를 공포를 가져다줍니다.

이런 세기적 대재앙이 미래사회와 우리 기독교를 예측할 수 없는 방향으로 몰아가고 있는 이 때에 미주성시화운동본부의 후원과 주최로 개최된 공개 포럼과 도서 출간이 지닌 의미를 세 가지 정도로 짚어볼 수 있습니다. 첫째로, 아무도 미래를 예측하지 못하는 상황에서 방역에만 신경 쓰고 있는 이 때에 포스트코로나 시대의 상황을 예측하여 무엇을 대비해야 하는지를 밝혀주고 있다는 점에서 미래지향적입니다. 둘째로, 분야별 전공자들이 논문을 통해 현재 교회가 처한 상황을 분석하고 포스트코로나 시대 교회가 새롭게 정립할 신학과 도입할 수 있는 구체적 방안을 제시하고 있어 실제적입니다. 셋째로, 미주 지역과 한국은 물론 전 세계 한인 디아스포라들에게 팬데믹 재난 상황 속에서 교회를 향한 하나님의 비전을 전하고 있기에 복음적입니다.

포스트코로나 시대 교회의 미래를 고민하면서 하나님 나라 비전을 따라 살아가기를 원하는 모든 크리스천에게 이 책은 유용한 길라잡이가 될 것입니다.

장석진
(세계 한국인 기독교 총연합회 증경 대표회장 | 뉴욕성결교회 원로목사)

추천의 글

코로나 팬데믹으로 사회의 모든 영역의 틀이 재편되면서 뉴노멀 New Normal 시대가 도래하였습니다. 기존의 제도는 무력해지고 기존의 가치관과 세계관은 바뀌고 있고, 기존의 일상이 전혀 다른 삶의 방식들로 전환하면서 새로운 삶의 기준들이 세계 곳곳에 세워지고 있습니다. 삶의 모든 영역에서 일어나고 있는 많은 변화는 미래사회에 대한 불확실성을 강화하면서 끝없는 불안감을 조성하고 있습니다. 특별히 교회도 코로나 팬데믹으로 인하여 목회와 선교에 큰 위기를 맞이하고 있습니다. 전대미문의 포스트코로나 시대에 목회와 선교를 준비해야 하는 모든 사역자에게 있어 '포스트코로나 시대와 교회의 미래'라는 주제로 미주성시화운동본부가 공개 포럼과 출판 프로젝트를 기획한 것은 아주 귀하고 의미 있는 일입니다.

포스트코로나 시대를 전망하고 대처 방안을 모색하고자 각 분야의 전문가 열두 분이 연구한 논문을 모아 출간된 이번 도서는 많은 목회자와 성도들에게 큰 유익을 줄 것입니다. 포스트코로나 시대를 예측하고 대비할 수 있는 유용한 정보와 실제적 지혜를 절실히 필요로 하는 이 때에 이와 같이 뜻깊은 책이 발간된 것은 미래 사역을 준비하는 데에 많은 도움이 될 것입니다. 포스트코로나 시대를 잘 준비하면 불안한 위기를 축복의 기회로 역전시킬 수 있습니다. 하나님께서 주시는 지혜와 지식으로 귀한 논문을 기고해주신 필진 여러분과 편집을 위해 수고하신 이상명 총장님에게 감사한 마음을 전합니다.

이 책이 포스트코로나 시대를 대비하는 혜안을 제공해 줄 뿐만 아니라 이런 재난 상황을 극복하고 풍성한 열매를 맺어 하나님께 영광을 돌리는 사역에 아름답게 사용되기를 기원합니다.

한기홍
(은혜한인교회 담임목사 ｜ KIMNET세계선교동역네트웍 국제대표)

추천의 글

　코로나 위기는 문명적 전환이라 일컬을 만큼 많은 변화를 가져오고 있습니다. 인류는 그동안의 삶의 방식들을 돌아보게 되었고, 그 결과 뉴노멀로 상징되는 변화가 가속화되고 있습니다. 안전, 공동체, 연대성, 생태적 사고, 디지털 네트워크 연결이 사회변동의 주제가 되고 있습니다. 코로나19는 교회에도 엄청난 변화를 가져오고 있습니다. 대부분의 교회는 현장 예배의 완전한 회복이 이뤄지지 않는 상황이 장기화되면서 이제 생존을 걱정해야 하는 형편에 놓여 있습니다. 그러나 오늘의 위기는 교회 안에 있던 거품들을 걷어낼 수 있는 기회, 사회와의 진정한 소통을 모색하고, 나아가 포스트코로나 이후 시대 속에서 신실하게 하나님 나라를 이루어갈 수 있는 도전의 시간이 되고 있습니다. 이러한 때 발간된 이 도서는 현재의 위기를 기회로 만들고자 하는 기고자들의 전문적 식견과 신실한 지혜가 수렴된 결실이고, 모든 것이 합력하여 선을 이루게 하시는 하나님을 향한 믿음으로 그들이 응답한 결과물이라 할 수 있습니다. 특별히 코로나19 사태로 인해 많은 어려움을 겪고 있고 지금도 그 과정 가운데 있는 미주지역 한인 교계가 교파를 초월하여 예배, 교육, 윤리, 생태, 상담, 사회봉사, 다음 세대 선교 등의 영역에서 교회의 해법과 미래를 모색한 이번 도서는 디아스포라 한인교회의 역사 속에서 매우 의미심장한 기획으로 자리할 것입니다. 다양한 전문가들이 참여하여 지혜를 모은 이 책을 통해 코로나19 시대를 목회하는 미국과 한국의 교역자들뿐만 아니라 세계 열방에서 오늘도 하나님 나라를 이루어가는 교회 공동체가 주목해야 할 해법과 통찰을 제공하고 있음을 확인할 수 있을 것입니다.

이 책을 읽고 나면 막연하게 느껴졌던 코로나19 이후 교회의 과제와 비전이 더욱 선명하게 보일 것이라 믿습니다. 코로나19 시대를 살아가는 교회 공동체에 일독을 권합니다.

임성빈
(전 장로회신학대학교 총장)

추천의 글

11월 17일 LA 지역의 새생명비전교회에서 "포스트코로나 시대와 교회의 미래"라는 주제로 포럼을 가졌다. 이 포럼에서 발표된 논문 12편을 모아 단행본을 출간하게 되었는데 오늘과 같은 위기의 시대에 적절한 책이라 생각한다. 미주지역에서 활발히 활동하는 다양한 학자들이 모여 편집한 책으로 전례 없는 큰 포럼의 결과물을 공유하게 되어 기쁘다. 신학자, 목회자, 경영학자, 인공지능 과학자 등 각 분야의 전문가들이 망라되어 간학문적interdisciplinary으로 오늘의 코로나19 문제를 다루었다는 것이 이 책의 장점이다.

이 책에서 필자들은 무엇보다 코로나19 사태 이후의 미주 한인교회들이 직면하게 될 변화에 대해 분석하고 그에 대한 처방을 내놓고 있다. 포럼을 주최한 미주성시화운동본부 측은 앞으로의 변화에 대응하는 구체적인 실천지침들이 필요함을 강조했다.

이 포럼에선 교회가 4차 산업혁명 시대의 IT 기술들에 대해 잘 이해하고, 이를 오늘과 같은 비대면 시대에 잘 활용해야 함을 언급하고 있다. 팬데믹 시대에 예배의 방법, 헌금의 방법, 교인들과의 소통 방법 등이 변화되어야 할 것을 필자들은 설명하고 있다. 팬데믹의 공포 속에서 코로나 블루라는 심리적 문제들도 야기되었는데, 교회는 이런 문제들을 보다 적극적으로 대처하기 위해 소그룹과 온라인상의 상담 등을 강화할 필요가 있을 것이다. 코로나19로 말미암아 교인 수의 감소가 예상되고 있는데, 교회는 이런 문제들을 극복하기 위한 새로운 선교 방안들을 모색하여야 할 것으로 생각한다.

미주 지역의 한인교회들은 소중한 한국교회의 지체들이다. 오늘날 국내의 교회들이 코로나19 사태를 통해 어려움에 직면하여 있는데, 그것은 해외 이민 교회에서도 마찬가지인 것 같다. 그간 국내의 교회들은 이런 위기에 대처하여 많은 세미나도 열고 책을 펴내기도 하였는데, 이러한 연구의 결과물들이 해외 한인 교회들에게도 공유되었으면 한다. 아울러 해외 교회들에서의 여러 연구 결과물들이 한국교회의 침체를 극복하는 데 많은 도움이 될 것으로 생각한다. 살고 있는 지역은 다르지만 한 민족이라 같은 정체성을 가지고 교회 생활을 하는 우리 모두가 지혜를 모아 교회의 위기들에 대처하기 위해 노력한다면 국내·외 한인교회들이 나름의 돌파구를 찾을 수 있을 것이라 생각한다.

다시 한번 좋은 포럼을 열어 좋은 출판물을 펴낸 미주 한인교회의 열정을 치하하는 바이다.

노영상
(전 호남신학대학교 총장 | 숭실사이버대학교 이사장)

추천의 글

코로나 사태를 겪으면서 신학자들과 목회자들이 공저자로서 이 책을 발간한 것은 우리 모두에게 큰 소망이며 축복입니다. 그 까닭은 균형 잡힌 신학의 관점으로 바르게 판단하게 하며 목회의 관점으로 삶의 현장에서 응답하도록 도움을 주고 있기 때문입니다. 작금의 팬데믹 사태를 문화, 과학, 역사, 경제 등 여러 다양한 분야에서 접근하여 살펴보아야 하며, 신학과 신앙의 관점에서 해석하여 정확한 분석과 미래적 전망과 실제적 지침을 내놓는 것이 중요합니다. 이 책의 공헌은 다양한 분야에서 조망한 여러 지식을 성경에 기초하여 하나님의 뜻과 그분 나라의 관점에 따라 해석하고 규정하고 통합하여 제시함으로써 성도들로 하여금 신앙의 정체성을 정립할 수 있도록 도와주고 나아가 주님이 세상과 교회의 주인이시라는 바로 그 고백 위에 교회 공동체가 새롭게 세워질 수 있도록 이끈다는 점입니다.

오늘의 사태는 지엽적이거나 일회적 사건이 아니라 문명의 전환을 가져오는 변곡점과도 같기에 하나님 나라와 구원 역사의 관점에서 볼 때만이 제대로 파악됩니다. 오늘 팬데믹 상황이 해결된다 하더라도 내일 다시 이전 상황으로 되돌아가려고 조급해하는 것이 아니라, 비전과 용기와 끈기를 가지고서 현재의 위기에 대응하면서 예측할 수 없는 내일을 향해 힘찬 발걸음을 내딛는 결단과 용기가 필요합니다. 이제 교회는 인간의 죄로 인해 자연까지도 신음하는 현실을 품어야 할 것이며, 인류의 소망은 오직 우리 주 예수 그리스도에게 있음을 고백하면서 하나님의 생명 역사에 동참해야 합니다.

이 책이 주는 지혜와 도전으로 인해 교회가 다시금 주의 말씀으로 새롭게 되며 무엇보다 재난에 빠진 세상의 고통에 종말론적 신앙으로 응답할 것을 기대합니다. 이 책에 귀한 원고를 기고한 필진의 수고에 감사드립니다.

박원호

(전 실천신학대학원대학교 총장)

추천의 글

전 세계는 현재 코로나바이러스로 인해 예측할 수 없는 '격동의 시대age of turbulence'를 지내고 있다. 우리는 모두 예측할 수 없는 상황에 대해 염려하면서 현재의 위기를 극복하는 방안을 놓고 다각적으로 모색하고 있다. 교회도 이러한 격동의 시대를 통과하면서 많은 고민을 하게 되고 하나님께 지혜를 구하게 된다. 이런 점에서 범유행이라는 위중한 상황 속에서 교회가 나아가야 할 방향을 제시해 주는 이 책자의 발간은 참으로 반가운 일이 아닐 수 없다.

이 책자의 특징은 미주지역에서 활동하는 목회자, 신학자들과 평신도 전문사역자들로 구성된 필진이 학문적 고찰을 통해 다양한 주제들을 깊이 있게 다루면서 실천적인 대안까지 제시해 주고 있다는 점이다. 또한, 여러 장에 걸쳐 실제적인 예시를 제시함으로써 우리로부터 공감을 끌어내고 있다는 점도 눈에 띈다. 교회에 제언하는 중요한 주제들을 보면 현 상황에서 교회 본질의 회복, 교회의 공공성 회복과 공공선 추구, 공동체의 새로운 의미 고찰, 교회의 패러다임 전환, 신학의 정체성 회복 그리고 시대가 요구하는 영성의 탐구 등으로 이 시대에 매우 적절한 주제들을 망라하고 있다.

톰 라이트N.T. Wright는 *God and the Pandemic*이라는 책을 통해 팬데믹 상황에서 모두가 합리적이고 이성적인 설명을 추구하겠지만 사실 기독교가 이에 대해 논리적으로 제공해 줄 수 있는 해답은 없다고 주장한다. 오히려 그는 우리가 그리스도인으로서 할 수 없다는 무력함을 고백하면서 더불어 애통해하는 자세를 가져야 한다고 말한다. 나아가 우리가 현시점에서 할 수 있는 중요한 신앙적 시도는 고통받는 이들의 고난에 동참하고 나아가 이러한 기회를 통해서 교회의 본질을 다시금 깊이 생각하는 신앙인이 되기를 조언한다. 이런 점에서 이 책의 각 장은 교회를 다시 조명하고 성찰하는 계기를 제공해주고 있어 우리에게 신선한 도전을 주고 있다. 이 책은 팬데믹이라는 격동의 시기를 지나가는 동안 하나님의 뜻을 추구하며 교회 공동체의 방향에 대해 고민하는 모든 성도에게 귀한 지침서가 될 것이라 여겨 이에 적극적으로 추천하는 바이다.

김창환

(Fuller Theological Seminary 코리안센터 학장)

추천의 글

어느 누구도 예측하지 못했던 코로나19 팬데믹이 전 세계를 혼란과 어둠으로 덮은 지 벌써 일 년이 다 되어 갑니다. 그 사이 몇몇 세계 정치지도자들도 예외 없이 확진 판정을 받았고, 상업과 무역이 제한되면서 세계 경제는 곤두박질쳤습니다. 마스크 착용과 거리두기, 재택근무와 원격수업 등 새로운 패턴으로 라이프 스타일과 사회 시스템은 급속히 재편되고 있습니다. 멈추지 않고 있는 코로나바이러스 감염증의 확산으로 위기는 깊어지고 있는데 인류는 아직도 적절한 해답을 찾지 못하고 있습니다. 세상은 여전히 출구가 없고 전망은 더욱더 어둡기만 합니다.

이러할 때 믿음의 사람들이 한마음으로 함께 모여 '포스트코로나 시대와 교회의 미래' 공개 포럼을 개최할 수 있도록 인도하신 하나님께 먼저 감사와 영광을 돌립니다. 포럼과 함께 기획된 출간 프로젝트의 열매인 이번 도서는 교단과 교파가 서로 다른 목회자, 신학자, 평신도 전문사역자들로 구성된 기고자들이 자신의 논문을 한 편씩 제출한 후 여러 번의 검토를 거쳐 세상에 나오게 되었습니다. 이 도서는 각자의 분야에서 현 팬데믹 상황을 분석하고 코로나 이후 교회의 미래를 분석하여 신학적 지침과 실제적 방안을 제시하고자 하여 미주지역에서 처음으로 시도된 초교파적 노력의 결실입니다. 여전히 믿음이 없는 세상 사람들은 문제에 대해 염려하고 이야기하지만 믿음의 사람들은 문제의 산을 향해 하나님의 약속을 선포합니다. 골리앗이라는 문제에 대해서만 말하던 이스라엘과 달리 그 문제를 향해 믿음을 선포했던 다윗을 통해서 큰 승리를 주셨던 하나님의 능력이 이 역작의 출간과 배포에도 함께 하실 것이라 믿습니다. 들어야 할 하나님 말씀과 붙들어야 할 진리가 절실히 필요한 이 시대에 귀한 믿음의 사람들을 감동하여 헌신하게 한 것은 하나님의 계획과 섭리라고 생각합니다.

　다시 한번 모든 일을 마음의 원대로 이루시는 하나님께 영광을 올려드리면서 앞장서 수고하신 이상명 총장님 이하 모든 믿음의 기고자들에게 깊은 감사와 존경의 마음을 전합니다.

진유철

(미주성시화운동본부 공동대표회장 ｜ 나성순복음교회 담임목사)

추천의 글

　최근 우리 인류는 과거에 겪어보지 못한 새로운 경험을 하고 있습니다. 개개인과 공동체의 생활방식은 물론 인류 사회의 전 영역에 있어 심각한 도전과 변화를 맞이하고 있습니다. 이번 코로나바이러스 감염증은 사회적 거리두기, 마스크 착용, 원격진료, 원격수업, 비대면 화상회의, 재택근무 등을 초래하였고, 이로 인해 우리의 생활방식을 근본적으로 바꾸어놓고 있습니다. 붐비던 식당과 쇼핑몰이 문을 닫고, 전쟁 통에도 문 닫은 적이 없던 교회는 예배 처소를 폐쇄하고 온라인으로 예배드리는 초유의 상황도 진행되고 있습니다. 역사를 되돌아보면 인류는 막다른 위기와 엄청난 곤경에서 되레 창의적인 도약과 발전을 이뤄왔습니다. 이번 코로나19 팬데믹도 우리 모두가 지혜를 모아 극복할 수 있기를 소망합니다.

　끝날 줄 모르는 이러한 재난 상황에서 미주성시화운동본부가 지난 11월 17일에 새생명비전교회에서 실시간 비대면으로 개최한 '포스트코로나 시대와 교회의 미래' 공개 포럼은 미주지역에서 교단 교파 초월하여 팬데믹 관련 주제를 최초로 공론화한 논의의 장이었습니다. 이 도서는 그 공개 포럼의 결과물로 세상에 나온 작품이기에 의미가 남다릅니다. 공개 포럼과 출간 프로젝트를 기획하고 추진한 미주장로회신학대학교 이상명 총장을 위시해서 명망 높은 신학자와 목회자들은 물론 전문영역에서 활동하고 있는 평신도 사역자들이 각자 옥고를 기고하고 묶어서 한 권의 책으로 출간하게 된 것을 진심으로 축하드립니다. 이 도서는 포스트코로나 시대와 관련하여 팬데믹의 실체, 미래사회, 교회의 공적 책임, 교회의 존재 이유, 교회의 팬데믹 극복 방안, 예배, 선교, 영성, 자녀 신앙교육, 코로나 블루, 신학 등과 같은 주요 주제를 망라하여 다루고 있기에 코로나 이후 교회의 미래에 관심 있는 성도들과 목회자들에게 다양하고 유용한 정보와 함께 미증유의 위기를 헤쳐나갈 혜안을 제공할 것입니다.

박희민
(미주성시화운동본부 고문 | 나성영락교회 원로목사)

지구촌 전체가 코로나바이러스 때문에 격통을 앓고 있다. 바이러스 감염으로 인해 현재 고통 중에 있는 이들도 있고 목숨 잃은 이들도 있다. 직장을 잃거나 영업장이 폐쇄되어 경제적 기반이 처참히 무너진 이들도 있다. 나아가 흩어져 살던 가족들이 팬데믹 상황 속에서 한 집 안으로 모여들어 함께 지내면서 다툼과 갈등이 증폭되어 가정이 해체된 경우도 많다. 교회도 예외는 아니다. 기존 체계의 오래된 표준은 팬데믹 상황 속에서 새롭게 부상하는 기준이나 표준으로 대체되어 교회는 이러한 '뉴노멀New Normal'에 조응할 것을 요청받는다.

이런 현상을 지켜보면서 교회가 세워진 터전을 되돌아보게 된다. 마태복음에서 예수님은 지혜 있는 자는 반석 위에 집을 짓고 어리석은 자는 모래 위에 짓는다고 가르치시는데, 과연 우리는 지금까지 어떤 터전 위에 교회를 세우며 헌신해 왔는지를 되돌아볼 필요가 있다.

바이러스라는 광풍이 한 번 불고 나니 교회가 마비되고 힘없이 스러진다면 이제까지 우리의 수고가 헛된 것이라 할 수 있다. 그러나 지금도 늦지는 않았다고 본다. 다시 정신을 차리고 반석 위에 교회를 세워가며 그 어떤 광풍에도 견딜 수 있는 든든한 교회를 세워가야 하는 것이 하나님께서 우리에게 주신 마음이다.

이 도서는 12편의 논문으로 구성된 지혜의 책이다. 팬데믹을 극복할 수 있는 영적이고 실제적인 지침서이기도 하다. 바이러스와 팬데믹에 대한 이해는 물론 이 팬데믹 재난의 시대에 교회가 어떻게 대처하며 앞으로 세워나가야 할 새로운 모델의 교회에 대한 전망도 제시하고 있다.

한 번도 가보지 않은 길을 가야만 하는 이때, 현시대 믿음의 유산을 다음 세대에 전달하려는 교회와 크리스천들에게 귀한 지침에 될 것이라 여기며 이 도서를 적극적으로 추천한다.

권준

(시애틀형제교회 담임목사)

책을 펴내며

21세기 최첨단 문화권 가운데서 살아가고 있는 우리에게 전혀 예상하지 못한 코로나19의 발발과 그 여파는 지구촌 전체를 뒤흔들어 놓을 정도로 파장이 큽니다. 우리가 살아가고 있는 미주지역은 그래도 최첨단 의술을 자랑하고 있기에 이번 팬데믹이 쉽게 끝날 것이라고 대수롭지 않게 여기는 사람들이 많았습니다. 그런데 그게 아니었습니다. 우리 생활과 직결된 분야마다 엄청난 파장과 변화를 불러일으키고 있습니다. 우리 그리스도인들이 생명같이 사랑하는 교회도 예외가 되지 못하고 있지 않습니까? 더구나 여건이 열악한 이민교회들이 받는 타격은 우리가 생각하고 있는 것보다 훨씬 더 심각합니다. 심지어 교회의 존폐까지 생각해야 할 정도로 현재 상황은 예사롭지 않습니다. 그래서 교회의 앞날이 암울하다고 생각하는 여론도 형성되고 있습니다.

이러할 때 교회가 나아가야 할 길과 해결방안을 놓고 기도하는 가운데 뜻을 같이하는 목회자들과 신학자들과 전문 분야 평신도 사역자들이 포스트코로나 시대 교회의 미래를 가늠하고 대응 방안을 모색하고자 공개 포럼과 출판 프로젝트를 기획하고 실행하였습니다. 팬데믹 상황 가운데 여러 가지 도전과 난제를 안고서 교회를 섬기고 있는 목회자들과 성도들에게 작은 대안이라도 제시해 드리기 위해 미주지역에서 초교파적으로 개최된 첫 공개 포럼 이후 그때 발표된 열두 편 논문들을 엮어서 한 권의 책으로 세상에 내놓게 되어 감개무량합니다.

공개 포럼과 출간 프로젝트를 준비하고 실행하면서 다시 한번 확인하는 것은 전례 없는 팬데믹으로 급변하고 있는 상황에 대해 교회는 분명한 대비책을 찾아야만 하고 목회자들은 사고의 전환을 통해 시대적 요청에 응해야만 한다는 사실입니다.

시간상으로 충분한 여유 없이 공개 포럼과 출간 프로젝트를 실행했기에 완벽하지 못한 면이 있을 것입니다. 분주한 이민 생활 가운데 자신의 전문 분야에서 연구한 논문을 발표하고 기고해주신 집필자들에게 마음 깊은 곳에서 우러나오는 고마운 마음을 전해 드리고 싶습니다. 아울러 이번 프로젝트를 처음부터 기획하고 운영 전체를 도맡아 헌신적으로 섬겨주신 이상명 총장님에게 진심으로 감사드립니다. 또한, 이 일을 위해 물질적으로 섬겨주신 공동위원장님들과 여러 기관에도 같은 마음을 전합니다. 동시에 어려운 출판 시장 상황에도 불구하고 기꺼이 이번 도서를 출판해 주시기로 허락하신 도서출판 동연 대표 김영호 장로님께도 깊은 감사를 드립니다. 이 도서가 우리가 현재 직면한 어려움을 극복하는 데에 작은 도움이 되기를 바라는 마음 간절합니다.

송정명
(미주성시화운동본부 공동대표회장 │ 전 월드미션대학교 총장)

머리말

코로나19 이후 세계의 특징은 위기와 불확실성이다. 급작스럽게 닥친 광폭한 위기여서 그 실체도 전망도 여전히 유동적이고 예측 불가다. 세상의 빛이 되어야 할 교회는 팬데믹 상황 한가운데에서 세상의 어떤 기관보다 더 큰 도전에 직면해 있으며, 미래 전망도 어둡고 혼란스럽다. 그럼에도 교회는 희망을 노래한다. 아니 노래해야만 한다. 혼돈과 공허로부터 질서와 생명을 직조하고 계신 하나님은 교회와 역사의 주인이시고, 우리의 궁극의 희망이기에 그 노래는 멈출 수 없다.

코로나바이러스 팬데믹이 전 세계를 강타할 때 미국이 확진자 수에 있어 사상 최고치를 경신할 줄은 어느 누구도 예측하지 못하였다. 코로나 확산을 막기 위해 지난 3월 중순부터 이어진 두 달간의 봉쇄령은 미국을 패닉에 빠트릴 만큼 사회 곳곳에 엄청난 충격을 주었다. 시시각각 들려오는 확진자와 사망자 통계에 촉각을 곤두세우며 우리는 끝을 알 수 없는 불안과 공포에 떨어야 했다. 이러한 초유의 사태에서 우리 곁을 갑자기 떠나는 이들의 소식을 접하며 깊은 상실감에 빠진 미주지역 한인교회는 대책 마련에 부심하였으나 허둥거릴 뿐이었다. 주일마다 붐비던 교회 현장은 이제 생동감을 잃었고 적막하기까지 하다. 우리를 더욱 불안하게 하는 것은 눈에 포착되지도 멈추지도 않는 바이러스의 위력과 그로 인해 우리 일상에 드리운 죽음의 그림자를 언제까지 인식하며 살아야 하는지에 대한 막연함이다. 교회는 여전히 안개 속을 항해하는 배처럼 도사린 위기와 위험을 감지조차 할 수 없다.

그러나 지난 역사를 돌아볼 때 교회는 수많은 도전과 위기를 거치면서 큰 혼란에 빠지기도 하였거니와 그것을 갱신과 도약의 발판으로 삼기도 하였다.

한국과 달리 팬데믹 관련 포럼이나 세미나 개최가 변변하지 않던 미주지역 한인 교계에서 지난 11월 17일 초교파적으로 첫 실시간 비대면 공개 포럼을 개최한 것은 고무적인 일이었다. 새생명비전교회에서 '포스트코로나 시대와 교회의 미래'라는 주제로 열린 공개 포럼의 열두 명 발제자들은 자신의 전문영역에서 연구한 논문을 발표하였다. 이 책은 포스트코로나 시대와 관련된 열두 주제를 다룸으로 교회가 처한 현실을 클로즈업close-up하고, 미래를 프로스펙트prospect할 수 있도록 기획하였다. 열두 편의 논문이 발표되기까지 기고자들은 초고를 서로 읽고 평가한 후, 탈고된 최종 원고를 교정편집자에게 맡겨 수정 작업까지 거쳤다. 그럼에도 불구하고 설익은 작품을 세상에 내놓는 것이 아닌가 하는 불안과 아쉬움이 마음 한구석을 짓누른다. 시사성 있는 주제를 다루는 작품이 지닌 시간의 한계 때문에 열두 명의 기고자들은 몰입과 공조로 이번 공개 포럼과 출간 프로젝트를 신속히 완수하였다. 이러한 노력의 결실인 이 도서가 미주 지역과 한국은 물론 전 세계 흩어져 있는 디아스포라 한인들에게 포스트코로나 시대 교회의 미래를 가늠할 수 있는 혜안을 제공해 준다면 더 이상 바랄 것이 없겠다. 나아가 팬데믹이 가져온 혼란과 위기를 극복할 수 있는 실제적 지침도 제공해 줄 수 있기를 소망한다.

이 책은 열두 명의 기고자들 외 많은 분의 지원과 공조로 출간되었다. 감사는 우선 기고자들께 드려야겠다. 누구보다도 바쁜 사역을 감당하며 원고 집필에 전력하였고, 탈고하기까지 수차례의 회의와 시간을 다투는 여러 작업 과정을 묵묵히 수행해 주신 그들의 수고와 헌신이 있었기에 이 책이 세상에 나올 수 있었다. 편집인이 공개 포럼과 출간 프로젝트를 기획하여 제일 먼저 실무적 지원과 재정적 후원을 타진한 곳은 미주성시화운동본부(이하 미성본)다. 이 프로젝트를 위해 처음부터 마지막까지 이끌어주신 미성본 공동대표회장으로서 이 책의 발간사를 써주신 송정명 목사님, 추천사로 격려해 주신 진유철 목사님, 고문이신 박희민 목사님과 최문환 장로님께 깊이 감사드린다. 특히 오늘에 이르기까지 미성본의 든든한 후견인 역할을 해주셨지만, 이제는 연로하여 병약해지신 최 장로님의 쾌유를 기원한다. 미성본 김재권 장로님과 최청학 장로님, 이성우 목사님과 샘 신 목사님과 더불어 김시온 목사님의 지원도 큰 힘이 되었다. 이 프로젝트를 위해 어려운 상황에도 불구하고 아낌없이 재정적 후원을 해주신 나성순복음교회, 새생명비전교회, 아름다운교회, 은혜한인교회, 충현선교교회에 깊이 감사드리지 않을 수 없다. 이 교회들의 재정적 지원이 없었다면 공개 포럼과 출판은 어려웠을 일이다. 열두 편의 논문을 교정해 준 장덕영 씨와 논문에 들어갈 이미지를 보기 좋게 디자인해 준 이혜리(Monica) 양의 수고도 이 도서의 출간에 일익을 담당하였다. 바쁜 시간을 쪼개어 기꺼이 추천사를 써주신 뉴저지장로교회 김창길 원로목사님, 뉴욕 성결교회 장석진 원로목사님, 은혜한인교회 한기홍 목사님과 장로회신학대학교 임성빈 전 총장님, 호남신학대학교 노영상 전 총장님, 실천신학대학원대학교 박원호 전 총장님, Fuller Theological Seminary 코리안센터 학장 김창환 교수님과 시애틀형제교회 권준 목사님께 감사드린다. 아울러 전체 프로젝트가 원활히 실행될 수 있도록 협력해주시고 도와주신 미주복음방송 이영선 사장님과 권영대 목사님, CTS

America 박봉성 제작국장님과 직원들, 그 외 미주지역의 여러 언론방송 관계자들께도 심심한 감사를 드린다. 미주장로회신학대학교 영상 미디어팀 정철헌 전도사님과 박현정 전도사님, 열두 편 논문의 영상 제작을 위해 실무 차원에서 지원해주신 이명철 처장님과 관계자들의 원활한 소통을 위해 수차례 Zoom 화상회의를 셋업해 주신 김루빈(Rubin) 처장님의 지원은 편집인의 업무를 크게 덜어주었다. Media Q 한동혁 씨, PPT 작업을 해주신 양경선 목사님, 원고 작성에 유용한 도서를 제공해 주신 선한목자교회 고태형 목사님께도 지면을 할애하여 감사드린다. 아울러 실시간 비대면 공개 포럼에 참석하셔서 긴 시간 동조와 공감으로 함께 해주신 많은 시청자께도 감사드린다. 무엇보다 어려운 출판 시장 상황에도 본 편집인의 출판 요청을 흔쾌히 허락해주시고 여러 가지로 배려해주신 도서출판 동연 대표 김영호 장로님께 진심으로 감사한 마음을 전한다.

교회는 팬데믹으로 인해 사회 곳곳에 세워진, 보이지 않는 장벽들을 무너뜨리라 요청하시는 하나님 명령에 응답해야 한다. 교회는 팬데믹으로 고통당하는 현시대에 하나님의 환대를 경험한 공동체로써 섬김의 손길을 내밀어야 한다.

이 책이 팬데믹으로 피폐해진 세상에 새 창조 역사로 동참하라 부르시는 하나님 음성을 널리 전하는 데에 조금이라도 일조할 수 있다면 그 역할을 다한 것이리라.

Dona nobis pacem(주여, 우리에게 평화를 주소서!)

책임편집 이상명
(미주장로회신학대학교 총장)

Preface

The post-COVID 19 world will be ruled by crisis and uncertainty. In the midst of this sudden dangerous crisis, the current reality and future are fluid and uncertain. The Church, which was called to be the light of the world, is facing greater challenges than any other institution and its future is bleak and confusing. But in spite of all this, the Church sings for hope. Surely, it must sing. We cannot stop singing because the God who creates order and life from chaos and void is the Owner of the Church and our ultimate hope.

When the pandemic hit the world, no one expected that the U.S. would be the leading country with the most amount of COVID cases. The two-month lockdown, back in mid-March, had shocked every corner of society and drove the U.S. into a deep panic. We were gripped with unending anxiety and fear as we watched the number of COVID and death cases soar. In the midst of this unprecedented chaos, many of our friends and family members succumbed to the virus and the Church went into a deep depression trying to find solutions without much success. The once busy Sunday morning of the Church turned into a lethargic and shadowy remnant of its former self. The scariest disturbance is the fact that we are losing the battle against a powerful unseen enemy which results in the looming fear of death in our daily lives and the fact that we have to live with this for an uncertain period of time. The church is like a ship sailing in the thick fog where it cannot detect the danger that's ahead. However, history reminds us that the Church has faced many challenges and crises which resulted in great confusion, but nonetheless has used them as a stepping-stone for renewal and revival.

The churches across denominations in the U.S. came together on November 17th to hold a first ever pandemic online open forum. In contrast to Korea, this kind of event is rare in the U.S. This online open forum was titled "The Future of the Church in the Post-Coronavirus Era" and was held at New Life Vision Church. Twelve contributors presented research papers in their expertise in their respective areas. This book is planned in such a way to include those twelve research papers which are related to the COVID era in order to focus on the close-up reality and future prospect. The writers of the twelve research papers have read and evaluated each others' work in addition to a final modification process completed by a professional proofreader. Although this book has undergone a rigorous process, I am a bit worried that this book is not up to par. Since this topic is time sensitive, the twelve contributors tried their best to create an expedited forum and book project. I hope that our efforts may be a great asset to the Korean population in the U.S. and around the world. Furthermore, I hope that this book will provide practical instructions on overcoming chaos and crisis brought on by the pandemic.

This book is the product of twelve main contributors and many others who contributed in different ways to whom we greatly appreciate. These contributors sacrificed in the midst of their busy ministries and participated in many meetings without complaint, making it possible for this book to come out into the world. As the chief editor planned the open forum and publishing of this book, the first place of help came from Miju Holy City Movement, hereafter referred to as MHCM. Most great thanks given to Rev. John M. Song, who oversaw this project from the beginning to the end and wrote the publication remark for this book, Rev. Yu Chul Chin who wrote words of recommendation, and Rev. Hee Min Park and Elder Moon Hwan Choi who were the advisers. In addition, we give special thanks to Elder Choi, who was the most adamant supporter, and whom I am praying for that he may recover from his weak health. Great acknowledgement goes to MHCM's Elder Jae Kwon Kim, Elder Chung Hak Choi, Rev. Sung Woo Lee, Rev. Sam Shin, and Rev. Zion Kim. Furthermore, we would like to give deep appreciation to those who contributed financially to this project which includes LA Full Gospel Church, New Life Vision Church, Beautiful Church, Grace Korean Church, and Choong Hyun Mission Church. If not for the financial help from these churches, the open forum and book publishing would have been almost impossible. Also, special thanks to proofreader, Mr. Duk Young Chang, and the illustrator, Monica Lee, which cannot be forgotten. Most grateful appreciation goes to Pastor Emeritus Samuel Chang Kil Kim of the Presbyterian Church of New Jersey, Pastor Emeritus Samuel Jang of New York Korean Evangelical Church, Rev. Paul Gihong Han of Grace Korean Church, Former President Sung Bihn Yim of Presbyterian University and Theological Seminary, Former President Young Sang Ro of Honam Theological University and Seminary, Former President One-Ho Park of Graduate School of Practical Theology, Professor Sabastian Kim who is the Dean of the Korean Studies Center of Fuller Theological Seminary, and Rev. Joon Kwon of Community Church of Seattle. Special thanks to CEO/Lead Pastor Young Sun Lee and announcer Rev. Young-Dae Kwon of Gospel Broadcasting Company, Senior Producer Bongseong Park and employees of CTS America, and the rest of the media community, all who made this book come to fruition. We also want to show great appreciation to Mr. Chul Heon Jung and Miss. Hyun Jung Park of Video Media Team of Presbyterian Theological Seminary in America, Professor Myung Cheol Lee who is the Dean of Planning and External Cooperation who helped with making of the videos for the twelve research papers, and Professor Rubin Kim who is the Dean of Academic Affairs who helped set up Zoom video conferencing to aid in smooth communication. Great appreciation also goes to Mr. Donghyuk Han of Media Q, Rev. Joseph Kyung Sun Yang who did all the PPT work, and Rev. Tae Hyung Ko of Good Shepherd Presbyterian Church, who provided useful books for this project. I appreciate the audience members who joined the online open forum. Last but not least, the most gracious appreciation goes to Elder Young Ho Kim, who is the CEO of Dong-Yeon Press, and who graciously accepted the publishing of this book even in the midst of a difficult book publishing market.

The Church has to answer to God's command of stripping down the invincible wall that has been erected as a result of the pandemic. The Church who has already experienced God's immense grace has a social responsibility of extending its servant's hands to those who suffer due to the pandemic.

This book will answer to God's calling of re-creation in the midst of an unpredictable and deadly pandemic. *Donna nobis pacem.* (Lord, give us peace!).

Sang Meyng Lee
(President of Presbyterian Theological Seminary in America)

차례

1부

포스트코로나 시대에
교회란 무엇인가

팬데믹의 역습과 포스트코로나 시대
: 탐욕바이러스에 물든 세상 속 하나님 나라 운동

이상명

1. 제3차 팬데믹, 인류를 역습하다

중국 후베이성 우한에서 발원한 코로나바이러스COVID-19 사태로 전 세계가 미증유의 고통을 겪고 있다. 이런 초유의 팬데믹이 근자에만 발생한 것은 아니다. 1918년에 시작한 소위 '스페인독감'이라는 최악의 팬데믹으로 약 5천만 명에서 1억 명이 사망한 것으로 추정한다. 전란에 휩싸인 국가들의 언론사들이 보도검열로 범유행전염병을 기사화하지 않고 있을 때, 전쟁에 비켜서 있던 스페인 언론이 대서특필함으로써 이 재앙은 '스페인독감'이라 명명된다. 세계 1차 대전의 막이 서서히 내려지고 있는 그때 1918년 봄부터 1919년 겨울 사이 세 차례 창궐한 전염병은 영국 미국 중국 일본 등지를 강타했고 심지어 한반도 조선까지 전파되어 14만여 명의 목숨을 앗아간다. 조선 전체 인구의 0.8%, 즉 100명 중 1명꼴로 죽은 셈이다.

이 스페인독감은 14세기 유럽 인구 30%(약 2500만 명)에 달하는 목숨을 앗아간 흑사병과 함께 인류 역사에 기록된 최악의 범유행전염병

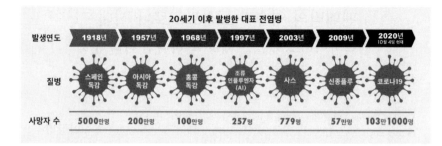

20세기 이후 발병한 대표 전염병							
발생연도	1918년	1957년	1968년	1997년	2003년	2009년	2020년 10월 4일 현재
질병	스페인 독감	아시아 독감	홍콩 독감	조류 인플루엔자 (AI)	사스	신종플루	코로나19
사망자 수	5000만명	200만명	100만명	257명	779명	57만명	103만1000명

이다. 구체적으로 말하면, 20세기에 일어난 모든 전쟁에서 전사한 군인들을 합한 총계보다 이 스페인독감으로 사망한 사람들이 많다. 1948년 세계보건기구WHO가 발족한 이후 이 기구는 세 번의 팬데믹을 선언한다. 1968년 홍콩에서 처음 발생한 홍콩독감은 6개월 이상 지속되면서 베트남 등 주변 국가를 거쳐 유럽, 남미, 아프리카까지 확산돼 100만 명 이상의 사망자를 낳는다. 2009년 멕시코에서 시작된 신종 인플루엔자(신종플루) 역시 미국을 거쳐 전 세계로 퍼진다. 돼지를 통해 발생한 탓에 초기엔 돼지독감으로 불리기도 한다. 214개국에서 발병해 1만 8500여 명이 사망한다. 2020년 3월 11일 세계보건기구는 이번 코로나19를 홍콩독감과 돼지독감에 이어 세 번째 팬데믹으로 선언한다.

세계적 대유행을 의미하는 '팬데믹'은 그리스어로 '모두'를 뜻하는 '판pan'과 '사람'이란 뜻의 어원을 가진 '데모스demos'의 합성어다. 즉 감염병이 모든 사람에게 일어나는 단계가 됐다는 의미다. 전염병 경보는 1~6단계로 나뉜다. 동물만을 감염시키는 병원균(단계1)에서부터 인간만을 감염시키는 병원균(단계5)까지 순차적으로 올라간다. 1단계는 동물들 사이에 한정된 전염, 2단계는 사람에게 전염된 상태, 3~4단계는 사람 사이에 유행병으로 확산하는 상황, 5단계는 최소 2개국 이상에서 유행하는 경우로 '에피데믹epidemic'이라 부른다. 마지막 6단계가 다른 대륙으로 번져 세계적으로 유행하는 팬데믹이다.[1] 전염병 위험 최고 단계인 팬데믹은 대다수 사람이 면역력을 갖고 있지 않은 바이러스가 전 세계로 확산되어 대유행하는 상태를 의미한다.[2]

직경이 100나노미터nano-meter에 미치지 못하고, 11개의 하찮은 유전자로 이루어

세계보건기구(WHO) 인플루엔자 경보 단계

단계	내용
6단계	'대유행' (global pandemic) 단계 5단계 발병지 이외 지역에서 인체 감염 발생
5단계	'대유행' 임박 최소 2개국에서 인체 감염 발생
4단계	소규모 그룹 내 유행 사람 간 감염 지속적 발생
3단계	동물—사람 간 감염 증가 사람 간 감염은 거의 없음
2단계	동물—사람 간 감염 발생
1단계	동물 바이러스 발생 사람에게는 전염 안됨

진 단순한 바이러스에 의해 수많은 생명이 스러진다. 신종 코로나바이러스 감염증이 전 세계적으로 확산되면서 사람들의 삶은 완전히 바뀌고 있다. 세계 유명 도시의 거리는 텅 비고 상점은 문을 닫으며 사회적 거리두기를 일상화하고 있다. 이렇듯 코로나19가 가져온 일상 변화는 심각하다. 확산 본능을 지닌 바이러스의 세계는 우리 인간에게 여전히 신세계이며 지구촌에서 아직 발견되지 않은 미개척지와 같다. 이번 코로나19로 인한 팬데믹과 그에 따른 변화는 서막에 불과하다. 코로나바이러스로 인한 팬데믹은 극심한 혼돈과 불안을 초래하고 생존본능에서 비롯된 편견과 이기심이 폭증하는 우리 사회의 민낯을 여과 없이 보여주고 있다. 날마다 급증하는 확진자와 사망자 통계와 함께 대규모

---

1 Nathan Wolfe, *The Viral Storm*, 나단 울프/강주헌 역, 『바이러스 폭풍』(서울: 김영사, 2015), 129-130.
2 최재천 외, 『코로나 사피엔스 – 문명의 대전환, 대한민국 대표 석학 6인이 신인류의 미래를 말한다』(서울: 인플루엔셜, 2020), 21.

봉쇄, 극심한 경기침체, 마비된 의료시스템, 편집증적 음모론은 전 세계인을 공포에 휩싸이게 한다. '공포'를 뜻하는 영어 단어 '패닉panic'의 어원은 그리스 신화 속 자연과 목축의 반신반인demigod '판Pan'에서 유래한다. 판은 때때로 큰 소리를 지르는데 그 소리가 어찌나 크고 끔찍한지 주위가 온통 소스라치게 놀라고 만다.[3] 코로나바이러스 감염증으로 인한 팬데믹 상황은 전 세계를 패닉에 빠트릴 만큼 극심한 공포와 무력감을 퍼트리므로 바이러스만큼 파괴적이다. 유튜브와 소셜네트워크서비스SNS를 통해 코로나19와 관련된 가짜 뉴스나 악성 루머가 빠르게 퍼지는 상황을 뜻하는 '인포데믹infodemic'도 지구촌 곳곳을 급습하고 있다.[4] 코로나19 시대 이전 환희가 흘러넘치던 각종 SNS마다 팬데믹이 몰고 온 공포가 사람들의 불안과 혐오를 연료 삼아 인포데믹을 확대 재생산한다. 팬데믹의 역습은 이것이 불러일으킨 인포데믹까지 양산하며 전 세계인을 패닉에 빠트리고 있다.

2. 보이지 않는 바이러스 세계의 도전

바이러스는 병원균의 세계에서 가장 작은 생명체다. 바이러스는 지구에서 어떤 유기체보다도 빠른 속도로 진화하지만, 바이러스에 대한 우리의 이해는 상당히 부족하다. 영어 단어 바이러스virus는 라틴어 '비루스virus'에서 유래한 단어로 '독성 분비물'이라는 뜻이다. 바이러스를

---

3 Paolo Giordano, *Nel Contagio*, 파올로 조르다노/김희정 역, 『전염의 시대를 생각한다』 (서울: 은행나무, 2020), 72.

4 단어 '인포데믹'(infodemic)은 '인포메이션'(information)과 '유행병'을 뜻하는 에피데믹(epidemic)의 합성어로 '정보전염병'이란 뜻이다.

살아있는 액성 전염물질로 오해한 연유다. 바이러스는 스스로 성장하거나 생식할 수 없으므로 자신들이 감염시킨 세포에 기생한다. 자신의 생존을 위해 숙주세포를 감염시킨다. 이런 점에서 우리 인간은 바이러스가 기생하기에 매우 좋은 블루오션blue ocean이다. 바이러스에게는 우리 인간보다 더 나은 번식지가 어디 있겠는가.

바이러스는 두 가지 성분으로 이루어진다. 하나는 유전물질인 리보핵산RNA이나 디옥시리보핵산DNA이고, 다른 하나는 유전자를 보호하는 단백질막이다. 이 단백질막은 숙주세포의 벽에 달린 수용체를 열 수 있는 '열쇠'를 지니고 있다. 따라서 이 수용체는 일종의 '자물쇠'인 셈이다. 이 바이러스의 열쇠가 자신에게 꼭 맞는 세포 자물쇠를 찾아내면 그 세포 조직의 문이 열린다. 그 후, 바이러스는 숙주세포에 들어가 세포 조직을 강탈해서 성장하고 번식한다.

현재 전 세계를 강타한 코로나바이러스도 이러한 메커니즘을 통해 인체에 침투한다. 자신의 표면에 있는 스파이크 단백질로 숙주세포에 달라붙은 후, 세포가 가진 단백질 가위를 활용해 자신의 스파이크 단백질 일부를 잘라낸다. 이로써 바이러스막과 인간 숙주의 세포막이 융합된다. 이때 바이러스막 속에 보관하고 있던 리보핵산 게놈이 숙주세포 안으로 침투하여 본격 증식 활동을 벌인다. 이때부터 침입자(코로나바이러스)가 주인 노릇을 하고 자원을 강탈당한 주인(세포)은 서서히 죽음을 맞이한다. 1960년대에 처음 발견된 코로나바이러스의 명칭은 독특한 형태의 스파이크 단백질 때문에 라틴어로 '왕관'을 뜻하는 '코로나Corona'에서 유래한다. 2003년 중국에서 발생해 세계로 퍼져 700명 이상의 사망자를 낸 사스, 2015년 우리나라를 강타한 메르스가 모두 신종 코로나바이러스다. 코로나바이러스는 사스, 메르스와 다른 세 번째 신종 바이러스다. 9월 초 현재 전 세계 코로나바이러스 감염증 확진자는 2647만여 명, 사망자는 87만여 명이다.[5] 이런 추세라면 올 연말까지 사망자 수는 3배인 280만 명까지 늘어날 것으로 추산한다.[6] 당시 발표한 국제 인권단체 앰네스티 인터내셔널의 보고에 따르면 지금까지 코로나바이러스에 감염돼 사망한 세계 의사, 간호사 등 의료 종사자가 7000명이 넘는다.[7] 코로나19가 초래한 살풍경한 상황은 그 끝을 알 수 없을 만큼 사회 곳곳에 불안과 위험을 양산하면서 동시에 인류에게 새로운 패러다임의 변화를 강하게 요청한다.

우리 인간은 자신의 감각으로 느끼고 경험할 수 있는 세계에 익숙하다. 어떤 병원균이라도 볼 수 있는 마법의 안경이 있다면 우리가 인식하는 세계는 이전과는 크게 다르게 보인다. 무척 역동적이고 완전히 새로운 세계가 곧바로 우리 눈 앞에 펼쳐진다. 우리가 거하는 공간 곳곳에 전에는 보이지 않던 생명체들이 우글거린다. 책, 벽, 커피잔, 카펫 바닥, 온갖 손잡이에 박테리아는 물론 엄청난 작은 병원균들이 득시글거린다. 우리가 매일 밟고 살아가는 흙 아래 세계는 어떤가. 그곳에는 온갖 미생물들이 하나의 작은 우주를 이루어 살아가고 있다. 불모의 땅이든, 기름진 땅이든, 흙 1그램에는 100만 종의 세균이 산다고 한다. 한 큰술도 안 되는 흙에 세균이 100만 종이나 살고 있다는 사실이 그저 경이롭기만 하다. 큰 생명체만을 인지할 수 있는 우리 감각의

---

5 김빛나, "[9월 4일 세계 코로나 확산 현황] 확진 2,646만 8,017명 … 사망 87만 3221명", 「천지일보」 2020년 9월 4일.

6 진달래, "이대로 가면, 연말까지 전 세계 사망자 3배까지 늘 수 있다", 「한국일보」 2020년 9월 5일.

7 임선영, "코로나로 숨진 전 세계 의료인 7,000여명 … 멕시코 최다", 「중앙일보」 2020년 9월 4일.

한계 때문에 우리는 생명체의 풍요로움을 잊고 살아간다. 눈에 보이는 것만을 실재하는 것으로 인식하는 인간은 코로나 사태를 통해 자연의 주인이 아닌 일부일 뿐이라는 사실을 다시 확인한다. 인간이 각종 세균과 바이러스와 같이 눈에 보이지 않는 세계와 얼마나 유기적으로 연결되어 있는지도 새삼 깨닫는다. 전염의 시대에 인간은 자연 속 섬과 같은 존재로 살아갈 수 없음이 깊이 와닿는다. 나아가 초월적 세계와 불가사의하게 연결되어 있음도 성찰해야 할 것이다.

우리가 사는 태양계 전체 질량 중 태양이 차지하는 비율이 무려 99.87%라 한다. 그 태양을 제외한 나머지 0.13% 중에서 목성과 토성이 다시 90%를 차지한다. 그렇다면 우리가 살고 있는 지구는 얼마나 작은 별인가. 광대무변의 우주 속 지구가 있는 태양계는 지극히 작은 소우주에 불과하다. 그렇게 작디작은 소행성 지구의 80억 인구 가운데 우리는 한 개체일 뿐이다. 그러나 한 생명을 천하보다 귀하다 하신 예수의 말씀을 통해 우리 안에 싹트고 있는 생명이 영원에 잇닿아 있음을 본다. 우주를 창조하신 하나님은 지금도 회복과 갱신의 역사를 이어가신다. 하나님은 우리가 이 땅에 살아가는 동안 '하나님 닮음'을 향해 계속 진보를 이루어가라 명하신다. 회복과 갱신을 추구하는 사람에게는 일상이란 영원으로 잇닿는 창조 영역이다. 코로나 사태는 우리로 하여금 더욱 움츠리게 하고 병약하게 하는 것이 아니라 우리가 이제껏 잊고 살아왔던 것을 되돌아보라 하나님이 허락하신 도전이며, 그 도전 너머 회복과 갱신을 소망하라 하나님이 우리를 일깨우시는 사건이다. 우리 인간이 얼마나 나약한 존재인지, 그러나 하나님 안에서 우리가 얼마나 위대한 존재인지를 다시 배워야 한다. 이 우주에서 가장 작은 바이러스와 가장 크고 위대하신 하나님을 동시에 바라보면서 불가능한 가능성impossible possibility을 온몸으로 배워가야 하는 존재가 우리 인간이 아니던가.

3. 포스트코로나 시대와 뉴노멀

코로나바이러스의 역습이 가져온 영향은 향후 수년 혹은 수십 년간 사회 곳곳에 그림자를 짙게 드리우고 많은 변화를 가져올 것이다. 끝날 듯 끝나지 않는 코로나19 팬데믹은 세계 곳곳을 봉쇄하고 글로벌경제를 대침체의 늪에 빠트리고 있다. 아시아개발은행Asian Development Bank은 지난 5월 15일 신종 코로나바이러스 감염증 팬데믹으로 세계경제 손실 규모가 최대 1경을 넘어설 것이라는 전망을 내놓은 바 있다.[8] 미래학자 짐 데이터Jim Dator와 역사학자 유발 하라리Yuval Harari는 코로나19로 인해 인류 사회가 그 이전과 이후로 달라질 것이라 전망한다.[9] 코로나19 이후 다가올 새로운 시대는 이전 시대와는 확연히 다르므로 코로나19 전과 후를 구분하여 후자를 뜻하는 '포스트코로나 시대'란 신조어가 생겨난 것이다. 포스트코로나 시대란 코로나가 지나간 이후에 다가올 새로운 변화의 시대를 의미한다. 팬데믹이 진행되고 있는 현재에도 개인 라이프스타일, 교육 환경, 문화 소비 패턴, 사회 서비스 방식, 사회 시스템, 세계 경제 구조, 국제 정세 등 우리의 일상 풍경을 근본적으로 바꿔놓고 있다. 심지어 한 인간이 태어나 성장하고 죽을 때까지 단계별로 치르는 통과의례rite of passage에도 많은 변화를 볼 수 있

---

8 민영규, "ADB '코로나19로 세계 경제 손실 최대 1경 818조 원 전망'", 「연합뉴스」 2020년 5월 15일.
9 윤기영·이명호, 『뉴노멀 – 우리가 알던 세상은 끝났다』 (서울: 책들의정원, 2020), 6.

다. 서로 적정거리를 유지하며 마스크를 쓴 채 진행하는 결혼식과 장례식 풍경은 참으로 생경하다. 많은 사람이 이전 일상으로 돌아가고 싶어 하지만 대부분의 전문가들은 코로나 이전Before Corona 시대는 다시 오지 않고 코로나 이후After Corona 시대를 대비해야 한다고 경고한다.

코로나19는 인류에게 분명 대재앙과 같지만, 한편으로는 기존의 규제나 관행 때문에 변화가 어려웠던 분야에서 디지털 전환과 혁신을 촉진하는 계기를 제공한다. 디지털 전환은 4차 산업혁명과 이음동의어로 디지털 기술이 사회적 생산성을 높이고, 정치 경제 및 사회에 근본적 변화를 일으킬 것으로 예상한다.[10] 세계는 코로나19 팬데믹을 경험하면서 디지털 인프라 구축을 통한 언택트 산업 육성과 강화에 박차를 가하고 있다. 코로나바이러스가 급습하기 전, 우리는 매일 다양한 사람들과 교류하고, 일하고, 배우고, 쇼핑하고, 예배드리고, 여가활동 하면서 살아오고 있다. 그러나 코로나바이러스 감염증은 사람 사이의 다양한 교류를 제한하거나 중단하도록 강제하는 '언택트untact' 사회, 즉 비대면 비접촉 사회를 앞당긴다.[11] 팬데믹 시대에 우리는 모두 자유인이지만 가택 연금 상태에 놓여 있는 수인prisoner처럼 살아간다. 언택트는 서로 단절되어 고립되기 위해서가 아니라 계속 연결되어 살아가기 위해 선택된 트렌드다. 코로나19가 물리적 공간에서는 언택트로, 가상공간에서는 초연결로 우리 사회를 급속히 변화시키고 있다. 4차 산업혁명이 불러온 초연결사회는 이렇듯 우리 앞에 성큼 다가온

---

10 윤기영·이명호, 『뉴노멀』, 21, 107.
11 '언택트'(untact)는 '접촉'을 뜻하는 '콘택트'(contact)에 부정접두사 'un-'을 붙인 신조어로 '비접촉'이라는 의미다. 이 신조어는 코로나19 팬데믹으로 인해 유행하고 있는 비대면 환경과 비접촉 서비스를 설명하는 데에 사용되고 있다.

코로나19 이후 사회	디지털 사회의 모습
오프라인 → 온라인 개인화 → 신기술 초개인화	1. 온라인 가상세계 　- 전자상거래, 온라인쇼핑, 배송, 온라인교육, 　　원격진료, 스마트뱅킹과 핀테크 2. 온라인 인공지능시스템 　- 화상회의, 업무메신저, 게임, 넷플릭스-유튜브 신기술: 빅데이터, 5G, VR/AR, 인공지능, 개인화 영상 플랫폼, 화상인프라 IT, 디지털기술 등

자료: "코로나 이후 '뉴노멀' 도래···전자결제·콘텐츠 산업 주목해야-IBK", 이데일리(2020.4.8).

다. 이를 위해 온라인으로 의사소통하고 일하고 여가를 즐기는 '온택트ontact' 사회로 빠르게 재편되고 있다. 팬데믹은 실제 생활환경을 디지털 세계로 전환하는 '디지털 트랜스포메이션Digital Transformation'을 일으키고 있다. 최근 코로나19 확산으로 방탄소년단의 해외투어가 무산되자 그 대안으로 온라인 라이브 스트리밍 방식으로 진행된 (방에서 즐기는 방탄소년단 콘서트를 뜻하는) '방방콘 The Live'를 진행한 적 있다. 이 '방방콘'에 무려 107개 지역 75만여 명이 동시 접속하여 그 공연을 실시간 시청한 것으로 유명하다. 이렇듯 팬데믹은 우리 생활 곳곳에 디지털 트랜스포메이션의 촉매제 역할을 하고 있다. 지금 우리가 경험하고 있는 소위 '이동 시대'에서 '접속 시대'로의 전환은 단순히 디지털 기술을 활성화하는 것뿐만 아니라 우리의 생활공간이 무한한 디지털 가상세계로 확장되고 있음을 의미한다. 언택트는 미래를 만드는 가장 중요한 메가트렌드megatrend다. 메가트렌드란 '현대 사회에서 일어나고 있는 거대 조류'를 뜻하는데 어떤 현상이 단순히 한 영역의 트렌드에 그치지 않고 사회, 경제, 문화 모든 분야에서 일어나고 있는 거시적 변화를 가리키는 용어다.[12] 사람들의 습관과 선택의 변화가 만드는 마이크로트렌드microtrend가 10년 이상 지속될 경우 이를 메가트렌드라 한다. 포스트코로나는 지구촌 모든 영역에서 일어나고 있는 여러 메가트렌트를 가속화하고 있다.

언택트 문화의 특징은 디지털 네트워크 사회로의 급속한 변화다. 코로나19와 같은 바이러스와 무관하게 온라인에서는 사람들이 시공간을 분리하여 연결하고 만나는 것이 가능하기 때문이다. 이런 경향은 코로나19 전부터 자리 잡은 온라인쇼핑(전자상거래)의 급증과 함께 재택근무, 화상회의, 랜선공연,13 원격진료, 온라인 예배, 비대면 교육, 비대면 서비스가 급속히 정착하고 있는 데서 볼 수 있다. 2020년 가장 주목하는 라이프 트렌드 가운데 하나로 '느슨한 연대'를 든다. 가족, 직장, 인맥으로 대표되는 세 가지 끈끈한 연대 영역이 느슨하게 바뀌는 상황이 우리의 라이프스타일, 소비, 가치관, 욕망에 어떤 변화를 준다. 코로나19로 인한 느슨한 연대 트렌드의 증폭은 우리 사회의 패러다임 변화를 촉발한다.14 언택트 사회는 서로 연결되긴 하나 끈끈하지 않은 느슨한 연대, 즉 '혼자'와 '함께'의 중간지점에서 사람들 사이의 교류와 연대가 이뤄지는 사회인 셈이다. 동시에 컨택트 사회에 기반을 둔 일자리가 언택트 사회로의 전환 후 어떤 위기를 맞이할지도 중요한 사회

---

12 '메가트렌드'란 단어는 미국 미래학자 나이스비트(John Naisbitt)가 1982년에 출간한 그의 저서 *Megatrends: Ten New Directions Transforming Our Lives* (New York: Warner Books, 1982)에서 유래한다.
13 '랜선'은 '랜 케이블'(LAN cable)을 뜻하는 비표준어로, 인터넷을 유선으로 연결하는 근거리 통신망을 뜻하는 랜(LAN)에 사용하는 선을 가리킨다. 따라서 '랜선공연'은 팬데믹으로 인해 공연을 온라인으로 중계하거나 그것을 녹화한 영상을 스트리밍으로 송출하여 안방에서 관람하게 하는 무관중 비대면 공연이다.
14 김용섭, 『언컨택트 - 더 많은 연결을 위한 새로운 시대 진화 코드』 (서울: 퍼블리온, 2020), 237. 동일 저자의 『라이프 트렌드 2020: 느슨한 연대』 (서울: 부키, 2019) 참조.

적 문제다. 이런 일자리 위기는 소득 위기, 노후 위기, 정치 위기 등 전방위적 위기로 확산될 확률이 농후하다.

코로나19 팬데믹이 돌이킬 수 없는 인류사적 재앙이 될지 새로운 문명사적 전환의 기회가 될지 현재로서는 불확실하다. 늦은 감은 있지만, 환경오염과 자연파괴를 멈추게 하는 지구촌 삶의 대전환을 가져올 호기가 될 수도 있다. 이제까지 생태환경 파괴의 주범으로 종종 지목되고 있는 세계화는 폭주하는 기관차처럼 전 세계를 누비면서 여러 가지 위험한 부산물을 토해낸다. 그 부산물 가운데 하나가 전염병이다. 돌이킬 수 없는 이런 세계화 추세에 도전장을 내밀고 제동을 건 것은 진보적 사회운동이 아니라 팬데믹이다. 역설적이지만 이번 팬데믹은 80억 명의 보금자리인 생태계의 소중함을 깨닫게 하는 계기가 되고 있다. 코로나19 대유행 이후 대기오염으로 악명 높던 중국 베이징, 인도 뉴델리, 인도네시아 자카르타의 하늘이 맑아지고, 자택대피령으로 인간이 사라진 시가지를 야생동물이 어슬렁거리며 돌아다니는 일이 발생하기도 한다. 포스트코로나 사회에는 탈도시화와 함께 지구환경에 큰 관심을 갖고서 친환경 생태적 삶을 추구하는 에코라이프eco-life가 자연스레 정착할 것이라 예상한다. 그러나 한편 인류는 역사적으로 환경문제를 곧잘 도외시하기에 코로나19가 완전히 지나가면 예전 행태로 돌아가는 것도 배제할 수 없다.

세계를 뒤흔든 큰 위기의 순간마다 인류는 그 위기를 새로운 기회로 삼거나 그것으로 인해 문명사적 전환을 경험하곤 한다. 역사, 과학, 미래 전망까지 학문의 경계를 넘나드는 문화 인류학자 재레드 다이아몬드Jared Diamond는 자신의 책, 『총, 균, 쇠』(Guns, Germs, and Steel)에서 인류 문명에 큰 전환점을 가져다준 요소로 세 가지를 꼽는다. 그 가운데 균으로 인한 대규모 위기가 인류 역사의 변곡점이 되었음을 주장한다.[15] 현 팬데믹 상황도 그런 큰 전환의 계기가 될 공산이 크다. 전염병의 진화는 근대 문명의 발전과 동일한 궤적을 그린다. 풍토병이 지역전염병으로 그리고 다시 세계적 전염병 대유행으로 진화하는 것은 인간 또는 근대 문명의 자극과 이에 대한 세균의 반응, 둘 사이의 상호작용에서 비롯되었다는 것이 의학사의 통설이다.[16] 14세기 중세 유럽 봉건제도를 무너트린 흑사병, 17세기 대항해 시대를 연 천연두, 1차 세계대전을 종결시킨 스페인독감처럼 인류가 직면한 대재앙은 사회와 세계의 패러다임을 근본적으로 변화시킨 촉매제이다. 미래학자 제이슨 셍커Jason Schenker가 주장하는 것처럼 미래에 닥칠 위험을 관리하기 위해 준비하고 대비할 기회를 놓치지 않는다면 코로나19 팬데믹은 반면교사가 될 것이다.[17]

코로나19로 인해 우리 일상과 사회에 급격하고 광폭한 변화가 일어나면서 뉴노멀New Normal 시대가 빠르게 도래하고 있다. '뉴노멀'이란 시대 변화에 따라 기존 체계의 오래된 표준과 달리 새롭게 부상하는 기준이나 표준을 뜻한다. 뉴노멀은 '새롭게 변화한 양상이 일상화되는 것'으로 2000년대 초 미국 월가에서 당시 폭풍우처럼 몰아치던 닷컴버블dot-com bubble이 일시에 붕괴된 현상을 두고 나온 말이다. 이전에는 비정상적으로 보이던 현상이 점차 보편적 현상으로 바뀌는 것을 의미

15 Jared Diamond, *Guns, Germs, and Steel*, 재레드 다이아몬드/김진준 역, 『총, 균, 쇠』 (서울: 문학사상사, 2005) 참조.

16 이영석, 『잠시 멈춘 세계 앞에서 - 역사가 이영석의 코로나 시대 성찰 일기』(서울: 푸른역사, 2020), 89.

17 Jason Schenker, *The Future After COVID*, 제이슨 셍커/박성현 역, 『코로나 이후의 세계』 (서울: 미디어숲, 2020), 18.

하며 과거를 반성하고 새로운 질서를 모색하는 시점에서 자주 등장하여 이제 일반화된 단어다. 갈수록 심각해지는 기후변화로 인해 신종 감염병 발생주기가 이전에 비해 더욱 단축될 전망이다. 이러한 전망은 장차 2, 3차 코로나바이러스 웨이브가 오거나 그것과 유사한 팬데믹 발생이 일상화하면 언택트 문화는 고착되고 뉴노멀 시대는 더욱 강화될 수밖에 없다. 뉴노멀 시대에 우리가 직면하게 될 문제는 도식적인 틀로서는 이해되지도 해결되지도 않는 가변적이고 불확실한 상황과 현상이다.

유럽의 대표적 사회학자 지그문트 바우만Zygmunt Bauman은 '액체 근대론Liquid Modernity'이라는 이론을 통해 견고한(고형적) 국면에서 유동하는 국면으로 바뀌었다 주장한다. 그는 기존의 사회적 행태들이 더 이상 제 모습을 지속할 수 없는 여건으로 변해버렸다 피력하면서 미래 사회가 불확실성의 사회로 바뀔 것이라 내다봤다.[18] 바우만이 말한 유동적 사회는 뉴노멀 사회와도 공명한다. 21세기 시대를 '뷰카VUCA' 시대라 한다. '뷰카'란 4차 산업혁명 시대의 세계관으로써 변동성volatility, 불확실성uncertainty, 복잡성complexity, 모호성ambiguity의 머리글자를 조합한 신조어다. '뷰카'가 의미하듯 급변하는 경제 상황과 변동적이며 불확실하고 모호한 사회 환경을 의미한다. 이런 환경에서는 삶의 모든 측면에서 즉시성과 가변성이 더 강해진다. 코로나19가 전 세계에 휘몰아치면서 20세기 후반에서 21세기 전반까지 50여 년 동안 바람직하게 인식되었던 사고와 행동양식은 급속히 과거의 유물이 되고 있다.

---

18 Zygmunt Bauman, *Liquid Times: Living in an Age of Uncertainty*, 지그문트 바우만/한상석 역, 『모두스 비벤디 – 유동하는 세계의 지옥과 유토피아』 (서울: 후마니타스, 2015), 7.

더 큰 문제는 앞으로 어떻게 미래가 전개될지 아무도 예측할 수도 없다는 데 있다. 언제 어디서나 출렁이는 위험 앞에서 우리가 겪는 불확실한 불안과 공포, 그것에 대항해 할 수 있는 것과 그렇지 못한 것을 판단할 수조차 없는 무력함이 우리를 짓누른다. 이런 뷰카의 특성이 코로나19에도 여실히 작용하면서 새로운 사고와 행동 양식을 과감히 전환해야만 하는 상황을 맞이하고 있다. 위험과 기회가 혼재된 뷰카 시대를 뚫고 나아가기 위해서 이전과는 다른 사고방식과 변화를 앞지르는 기민한 행동이 필요하다. 코로나19는 뷰카 시대를 빠른 속도로 앞당겨 우리 사회 구석구석에 큰 변화를 가져오고 있다.

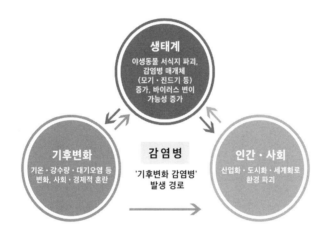

4. 코로나바이러스와 탐욕바이러스

팬데믹으로 인해 대다수 사람은 바이러스라는 말만 들어도 공포에 휩싸인다. 그러나 바이러스는 생명에 필수적이고, 코로나19처럼 숙주에 해로운 바이러스는 기껏해야 1퍼센트에 불과하다. 인간의 몸을 파괴하는 21가지 바이러스 유형들은 지구상에 존재하는 1억 가지 바이러스 유형들 가운데 극히 일부일 뿐이다.[19] 모든 생명체가 그러하듯 바이러스도 끊임없이 생사의 갈림길에서 선택을 강요받는다. 즉 확산되어 숙주의 면역체계에 생포되는 위험을 무릅쓸 것인가, 아니면 동면 상태로 잠복하여 자신의 안전을 지키면서 후손을 포기하느냐 하는 두 가지 갈림길에 놓인다. 숙주의 죽음은 바이러스에게도 죽음을 의미하기 때문에 바이러스는 주변의 환경적 변수들을 주기적으로 점검한다. 다른 두 종류의 바이러스가 동일한 숙주에 기생할 경우, 때때로 그들은 동일한 세포를 감염시켜 유전정보를 서로 교환함으로써 제삼의 '모자이크 딸바이러스mosaic daughter viruses'를 탄생시킬 수 있다.[20] 코로나19 또한 이런 돌연변이다. 우리를 둘러싼 생태계는 이러한 생명 현상이 보이든 보이지 않든 끊임없이 일어나는 아주 역동적인 터전이다.

이번 팬데믹은 개발과 발전의 '탐욕바이러스'에 감염된 인간이 자초한 재앙이다. 철학자 슬라보예 지젝Slavoj Žižek은 이번 코로나 사태를 "지구상의 다른 생명체들을 무자비하게 착취해온 인류에게 내린 잔혹하지만 정당한 처벌"로 규정한다.[21] 코로나바이러스를 인간 사회로 소환한 것은 인간이 자연환경에 가한 끔찍한 폭력 때문이다. 인간의 자연파괴로 인해 야생동물의 서식지는 갈수록 줄어들고 인간과 야생동물의 접촉 빈도는 가파르게 상승하고 있다. 이런 상태에서 동물에서

19 John C. Lennox, *Where is God in a Coronavirus World*, 존 레녹스/홍병룡 역, 『코로나바이러스 세상, 하나님은 어디에 계실까?』 (서울: 아바서원, 2020), 46.

20 울프, 『바이러스 폭풍』, 51.

21 Slavoj Žižek, *Pandemic! COVID-19 Shakes the World*, 슬라보예 지젝/강우성 역, 『팬데믹 패닉 - 코로나19는 세계를 어떻게 뒤흔들었는가』 (서울: 북하우스, 2020), 30.

인간으로 전이될 수 있는 바이러스는 갈수록 늘어날 테고 더 많은 변종 바이러스가 생길 확률은 고조된다. 지난 80년간 유행한 전염병들은 거의 동물과 사람 사이에 상호 전파되는 병원체에 의해 발생하는 인수공통감염병zoonosis이고, 그중 70% 정도가 가축이 아닌 야생동물에 의한 것이다. 이것은 인류에 의해 자행된 생태계 파괴와 무관하지 않음을 시사한다.[22] 인간의 무분별한 개발과 기후변화 등으로 서식지를 잃게 된 야생동물이 인간과 밀접하게 생활하게 되면서 팬데믹은 인간 생명은 물론 인류공동체를 위협하는 지경까지 이른다. 사스나 메르스 같은 바이러스 감염병은 중간 숙주(사향고양이, 낙타)를 거쳐 인간에게 전파된 것으로 알려져 있다. 이번 코로나바이러스는 박쥐나 천산갑을 중간 숙주로 하여 인체 안으로 들어온 것으로 추측한다. 우리는 좋든 싫든 병원균들마저 세계화된 세상에 살고 있을 정도로 세계는 더욱 촘촘히 연결되어 있다.

야생동물 서식지 파괴로 인해 촉발되는 팬데믹의 빠른 주기적 발생도 심히 우려스럽지만, 생물무기의 테러 위험도 갈수록 고조되고 있어 인류의 미래를 더욱 어둡게 한다. 지난 2020년 4월 미국으로 망명한 홍콩 출신 옌리멍 면역학 박사는 신종 코로나바이러스가 중국 우한 연구소에서 인위적으로 만들어졌다고 주장한다. 옌 박사는 코로나19의 전 세계 확산 이전인 2019년 12월 말부터 금년 1월 중순까지 우한에서 발생한 새로운 폐렴의 비밀조사에 참여한 학자다. 중국 정부가 고의로 코로나19를 만들어 세계에 퍼트렸다는 충격적 소식과 함께 자신의 주장을 뒷받침하는 논문을 정보 플랫폼 제노도Zenodo를 통해 발표

---

22 김용섭, 『언컨택트』, 97.

함으로써 이번 팬데믹이 중국의 생물무기 개발과 무관하지 않음을 전 세계에 폭로한다. 코로나19 팬데믹 이전에도 생물전에 관한 기록은 꽤 오래전부터 사료에서 발견된다. 기원전 1세기 스키타이Scythai 궁수들은 화살촉을 퇴비와 시체의 썩은 물에 적셔서 적에게 쏘았다고 전한다. 14세기 중엽 타타르인들이 흑해 연안의 항구도시 카파Caffa를 장기간 공격으로도 함락시키지 못하자, 페스트로 사망한 동료 시신을 투석기로 도시 성벽 안으로 던져넣은 것이 아마도 원시적 형태의 생물병기일 테다. 이즈음 인류는 글로벌 이동과 무역으로, 국제적 분쟁과 난민 이동으로, 세균전으로 전염병 확산을 경험한 셈이다. 이후 2차 세계대전 당시 일본은 생물무기 실험을 만주와 중국 본토에 실시하며 중국의 여러 도시에 페스트 보균 벼룩을 퍼트려서 수천에서 수만 명의 인명을 빼앗은 바 있다. 최근 북한이 악성 바이러스를 이용한 공격적 생물무기를 보유하고 있다는 미 국무부의 보고도 전해진다. 인위적으로 생성된 이번 코로나19 팬데믹은 인류의 미래에 인명을 대량 살상하는 생물전 개시의 암운을 드리운다.

갈수록 심각해지는 기후변화와 지구온난화, 식량부족으로 인한 삼림파괴와 농지확대, 가속화하는 도시화와 세계화로 인해 신종 바이러스 감염병의 등장 주기는 갈수록 짧아질 것이다. 앞으로 신종 감염병은 반복적으로 등장하여 인류를 괴롭힐 가능성이 다분하다. 미래학자 제레미 리프킨Jeremy Rifkin은 인간이 지구에 남은 마지막 야생의 터를 침범한 결과로 이번 팬데믹이 발생하였음을 지적한다. 1900년만 해도 인간이 사는 땅은 전체의 14퍼센트 정도였지만 지금은 77퍼센트에 육박하여 야생은 23퍼센트만 남아있다.[23] 어디 그뿐인가. 현시대의 교통 혁명은 바이러스 폭주로 이어진다. 지상에는 5만여 곳의 공항,

3200만 킬로미터가 넘는 도로, 110만 킬로미터 이상의 철로, 해상에는 수십만 척의 크고 작은 선박들이 하루에도 수많은 사람과 엄청난 양의 물자를 실어 나른다.[24] 이전에는 한 지역에서 발생하여 기생하거나 사라지던 바이러스들이 교통 혁명으로 이동하는 방법이 근본적으로 달라지고 있다. 과학기술의 발달로 모두가 연결되는 하나의 세계지만 온갖 병원균들이 뒤섞이는 거대한 용광로가 된 지 오래다. 과학이라는 이름으로 인간이 자행한 자연 착취로 인해 우리가 사는 세상을 팬데믹으로 몰아가고 있다. 급증하는 인구와 급속한 도시화와 그에 따른 산림 벌채는 자연 서식지를 심각히 파괴하고, 결국 우리의 현존을 위협한다. 많은 동물 종species의 급격한 멸종은 그들 몸에 서식하던 온갖 세균과 바이러스를 다른 곳으로 옮겨가게 만든다. 삶의 터전인 지구가 우리 인간으로 인해 그동안 얼마나 피폐해졌는지를 가늠하는 바로미터가 바이러스의 행태다. 코로나바이러스 감염병은 우리 인류가 지금껏 걸어온 방식대로는 더는 지속할 수 없으며 근본적 변화가 필요하다는 마지막 신호다. 이제껏 인류가 만들고 영위해온 시스템이 지닌 자기모순과 자기 파괴적 성격을 확연하게 고발하는 사건이기도 하다. 나아가 우리 생의 터전, 자연을 돌아보라는 창조주 하나님이 우리에게 보내시는 경고 메시지다.

서구 정신사에서 소위 문명과 진보라고 일컫는 것들의 대부분이 다른 인간과 자연에 대한 무자비한 착취와 파괴 위에서 건설되어 왔음을 부정할 수 없다. 고대 문명 몰락의 주된 원인 가운데 하나는 지배계급

---

23 안희경, 『오늘부터의 세계 – 세계 석학 7인에게 코로나 이후 인류의 미래를 묻다』 (서울: 메디치, 2020), 20.
24 울프, 『바이러스 폭풍』, 169.

의 향락과 사치성 수요를 충족시키고자 자연환경을 파괴한 결과이고 그로 인해 야기된 식량부족과 군사력 약화이다. 이 시대는 거대 자본으로 쌓아 올린 외향적 화려함과 성장을 향한 광기 서린 속도감에 비례해서 빈부 간 격차, 정신적 빈곤함, 삶의 의미 상실, 타락한 심성과 오염된 환경으로 점점 황폐해져 가고 있다. 이런 의미에서 코로나바이러스의 생물학적 발원지는 중국 우한이지만 근본적 진원지는 인간의 탐심이다. 병든 욕망은 대상을 물화시킨다. 탐욕은 자연을 개발이란 이름으로 착취하는 물적 대상으로 인식하게 한다. "탐심은 우상숭배" (골 3:5)라는 성경 구절은 인간의 심연을 통찰하는 말이다. 인간 본성에 깊이 뿌리내려 이성과 절제의 메커니즘을 근본부터 망가트리는 탐욕이 문제다. 인간의 탐욕은 우리가 사는 생활공간뿐만 아니라 생태환경을 훼손하고 있다. 이제 생태계 위기와 지구 종말 시기는 수치로 치환되어 시시각각 우리에게 전달되고 있다. 인류 종말을 경고하는 '지구종말시계The Doomsday Clock'가 종말을 뜻하는 자정 100초 전으로 앞당겨져 있다.[25] 시곗바늘이 지난해(2019년) 자정 2분 전에서 20초 당겨진 오후 11시 58분 20초를 가리키게 된 것이다. 이는 1947년부터 매년 발표한 '지구종말시계' 기록 중 자정에 가장 근접한 시각이라 한다.

자동판매기에서 하루 치의 희망을 뽑아 마시듯, 사람들은 내일을 생각하지 않고 오늘을 끝장낼 기세로 끝없는 탐욕을 소모하고 있다. 탐욕이 낳은 결과물 가운데 하나가 지금의 팬데믹이다. 팬데믹은 발생할 것이 틀림없으나 우리가 무시해 온 '검은 코끼리black elephant'에 비유된다.[26] 이미 커다란 코끼리가 눈앞에 보이는 데도 못 본 척하며 행동

---

25 정민승, "지구종말시계, 자정 '100초' 앞으로", 「한국일보」 2020년 1월 24일.

을 미루는 경향을 뜻한다. 그 이유가 관성이든 부정이든 두려움이든 코끼리가 온 집안을 풍비박산 낼 때까지 모른 척한다는 것인데 기후변화나 팬데믹이 이런 경우에 해당한다. 그러나 좀 더 깊이 들여다보면 그 검은 코끼리의 실체는 다름 아닌 우리 안에 똬리를 튼 탐욕이다. 이런 점에서 우리 인류가 나서서 함께 퇴치해야 할 궁극의 바이러스는 코로나19가 아닌 탐욕이다. 팬데믹은 탐욕에 인생이 저당 잡혀 미래를 잃어가는 현대인의 초상을 여실히 보여준다. 인류가 이 탐욕을 제어하는 영성을 제대로 기르지 않는 한 지구촌 곳곳의 생태파괴는 화마, 수마, 병마가 되어 우리의 다음 세대를 심각하게 할퀼 것이다. 보다 나은 세상을 다음 세대에 물려주지는 못할망정 공멸로 귀결될 끔찍한 재앙을 물려주어서야 하겠는가.

5. 하나님 형상 회복, 최후의 백신

"칼과 / 흙이 싸우면 / 어느 쪽이 이길까 / 흙을 / 찌른 칼은 / 어느새 / 흙에 붙들려 / 녹슬어버렸다." 생태 시인 김준태의 〈칼과 흙〉이란 시다.[27] 이 시에서 대조를 이루고 있는 '칼'과 '흙'이라는 시어는 많은 것을 응축하고 있는 상징어다. '칼'은 인간 문명을 뜻하는 말이고, '흙'은 생명력의 창조적 기반인 자연을 함축하는 언어다. 탐욕과 횡포라는 문명의 독기를 품은 서슬 퍼런 칼이 흙을 이길 것 같지만, 포용력과 생명력으로 충일한 투박한 흙에 붙들린 채 칼은 결국 시뻘겋게 녹슬어버린

---

26 윤기영, 이명호, 『뉴노멀』, 206.
27 김준태, 『밥詩, 강낭콩』(서울: 모악, 2018), 74.

다. 인간의 탐욕이 휘두르는 칼이라는 문명 앞에 흙은 큰 위해를 경험하지만, 그렇다고 문명이라는 칼이 흙으로 상징된 자연을 이길 수는 없는 법이다. 흙(자연)의 힘에 비하면 칼(문명)의 힘은 너무나 보잘것없기 때문이다.

현대 산업사회의 목표는 양적 성장, 경제적 부, 물질적 풍요다. 생태 위기를 가져온 근본 원인은 과도한 소유와 향락에 삶의 궁극적 의미를 두는 현대인들의 소비주의 가치관 때문이다. 그 결과 인간은 자연으로부터 소외되고 일상생활은 기계화되어 오히려 진정한 의미의 자유를 상실하게 한다. 경제활동의 허브인 시장market은 신으로 군림한 지 꽤 되었고 교회마저 자본주의에 잠식되고 있음을 통렬히 지적한 신학자 하비 콕스Harvey Cox의 주장을 인용하지 않더라도 영적 파산 일보 직전에 놓인 교회의 실상이 을씨년스럽다. 시장경제가 부추기는 소비주의는 인간다운 주체성과 의식을 구속하고 생태계를 죽음으로 몰아간다.

생태계는 하나님과 모든 만물이 거처하는 '공동의 집'이기에 생태 영성은 하나님의 창조 활동을 인식하고 생명의 길에 참여하는 실천으로 이어질 수밖에 없다. 인간이 자연의 주인이고 자연은 인간의 필요와 욕구를 충족시켜 주는 그런 대상으로 인식하는 한, 자연에 대한 인간의 폭력과 파괴는 계속해서 되풀이될 것이다. 인간의 타락과 그 타락의 결과를 묘사하고 있는 창세기 3장과 그 이후 펼쳐지는 이야기가 우리에게 전하고 있는 것처럼, 인간의 불순종은 생태계에 저주를 가져오고 에덴동산으로부터 쫓겨나게 했을 뿐만 아니라 타락과 폭력과 파괴의 확산으로 이어지게 한다. 우리 자신이 창조하지 않은 것을 파괴할 권리를 우리는 갖고 있지 않다.

하나님께서 인간에게 위임한 "다스리라"(창 1:26)는 문화 명령은 피조 세계를 억압하고 파괴하라는 뜻을 가진 것이 아니라 '돌보고' '가꾸고' 그리고 '보호하라'는 의미다. 창세기 저자는 하나님이 창조하신 세상에 대한 가치를 "하나님이 보시기에 좋았더라"(창 1:4, 10, 12, 18, 21, 25, 31)는 말씀으로 설명한다. 이는 하나님께서 모든 피조물에게 존재의 목적이나 가치를 부여하셨음을 뜻한다. 사람을 지으신 후 "생육하고 번성하여 땅에 충만하라, 땅을 정복하라"(창 1:28)는 하나님의 명령을 오해하여 서구 사회와 기독교는 오랫동안 개발의 논리에 따라 땅을 착취와 정복의 대상으로 인식해왔다. 실제로 그 명령은 '보호자' 혹은 '청지기'로서 피조 세계를 관리하고 보존하라는 우리 인간을 향한 하나님의 거룩한 초청이자 요청이다. 그 거룩한 부르심에 우리가 역행할 때, 자연의 질서는 깨어지고 자연의 일부인 인간 세계도 결국 무너지고 만다. 하나님이 지으신 창조 세계는 사용하고 버리는 일회용품과 같은 것이 아니다. 우리가 태어나 거주하는 이 땅 전체는 잠시 머무는 '여관inn'이 아닌 '홈home'으로 하나님이 우리에게 주신 공간이다. 지구라는 행성 전체는 우리 인간을 포함한 870만에 달하는 생명체의 종자들이 그 구성원으로서 하나의 가족을 이루고 살아가는 홈과도 같다. 지구생태계는 우리의 자녀와 후손도 태어나 거주해야 하는 아늑한 '가정'이 아니던가.

코로나바이러스라는 눈에 보이지도 않는 미생물로 인해 수많은 사람이 스러지고 국경이 닫히고 도시들은 폐쇄되고 시민들이 자택 격리되는 이 현실을 누군가는 그로테스크grotesque하다고 표현한다. 창조주 하나님을 잊은 채 신음하는 피조 세계를 외면한 우리 현실이다. 우리의 내면세계는 어떤 모습일까. 그로테스크한 것이 아니라 코로나바이러스가 침투한 폐와 같지 않겠는가. 인간의 오염과 파괴에 대해 자연은 인간이 한 만큼만 되갚아주는 일대일의 수치가 아닌, 제곱수로 늘어난 재앙을 내리다 결국 언젠가 돌이킬 수 없는 치명적 타격을 인간에게 가할 것이다. 우리가 자연환경으로 더 깊이 들어가 그곳을 파괴할 때 새로운 팬데믹은 끊임없이 출현할 것이다. 인간이 뿌린 죄악의 씨앗들은 도처에 흩뿌려져 움트고 자라 가시덤불같이 뻗어나가 우리 삶의 터전인 생태계를 묵정밭처럼 만들고 있다. 이 땅에 짙게 드리워진 탐욕이 독성 바이러스가 되어 하나님이 창조하신 세계를 처참히 무너뜨리고 있다. 팬데믹의 근원은 새로운 병원균이 아닌 탐욕바이러스에 걸린 인간이다. 하나님이 우리에게 주신 터전이 더는 황폐화하지 않도록 우리가 사는 세상을 돌아보자. 우리 삶의 근간을 흔드는 아주 작은 생명체를 통해 하나님은 그 나라를 꿈꾸며 그 형상을 회복하라 말씀하신다. 하나님 형상 회복만이 오고 오는 세대를 살릴 수 있는 진정한 백신이다.

6. 포스트코로나 시대와 하나님 나라 운동

코로나발 변화의 물결은 사회 모든 분야에서 동시다발적으로 체감되고 있다. 코로나19 팬데믹이 몰고 온 위기는 교회에도 심각한 타격을 주고 있다. 교회 역사상 현장 예배가 중단되는 초유의 사태가 벌어졌고 각종 예배와 사역이 온라인으로 대체되고 있다. 온라인으로 드리는 예배와 예전sacraments의 신학적 당위성을 둘러싼 논쟁은 여전히 진행형이다. 이런 신앙의 디지털화는 장차 교회가 겪게 될 변화의 시작에 불과하다. 앞으로 계속 발생할 악성 바이러스와 함께 살아갈 포스트코로나 시대, 교회보다 더 큰 위기와 도전에 노출될 기관은 없을 것이다. 이번 팬데믹은 세속화와 탈종교화를 더욱 부추길 것이라는 전망이 교회의 미래를 암울하게 한다.

이러한 탈종교화 현상은 코로나 사태 이전 이미 4차 산업혁명 시대와 더불어 본격화한다. 독일 실존철학자 카를 야스퍼스Karl Jaspers의 다음 주장은 포스트코로나 시대와 관련하여 시의적절하다. "역사가 초래한 인류의 도약은 가히 재앙이라 할 만하다. … 역사가 야기한 모든 것들은 결국 인간을 파괴한다. 역사란 장대한 불꽃놀이의 모습을 한 파괴의 과정이다."28 일순간 폭발하여 찰나의 화려함을 과시하는 불꽃놀이처럼 과학기술의 발전이 덧없다는 주장은 포스트코로나 시대에 교회의 사명과 역할을 되돌아보게 한다. 과학기술문명으로 크게 훼손된 자연의 역습이 팬데믹이고 그런 재난이 가져다준 불안과 무기력의 늪에 빠져 허우적대는 것이 우리 인간사회다. 이번 팬데믹은 생태계 파괴를 초래한 성장과 발전이 되레 인류를 한순간에 파멸로 이끌 수 있음을 깨닫게 한다. 과학기술혁명이 심화되면 될수록, 전염병이 창궐하면 할수록 고갈되는 영성의 문제는 결국 종교의 역할로 귀결된다. 교회가 코로나바이러스와 그 여파에 어떻게 대처하는가에 교회의 미래와 운명이 달려 있다. 이제 교회가 내부 개혁과 함께 코로나 이후 사회에서 발생할 여러 문제를 정확히 진단하고 교회 간 연대와 협력을 통해 그 문제에 답해야 한다. 개체 교회의 노력만으로 팬데믹이 던져준 도전과 과제를 해결하기는 거의 불가능에 가깝다.

---

28 Alexander von Schönburg, *Weltgeschichte To Go*, 알렉산더 폰 쇤부르크/이상희 역, 『세계사라는 참을 수 없는 농담 – 짧지만 우아하게 46억 년을 말하는 법』 (서울: 추수밭, 2017), 51.

"이 유행병 시대에 하나님은 어디에 계시는가?"라는 질문에 신약학자 라이트Tom Wright는 "치유와 소망을 주시려고 고통받고 죽어가시면서 최전선에 계신다"라고 답한다.[29] 팬데믹 상황 속 교회가 더욱 눈길을 돌려야 할 곳은 하나님이 현존하시는 최전선, 즉 치유와 소망을 가장 필요로 하는 소외와 재난 현장이다. 교회는 공공기관의 지원이 미치지 않는 소외되고 변두리에 있는 사람들에게 나눔과 돌봄의 손길을 내밀어야 한다. 코로나 사태는 교회가 지닌 공적 책임이 무엇인가를 다시 돌아보게 한다. 교회의 공공성 회복은 현대 교회가 당면한 우선 과제다. 하나님의 환대를 이미 경험하였기에 이웃에게도 환대를 베푸는 이들이 성도다. 코로나19로 재편되고 있는 뉴노멀 시대는 사회 곳곳에서 공공성을 실천하는 교회로의 전환을 요청한다. 하나님의 구원은 이 세상의 모든 영역에 하나님 나라가 임하게 하는 것이다. 성경적 구원은 한 인간 영혼의 구원에만 머무는 것이 아니라 사회정치적 영역은 물론 우주적 차원의 구원까지 아우른다.

누가복음이 제시하는 구원은 여러 사회계층의 사람들에게 각기 다른 의미로 해석된다. 나병 환자에게는 환부의 정함을(17:19), 시각장애인에게는 시력의 회복을(18:42) 뜻한다. 구원은 평화(2:14), 죄 사함(7:48), 병 고침(6:10; 8:48)을 함의한다. 누가에게 구원은 본질적으로 '자유하게 하는 것'이다. 예수는 구주로서 포로 된 자를 놓아주며 눌린 자를 자유롭게 하신다(4:18). 누가복음에 따르면 예수는 하나님께서 원하시는 삶을 살지 못하도록 가로막는 것이 무엇이든 그것으로부터 자유하

---

29 Nicholas Thomas Wright, *God and the Pandemic*, 톰 라이트/이지혜 역, 『하나님과 팬데믹』 (서울: 비아토르, 2020), 120.

게 하심으로써 우리를 구원하신다. 이런 점에서 누가는 육적, 영적, 사회적 구원을 명확히 구분하지 않는다. 죄 사함, 병 고침, 배고픈 자를 먹이는 것도 모두 구원 행위다. 누가의 신학에서 하나님은 인간의 모든 삶에 관여하며 잘못된 삶을 바로 세우시는 과정을 통해 구원하신다. 이런 누가의 구원관은 팬데믹 시대 교회가 구원의 공적 차원을 이 땅에서 어떻게 구현해야 하는지를 돌아보게 하는 지침이다.

하나님 나라는 인간의 의지나 이상이 아닌, 하나님이 자신의 뜻과 주권으로 다스리는 곳이다. 하나님 주권을 부정하고 탐욕바이러스에 자신의 영혼을 숙주로 내어준 곳이면 어디나 재앙의 진원지다. 자연에 인위적 힘을 가하여 그것을 착취하고 파괴하는 행위는 하나님의 창조 질서에 반하는 행태다. 십자가에서 흘리신 예수 그리스도의 피에 근거한 '적색 은총'만큼이나 세계 창조 후 생태계 보존과 회복에 힘쓰시는 하나님의 '녹색 은총'에 감사하는 것이 중요하다. 녹색 은총은 인간 삶의 근거이자 토대를 이루는 자연환경을 통해 주어지는 은혜다. 지구 생태계에 거하시는 하나님의 현존을 온몸으로 경험하며 피조물 속에서 터져 나오는 고통과 탄식(롬 8:22)에 귀 기울이고 그것을 돌보는 행위는 하나님의 녹색 은총에 대한 우리의 마땅한 응답이다. 적색 은총과 녹색 은총, 십자가 신학과 창조신학 사이의 조화와 균형이 필요하

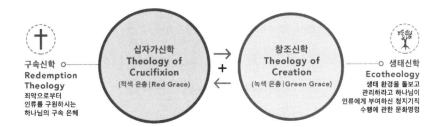

다. 십자가를 타고 흘러내려 이 땅을 적신 적색 은총은 또한 이 땅 모든 피조물에까지 미치는 녹색 은총임을 기억해야 한다.

교회는 코로나19 팬데믹 상황을 위기로 여기기보다 신앙공동체를 병들게 하는 유사 복음과 병든 신학을 바로잡고 교회 간 연대와 협력을 통해 하나님 나라 운동을 실행할 좋은 기회로 삼아야 한다. 사회 변두리로부터 지구생태계까지, 하나님의 샬롬과 구원이 펼쳐지는 하나님 나라 운동으로 인류를 파멸로 몰아가는 탐욕바이러스는 퇴치되어야 한다. 교회는 하나님의 새 창조 사역에 동참하는 공동체다. 첫 창조가 '무로부터의 창조'(creatio ex nihilo)라면, 새 창조는 성령 하나님이 주도하시는 '낡은 것으로부터의 창조'(creatio ex vetere)다. 새 창조는 이미 우리 영혼이 예수 그리스도 안에서 거듭남으로부터 시작되며(고후 5:17), 온 세상에 복음이 확산되어 하나님 나라의 평화가 온전히 임할 때에 완성될 것이다. 새 창조는 하나님의 구원 역사의 최종 목표로써, 죄악으로 하나님 형상이 어그러진 인간과 재난으로 무너지고 황폐한 세상을 하나님이 자신의 뜻과 질서로 복원하시는 운동이다. 팬데믹으로 더욱 피폐해진 지금 세상에서 새 창조 역사에 동참하라 우리를 부르시는 하나님 음성이 더욱 쟁쟁하게 들리지 않는가.

포스트코로나 시대와 미래 사회
: 두려움을 넘어 공동체 세우기

김사무엘

1. 개요

'코로나바이러스가 모든 것을 바꾸어 놓았다'라는 표현은 이제 진부하기까지 하다. 이 전염병이 우리의 삶을 어떻게 바꾸었는지 일일이 나열하기 어려울 정도로 삶이 변화되었고, 바이러스 확장 이전과 같은 삶을 다시 찾을 수 있을지 의문이 들 정도로 우리는 지금의 상황에 익숙해지고 있다.

많은 학자가 포스트코로나 시대를 예측하기 위해 연구하고 있다. 사회학자들은 사회적 동물 인간이 사회적 거리를 두어야 하는 상황을 기반으로, 경제학자들은 비대면 사회의 경제활동을 기반으로 미래사회를 예측하기 위해 노력하고 있다. 과학기술 분야도 예외 없이 많은 학자가 급속도로 발전하는 과학기술을 기반으로 코로나 이후의 사회를 예측하고 있다.

이미 이렇게 많은 분야의 학자들이 미래사회에 대한 예측을 쏟아내는 터라, 이 글은 과학기술이 가지고 올 미래에 대한 새로운 예측이나 분석을 제공하는 데에 그 목적이 있지 않다. 그 대신 이미 시작된 미래 사회로의 변환과 그 변환을 주도하는 과학기술에 대한 두려움의 본질을 살펴보려고 한다. 필자는 이번 팬데믹이 몰고 온 두려움을 두 가지로 구분하여 설명하려 한다. 하나는 '멀어지는 익숙함으로 인한 두려움'이고 다른 하나는 '다가오는 낯섦이 주는 두려움'이다. 서로 구분되지만 상호 연관되는 이 두 가지 두려움에 직면한 그리스도인들이 신앙 공동체를 세우고 지키기 위해 마땅히 취해야만 하는 자세는 어떠해야 하는지를 살펴보고, 실천 가능한 대안들을 하나님께서 교회에 허락하신 직분을 토대로 제안하려 한다.

이러한 두려움은 사회 모든 구성원에게 적용되는 것이지만, 이 땅의 빛과 소금의 역할로 부름을 받은 거룩한 무리(聖徒)인 그리스도인들이 그 두려움 안에서 자신의 정체성을 살펴보고 변화에 대처하는 일은 매우 중요한 일이다. 그러나 많은 그리스도인이 시대의 변화를 읽기 거부하고 자신의 사회문화적 신념을 그리스도인의 정체성으로 오해하는 모습을 보이는 것도 사실이다. 특히 한국교회는 유교적 전통과 기독교 교리의 혼합, 중세 교회의 타락을 이끌었던 사제주의의 만연, 정치 세력화 그리고 질문을 불신앙으로 반지성주의를 믿음으로 여기는 문화 등이 어우러져 짧은 시간 안에 많은 사람에게 외면당하기 시작했다. 기독교인들이 사회가 부패하지 않도록 빛과 소금의 역할을 수행하기는 커녕, 오히려 사회가 교회의 무지와 타락을 염려하는 시대가 되었다.

[그림 1]은 얼마 전 한국에서 이루어진 기독교, 불교, 천주교에 대한 각 종교인의 이미지 조사를 보여준다. 그림에서 쉽게 볼 수 있는 것처럼, 그리스도인에 가까운 단어일수록 부정적인 단어가 많이 나타

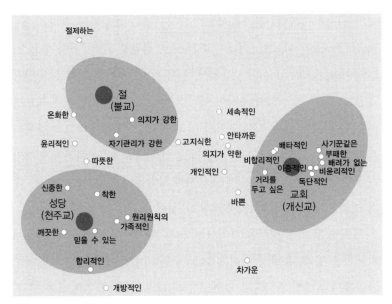

절제하는

절
(불교)

온화한　　　　　의지가 강한

윤리적인　　　자기관리가 강한

따뜻한

세속적인

안타까운

고지식한
의지가 약한
개인적인

비합리적인

배타적인　　사기꾼같은
　　　　　부패한
이중적인　　배려가 없는
거리를　　비윤리적인
두고 싶은　독단적인
바쁜　　교회
　　　(개신교)

신중한　　착한

성당
(천주교)

깨끗한　　믿을 수 있는

원리원칙의
가족적인

합리적인

차가운

개방적인

[그림 1] 종교인의 이미지에 대한 다중 대응 분석표Multiple Correspondence Analysis (MCA)*.
전국 만 20~59세 남녀 1000명. 온라인 조사, 06/23/2020 ~ 06/26/2020.[1]
* 다분변수categorical variable 간의 관계를 유클리드 공간Euclidean space의 낮은 차원으로
변환해 나타내는 데이터 분석 기법. 거리가 더 가까운 변수들이 더 밀접한 관계를 갖고 있는 것
으로 해석.

나는 것이 극명하게 보일 정도로 그리스도인의 이미지는 실추되었
다.[1] "배타적인", "독단적인" 등의 기독교 교리와 연관성이 있다고도
볼 수 있는 부정적인 이미지는 차치하더라도, "부패한", "이중적인",
"비윤리적인" 등의 단어들이 기독교와 가깝다는 것을 주목해야 한다.
이는 현대 한국 그리스도인들이 하나님 나라의 백성이라면 당연히 받
아야 할 고난이나 핍박을 경험하는 것이 아니라, 우리 자신의 타락에

---

1 엠브레인 트렌드모니터, "종교 및 종교인 과세 관련 인식 조사", 2020 (https://www.trendmo
nitor.co.kr/tmweb/trend/allTrend/detail.do?bIdx=1949&code=0404&trendType=
CKOREA), 목회데이터 연구소 주간리포트 61호 재인용 (http://mhdata.or.kr/mailing/Num
bers61th_200828_Full_Report.pdf).

대한 지극히 당연한 평가를 받고 있다는 것을 깨달아야 한다.

길키Langdon Gilkey는 그의 2차 대전 포로 생활을 그린 『산둥 수용소』(*Shantung Compound*)라는 책에서 "공동체의 가장 큰 위협은 물질적 결핍이나 외부로부터의 폭력이 아니라, 바로 우리의 도덕적 실패로부터 온다"라고 말했다. 한국교회가 이 말에 귀 기울이지 않고 변화하는 사회에서 정의, 생태, 평화와 같은 공공성의 요소들을[2] 회복하고 지키지 못한다면 한국교회는 길에 내던져져 사람들에게 밟히는, 짠맛을 내지 못하는 소금에 불과한 처지가 될 것이다.

필자는 두 가지 시각을 가지고 이 글을 이어가려 한다. 우선 필자는 과학기술 업계, 특별히 미래를 이끌게 될 것이라 주목받는 인공지능 산업에서 컴퓨터 과학자로 일하고 있다. 잠시 다른 업무에 바빠 몇 주 신경 쓰지 않으면 기술 동향 파악이 어려운 정도를 넘어, 자신의 전문 분야에서조차 매일 새롭게 발표되는 엄청난 양의 논문을 따라가기 어려울 만큼 빠른 속도로 발전하는 산업계에서 그 변화를 직접 체험하고 있다. 그 변화의 물결 속 내부자 중 하나로, 그 변화와 기술의 본질을 조금 더 실체와 가깝고도 이해하기 쉽게 설명하여 그 변화의 방향을 소개하기 기대한다.

다른 하나의 관점은 하나님 나라의 백성으로서의 시각이다. 그것은 지금의 나는 소위 과학기술의 시대에서 이 땅에 발을 딛고 살아가고는 있지만, 궁극적으로는 하나님 나라를 살아가고 있다는 말이다. 이것은 또한 성경에 등장하는 유목 생활을 하던 고대 근동의 족장들과 함

---

2 이도영, 『코로나19 이후 시대와 한국교회의 과제: 한국교회, 공교회성과 그리고 공공성을 회복하지 않으면 망한다』 (서울: 새물결플러스, 2020).

께 그리스도가 머리 된 교회 공동체의 한 지체라는 것을 뜻한다. 시대
와 공간을 뛰어넘는 이 연대는 어떠한 세상 변화도 본질적으로 다르지
않다는 통찰력을 제공해준다. 두려움이 우리의 정체성을 휘두르지 않
도록 변화의 본질을 살피고, 그 두려움을 넘어서 공동체를 세우는 하
나님 나라의 백성을 구체적으로 그려보길 원한다.

2. 멀어지는 익숙함

1) 촉매제로서의 코로나바이러스

'코로나바이러스' 자체만으로는 과학기술의 발전과 유의미한 상관
관계를 찾기 어렵다. 오히려 코로나바이러스는 폭발적 성장을 지속해
왔던 과학기술에 촉매제가[3] 되어 우리의 일상과 융합하는 에너지를
제공하고 있는 것으로 이해함이 적합하다. 그 엄청난 에너지가 우리의
생활양식을 짧은 시간 안에 급격하게 변화시켜왔고 앞으로는 더 빠르
게 변화시킬 것이다.

촉매catalyst는 반응과정에서 소모되지 않으면서 활성화 에너지를 일
으켜 화학반응을 빠르게 만드는 물질을 말한다. 이와 유사하게도 코로
나바이러스는 충분히 상용화가 가능할 정도로 발전되어 있었지만, 아
직 일상생활에 널리 쓰이지 않던 과학기술이 우리 생활에 깊이 들어와
생활의 일부가 되게 만드는 역할을 했다. 의도치 않게 이런 종류의 과
학기술은 코로나바이러스에 의해 와해성 기술disruptive innovation의[4]지

---

3 이종찬, 『코로나와 4차 산업혁명이 만든 뉴노멀』 (서울: 북랩, 2020).

위를 갖게 되었다.

사람들은 익숙한 생활양식을 유지하면서 과학기술의 발전으로 가능해진 새롭고 편한 방법들을 느리게 받아들이는 관성이 있다. 그래서 어떤 제품들은 뛰어난 기술력을 갖고도 소비자에게 외면당해 오다가, 코로나바이러스 상황에서 급속도로 보급되었고 많은 사람의 새로운 습관이 되어가고 있다. 역설적이게도 기존의 습관을 바꾸는 변화는 불가역적인 경우가 많아, 코로나바이러스의 전염이 사라진다 하더라도 다시 원상으로 복귀하지 않을 가능성이 크다.

2) 비대면 사회로의 변환

사회적 거리두기social distancing를 꼭 지켜야 하는 비대면 사회로 변환되면서, 가장 각광받는 기술 분야 중 하나는 화상회의 서비스와 같은 주로 비대면 의사소통 시스템이다. 시간과 비용을 들여 여행하지 않아도 내 사무실에서 전 세계 사람들과 만나 회의를 할 수 있는 시스템은 기존에 있었지만, 많은 사람은 시간과 비용을 들여 직접 만나는 것을 관성처럼 계속해왔다. 코로나바이러스 확산 이후 여행하는 것이 불가능해지자, 사람들이 여행 대신에 화상회의 시스템을 적극적으로 사용하기 시작했다. 몇 명이 모이는 소규모 회의부터 수천 명이 모이는 국제학회에 이르기까지 화상회의는 일상이 되었다.

교육기관에서도 오랜 시간 동안 온라인 강의를 보급하기 위해서 많

---

4 '와해성 기술'은 기존의 업계를 무너트리다시피 재편성하고 새로운 시장을 점유하는 새로운 제품이나 서비스의 중심 기술을 말한다.

은 노력을 해왔다. 기업들은 온라인 공개수업Massive Open Online Course (MOOC)을 제공해주는 플랫폼 제작 사업을 시작했고, 유명 대학들은 학교 강의를 MOOC 플랫폼을 통해 공개하기도 했다. 이러한 것들은 이전에는 필요한 사람만이 찾아 쓰는 서비스였지만, 이제는 더 이상 선택의 여지가 있는 것이 아닌 반드시 해야 하는 과제가 되었다.

이와 같은 비대면 통신 수단의 보급은 적어도 아직은 대면 상황에서 이루어지는 의사소통을 완전히 대체하지는 못하고 있다. 과학기술자들은 비대면 통신 수단의 몰입도immersiveness를 높이기 위해서 가상현실virtual reality 기술을 계속 연구하고 개발하겠지만, 비대면 상황의 의사 소통은 정보 순환의 불균형을 초래할 가능성이 높다. 이런 어려움은 참가자들 공통의 관심사와 이해관계가 분명하게 존재하는 동종 homogeneous 구성원의 상황에서보다, 참가자들이 다양한 관심사와 참여의 뚜렷한 목적이 없는 이종heterogeneous 구성원들일 때 더욱 크게 발생한다. 그뿐만 아니라 일반적인 비대면 통신 수단은 값비싸고 복잡한 기기를 이용하는 경우가 대부분이기에 기기의 보유 여부와 보유한 기기의 수준, 사용자의 기기 활용 능력에 따라 불균형이 야기되기도 한다.

이러한 불균형을 초래할 수 있는 여러 가지 요소가 모인 곳은 다름 아닌 초, 중, 고등학교와 같은 기초 교육기관의 온라인 수업이다. 아직 그 끝을 짐작할 수도 없지만, 한 학기 이상 온라인 수업을 진행하는 과정에서 그러한 불균형의 요소들은 목격되었다. 교육자들은 '만남이 사라진 교육이 교육의 불평등을 가속화하는지, 이제까지 당연하게 여겨왔던, 학교라는 공간이 가지고 있던 기능이 무엇이었는지 증명'되었다고 평가하기도 한다.[5]

3) 비대면 사회에서 공동체 세우기

성도들의 모임인 교회는 기초 교육기관보다도 훨씬 다양한 구성원들로 이루어져 있기에 비대면 상황에서 나타나는 의사소통의 불균형에 어쩌면 더 취약할 수 있다. 특히 기술에 의존한 온라인 예배는 첨단 기기에 익숙하지 않은 노인 세대에게는 장애물로 작용할 수 있고, 구약의 제사와 오늘날의 예배를 구분하지 못하는 사람들에게는 온라인 예배 자체가 배척의 대상이 되기 때문이다.

이렇게 혼란한 상황은 성전에서 이루어지는 제의 중심의 신앙생활을 했던 유다 백성이 바빌론으로 끌려가 포로 생활을 할 때 느꼈던 두려움과 이들에게 하나님의 말씀을 전했던 에스겔을 떠올리게 한다. 유다 백성의 신앙생활 근간이 되는 성전이 무너지고 그들이 너무 당연하고 익숙하게 여겼던 제의를 더 이상 하지 못하게 되었을 때의 두려움을 그리고 성전이 다시 회복될 것이라는 희망을 선포했던 에스겔의 가르침을 되새기는 것은 우리에게 많은 유익이 된다.

한 가지 주목할 사실은, 에스겔의 희망적인 가르침에도 불구하고, 또한 이후에 스룹바벨 성전이 재건되며 에스라와 다른 선지자들이 이끄는 대규모 개혁 운동이 일어났음에도, 이스라엘 백성은 얼마 지나지 않아 율법 정신은 버리고 그 껍데기만 가지고 제의 중심의 신앙생활로 돌아가고 말았다는 점이다.

사실 기술의 발전은 교회사에 크게 영향을 미쳐왔다. 종교개혁의

---

5 이의진, "[이의진의 교실 풍경] 언택트 교육 시대의 학습 격차", 「서울신문」 2020년 8월 11일; 고민서 · 신혜림, "호텔서 국영수 과외 vs EBS 틀어놓고 게임만", 「매일경제」 2020년 8월 11일.

시대를 생각해봐도, 인쇄 기술의 발전은 자신의 언어로 번역된 성경을 싼 가격으로 많은 사람에게 보급시킬 수 있게 했고 출판 시장을 성장시켜 많은 논문이 출판되어 신학의 발전으로 연결될 수 있게 했다. 성도들이 하나님의 말씀을 읽는 것을 불편해했던 중세 교회는 라틴어 이외 다른 언어로 번역을 금하여 라틴어를 잘 알지 못하는 평민들의 성경 접근을 막았다. 그 대신 교회는 복음을 가르친다는 명목 아래 눈길을 사로잡는 성상과 성화를 만들었고 아름다운 음악으로 감동 주는 것으로 말씀을 대신했다. 어쩌면 그 당시의 성도들은 기계로 찍어낸 성경을 보며, 어찌 감히 하나님의 거룩한 말씀을 저속한 언어로 싸구려 종이 위에 찍어낼 수 있는가 하고 비판했는지 모르는 일이다. 그러면서도 그림과 음악이 줄 수 있는 단편적 메시지에 갇혀 하나님의 말씀을 제대로 배우지 못한 성도들은 교회가 정치 세력화되고 타락하는 것을 막지 못했다.

오늘날 우리는 포로 생활을 마치고 돌아온 유대인이나 중세 교회가 범했던 오류를 다시 반복할 필요가 없다. 유대인들이 하나님께서 성전 건물에만 임재하신다고 생각했던 것처럼, 우리도 하나님께서 교회 건물 안에만 임재하시기 때문에 모이는 것이라면 우리는 예배 자체를 우상으로 섬기는 우상숭배에 빠지게 된다. 또한, 새로운 기술을 사용하고 새로운 문화를 접목하는 것을 속된 것으로 여기고 고전적인 방법만을 사용하는 것이 옳은 것으로 생각한다면 우리는 중세 교회가 빠져있던 거짓된 거룩함에 빠지게 된다.

팬데믹 이전에 예배가 시작되기 전, 예배당 화면에 종종 나타났던 '휴대전화 전원을 꺼 주세요'라는 내용의 광고와 지금의 휴대전화나 텔레비전 없이는 거의 불가능해진 현실을 생각해보자. 물론 휴대전화를 꺼 달라는 광고는 예배에 방해되는 요소를 줄이자는 의미였겠지만, 우리가 익숙한 종이 위에 인쇄된 성경책이 상대적으로 덜 익숙한 휴대 전화의 성경 프로그램보다 더 거룩하다 여기는 편견에 사로잡혀 있는 것은 아닌지 생각해 볼 일이다. "개혁교회는 항상 개혁되어야 한다"(Ecclesia reformata semper reformanda est)는 종교개혁자들의 주장에 실체적 주어는 우리 자신이 아니라 하나님이다. 항상 여러 가지 방법으로 우리를 개혁하시는 하나님을 우리의 전통과 개인적 문화 취향으로 막아서는 우를 범해서는 안 될 것이다.

우리는 오히려 예배의 본질을 연구하고 그 본질을 지키기 위해 노력해야 할 것이다. 연구와 노력은 비단 전염병과 같은 특수한 이유로 함께 모여 예배하는 것이 불가능한 경우뿐 아니라 함께 모여 예배할 수 있는 일반적인 상황에서도 유익할 것이다. 하이델베르크 요리 문답을 작성한 신앙의 선배들은 안식일을 거룩하게 지키라는 십계 제4계명을 풀이하며 예배에 함께 참석하는 이유로 말씀 사역과 성례에 참여, 하나님께 간구 그리고 가난한 자들에게 자비를 베푸는 것 등을 꼽았다. 각각의 요소에 대한 비대면 상황에서의 대책들은 더 심화된 연구와 논의가 필요하겠지만, 그 요소들이 하나같이 지향하는 것은 함께 모이는 장소가 아니라 공동체에 있다는 것을 주목해야 한다.

말씀spoken words을 함께 연구하는 공동체, 보이는 말씀visual words이 주는 풍성함을 나누는 공동체 그리고 가진 것을 서로 내어놓아 남을 돕는 연보捐補 공동체, 이러한 공동체를 이루는 것이 우리가 물리적인 한 공간에서 모이는 주요한 목적이어야 한다. 커다란 교회 건물을 지어놓고 많은 사람이 모여도, 유창한 설교와 감동적인 찬양의 콘텐츠만 감상하고 있다면 그 건물과 모임은 자신들의 세를 자랑하기 위한 것이상이 될 수 없다.

따라서 각 지역교회는 비대면 온라인 예배를 계획하고 진행할 때, 익숙한 전통적인 방법에 얽매이지 말고 공동체를 세울 수 있는 창의적이고 다양한 방법들을 연구해야 할 것이다. 이는 시대의 변화와 사람들의 입맛에 맞추어 내용을 구성하는 것이 아니라 공동체를 바로 세우는 방향으로 진행되어야 한다. 최대한 접근성이 좋고 문턱이 낮은 방법을 사용해서 정보 순환의 불균형 발생을 최소화하고, 문화와 언어를 뛰어넘어 공동체가 함께 즐거워할 수 있는 내용을 담고, 설교자의 화면을 보여주기만 하는 예배에서 공동체의 일원들이 직접 참여하고 서로 돌아볼 수 있는 플랫폼을 만들어 제공해야 한다.

가능한 모든 기술을 동원해서 위의 사항들을 구현할 수 있다면, 팬데믹 같은 예외적인 상황에서도 우리는 예배의 본질을 잃지 않으면서도 하늘나라 장자의 총회 예고편을 보는 즐거움을 충분히 누리고 거룩한 공동체에 속한 실질적인 유익을 나눌 수 있을 것이다.

3. 다가오는 낯섦

1) 혁명적 변화

산업혁명은 기술의 발전뿐 아니라 그 발전이 인류의 생활방식에 현격한 변화를 초래하는 것을 가리킨다. 유한한 에너지원인 사람이나 가축의 힘을 이용하던 기계가 증기기관의 발명으로 쉴 새 없이 돌아가게 되어 생산성을 혁명적으로 증가시켰다. 이것을 우리는 1차 산업혁명이라 부른다. 계속해서 전기, 상하수도, 자동차로 대표되는 2차 산업

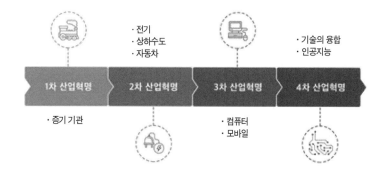

[그림 2] 산업혁명의 흐름과 주축 동력이 되었던 과학 기술

혁명, 컴퓨터와 모바일로 대표되는 3차 산업혁명을 거치며 우리의 삶은 이전과는 비교할 수 없을 정도로 변해왔다.

지금까지의 산업혁명은 주로 확장성scalability에 집중되어 왔다. 한계가 있을 수밖에 없는 인간의 노동을 기계가 대신하며 더 멀리, 더 빠르게, 더 정확하게 주어진 일을 할 수 있는 기계로 발전했다. 긍정적으로 이런 변화는 인간을 노동에서 자유롭게 하여 편안하고 안전한 삶을 살 수 있도록 하였고, 부정적으로는 확장성이 큰 생산능력을 소유한 이들에게 더 많은 재화가 집중되는 결과를 가져왔다.

4차 산업혁명은 기술 간의 경계가 모호해지며 융합력을 이루어 폭발적인 발전으로 그 예측이 불가능하다는 특징을 가진다. 다만 주지하다시피 4차 산업혁명은 인공지능의 발전에 그 기반을 두고 있다. 지금까지 산업혁명이 인간의 노동을 대체하는 결과를 낳았다면, 4차 산업혁명은 인간의 지능을 대체하는 결과를 낳게 될 것이다. 그렇게 될 경우, 지금까지의 산업혁명들이 보여주었던 것처럼 인간이 더욱 여유로운 삶을 누릴 수 있는 환경이 조성되어 창조적이고 예술적인 활동에 더 많은 시간을 쓰게 될 것이라는 긍정적인 전망과[6] 더불어 혜택과 부가 극소수에게만 집중되어 재화의 편중이 더욱 심화될 수 있다는 부정적인 예측까지도7 나올 수 있다.

2) 인공지능에 대한 두려움

이처럼 엇갈리는 예측 가운데 결국 4차 산업혁명은 가까운 미래의 생계를 위한 직업에 직접적인 영향을 주게 될 것이라는 의견이 공통적으로 나오고, 이는 즉시 우리의 생활을 위협하기 때문에 이에 대한 두려움이 만연하게 퍼져 있는 것이 사실이다. 어떠한 직업들이 없어질 것이며 우리의 자녀들은 어떤 직장을 갖게 하는 게 좋을지에 대한 질문은 모두 이러한 두려움에 기반을 둔다.

그뿐만 아니라, 생각할 수 있는 능력 자체에 대한 보다 근본적인 두려움도 존재한다. 17세기 철학가 르네 데카르트는 『철학 원리』(*Principia philosophiae*)라는 책에서 "나는 생각한다. 고로 존재한다"(Cogito, ergo sum)라 말했다. 우리가 존재에 대한 의심을 하는 것 자체가 우리가 존재한다는 의심할 수 없는 증거라고 부연 설명을 달고 있는 이 말에서 볼 수 있듯이, 그는 생각한다는 것을 인간 존재의 근원적인 요소라 보고 있었다. 데카르트의 이 생각은 4세기 히포의 아우구스티누스Augustine of Hippo까지 거슬러 올라간다. 그만큼 인간은 자신이 생각하는 능력을 중요하게 여겼고 독점적 기능이라고 믿었다. 그러나 이런 믿음은 회로

---

6 Jeremy Rifkin, *The Age of Access*, 제레미 리프킨/이희재 역, 『소유의 종말』(서울: 민음사, 2001).

7 大野和基 編, 『未來を讀む: AIと格差は世界を滅ぼすか』, 오노 가즈모토 편/정현옥 역, 『초예측 – 세계 석학 8인에게 인류의 미래를 묻다』(서울: 웅진지식하우스, 2019).

에 흐르는 전류 따위인 컴퓨터 프로그램도 지능을 가질 수 있다는 사실에 의해 깨졌고, 그것은 인간에 대한 도전이 되어 두려움의 대상이 되었다.

그렇다면 과연 인공지능은 무엇일까? [그림 3]은 인공지능 기반의 컴퓨터 프로그램이 기존의 그것과 근본적으로 다른 점을 잘 보여준다. 그림에서 보는 것처럼 전통적인 컴퓨터 프로그램은 그것을 제작할 때 주어진 규칙에 따라 데이터를 처리해서 의사 결정을 내리며 이는 그 규칙에 따라서만 작동하고 한 번 정해진 규칙은 바꾸기가 쉽지 않기 때문에, 좋은 컴퓨터 프로그램은 처음부터 규칙을 잘 설계해야 한다.

반면 인공지능 기반의 컴퓨터 프로그램은 규칙을 직접 만드는 대신에 이미 모아진 데이터를 기반으로 컴퓨터가 기계 학습machine learning을 통해 학습하도록 한다. 데이터가 늘어날수록 더욱 정확도가 높은 규칙을 만들어낼 수 있고, 학습된 규칙 안에서 새로운 데이터를 생성해낼 수 있는 능력도 갖추게 된다.

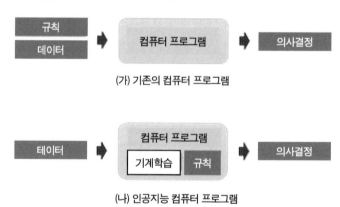

(가) 기존의 컴퓨터 프로그램

(나) 인공지능 컴퓨터 프로그램

[그림 3] 기존의 컴퓨터 프로그램 (가)와 인공지능 기반 컴퓨터 프로그램 (나)의 기본 구조. 기존의 컴퓨터 프로그램이 주어진 규칙으로 의사 결정을 내리는 반면, 인공지능 컴퓨터는 데이터로 학습된 규칙을 만들고 그에 따라 의사 결정을 내린다.

예를 들어 성경 구절을 입력하면 설교를 만들어내는 프로그램을 만든다고 가정해보자. 기존의 컴퓨터 프로그램 방식을 사용하면 프로그램 제작자가 어떤 성경 구절에는 어떤 설교가 나오도록 규칙을 설계해야만 한다. 많은 설교 자료를 모아 다양한 규칙들을 자세하게 만들 수는 있지만, 넣어둔 규칙 밖으로 나아가 새로운 설교를 만들어내는 일은 불가능하다. 반면 인공지능 프로그램 방식을 사용하면 모아둔 설교 자료들로 규칙을 학습하여 전혀 새로운 내용의 설교를 생성할 수 있는 능력을 갖게 된다.

최근에는 이렇게 데이터만으로 규칙을 학습하는 인공지능이 과연 윤리적일 수 있을지에 대한 질문이 제기되고 있다.[8] 기계 학습이나 데이터 자체는 중립적인 성격일지 모르지만, 기계 학습을 위한 데이터 수집에는 인간의 편견과 선택이 작용할 수 있으므로, 인공지능은 그렇게 수집된 데이터에서 같은 편견과 선택을 학습할 가능성이 크다.[9]

가까운 미래에 상용화를 앞둔 자율주행 능력을 갖춘 자동차를 예로 들어보자. 자동차를 운전하는 사람의 행위는 이동수단을 운용하는 것 이상의 책임을 가지고 있다. 운전하는 과정에서 생기는 생명을 위협할 수 있는 상황들 때문이다. 따라서 자율주행 자동차의 기술은 그 완벽성은 차치하고라도 생명과 관련된 질문들이 따라올 수밖에 없다. 트롤리 딜레마trolley problem로 알려진 문제를 자율주행 자동차에 적용시켜

---

8 "After Covid-19: Crises, ethics, and socio-technical change", Society on social implica-tions of technology, 2020 (https://www.imperial.ac.uk/design-engineering/research/responsible-engineering-design—innovation-redi/call-for-papers/).
9 "AI 알고리즘 편향에 의해 백인이 된 버락 오바마" (https://techneedle.com/archives/40100).

자율주행 자동차가 사고 위험에 처했을 때 어떤 의사 결정을 할 것인가 하는 문제가 제기된 적이 있다.[10] 문제의 핵심은 운전자와 주변 사람들의 생명에 위험이 닥쳤을 때 어떤 사람의 생명을 가장 우선순위로 둘 것인가에 대한 질문이다. 운전자의 안전이 최우선이라고 광고하지 않는 자동차는 소비자들의 외면을 받을 가능성이 크지만, 주변 사람들의 생명이 덜 중요하다는 뉘앙스를 포함한다면 윤리적인 비난을 받을 가능성도 있다.

또 몇 년 전부터 빠르게 보급되기 시작한 대화형 인공지능 기기는 음성인식speech-to-text, 음성합성text-to-speech 그리고 자연어 이해natural language understanding 등의 여러 가지 기술의 종합 시스템이다. 이미 많은 기업이 콜센터를 위한 서비스들도 개발 중인데,[11] 목소리와 억양이 사람의 것과 구분할 수 없을 정도로 자연스러울 뿐 아니라 상대방의 반응에 따라 "음" 등의 추임새를 넣는 수준의 대화를 보여준다. 단지 몇 분간의 음성 데이터만 있다면, 그 사람의 목소리로 새로운 음성을 합성해낼 수 있음은 물론이다. 최근에는 음성뿐 아니라 사진이나 영상도 인위적으로 합성해낼 수 있는 기술이 등장하고 있는데, 이미 인위적인 요소를 찾을 수 있는지를 확인하는 튜링 테스트Turing test를 통과하는 성능을 보여준다. 적절한 규제와 윤리적인 감독이 없다면 우리가 보고 듣는 것도 믿을 수 없는 시대가 오고 있는 것도 사실이다.

---

10 "Why self-driving cars must be programmed to kill," *MIT Technology Review* 2015 (https://www.technologyreview.com/2015/10/22/165469/why-self-driving-cars-must-be-programmed-to-kill/).

11 "What is the hold up? How software will change contact centers", International Business Times, 2020 (https://www-ibtimes-com.cdn.ampproject.org/c/s/www.ibtimes.com/what-hold-how-software-will-change-contact-centers-3015878?amp=1).

3) 불확실한 두려움과 확실한 위로

인공지능을 비롯한 첨단 과학기술에 대한 인류의 두려움은 놀랄 만한 일이 아니다. 이러한 종류의 두려움을 대면하는 것은 인류에게 처음이 아니기 때문이다. 인류는 오래전부터 자연현상에 대한 두려움을 매일같이 직면하며 살아왔다. 해가 뜨고 지며 바람이 불고 비가 오는 일상이 계속될 수 있을까 하는 두려움과 해가 어두워지는 일식이나 폭풍과 가뭄의 비일상적인 자연현상에 대한 두려움과 함께 살았다. 이런 두려움은 아이러니하게도 우상숭배로 발전하여 태양과 달을 오히려 그들의 신으로 섬기게 되었다. 두려움의 대상을 예배하게 된 것이다.

하나님은 이러한 두려움에 떨며 우상숭배에 빠진 하나님의 백성들에게 창세기를 통해서 선포하셨다. "두려워하지 마라. 너희가 두려워하는 그것들은 신이 아니라 내가 만들어낸 피조물에 불과하며, 내가 그것들을 다스린다." 이 말씀의 일차 독자였던 출애굽 당시의 이스라엘 백성을 생각해본다. 그들은 고대 근동의 범신론적 우주관을 가지고 있던 이집트에서 살고 있었다. 어쩌면 그들은 그런 우주관에서 자유롭지 못하여 해와 달, 바다와 강, 비와 우박들이 그들의 생활에 가지고 오는 큰 영향력을 두려워한 나머지 그것들을 신으로 섬기는 이집트 사람들의 풍습을 따르고 있었는지도 모를 일이다.

그러한 이스라엘 백성에게 하나님께서는 그의 말씀을 통하여 그 모든 것은 피조물일 뿐이며 하나님이 다스리고 계심을 선포하신다. 그의 선포는 구전으로 끝난 것이 아니라, 애굽 백성에게 내리는 열 가지 재앙에서 그의 백성을 보호하는 것으로 피조물들이 실질적으로 하나님께 복종하고 있다는 사실을 보여주셨다. 그들에게 참으로 큰 위로이며 평안을 주는 선언이고 선명한 시청각 교육이었다.

오늘로 다시 돌아와 우리 자신에게 질문을 던져보자. 진정될 줄 모르는 팬데믹과 그 여파로 불확실한 미래를 바라보며 사는 하나님의 백성인 우리는 이 출애굽의 역사로 충분히 위로를 누리고 있는가. 우주와 생물의 역사가 성경에 문자적으로 나타난 것과 사뭇 다르다는 것을 알게 되는 과학기술의 시대를 살아가는 공교회 일원인 우리는 이 창세기의 선포로, 섭리로 창조를 이루시고 오늘도 새로운 창조를 계속 행하시는 하나님을 기뻐하고 있는가. 하나님의 형상을 따라 그의 창조물을 다스리도록 인간에게 부여하신 일을 우리는 어떻게 구현하고 있는가.

우리는 하나님보다 과학기술을 더 두려워하며 문자주의 해석에 함몰되거나 과학 만능주의에 빠지는 두 극단에 자리하고 있지 않은가 돌아봐야 한다. 과학은 하나님의 능력을 제한하는 것이 아니라 오히려 그분의 창조물을 이해하고 그 풍성함을 누릴 수 있도록 돕는다. 천문과학을 통하여 우주 역사가 150억 년이고 지구 역사가 50억 년이라는 사실을 발견하는 것은 하나님의 창조가 허구였다는 사실을 증명하는 것이 아니라 오히려 무구한 시간 동안 무한한 우주를 운행하시는 하나님의 섭리를 이해할 수 있도록 돕고 있다. 생물 진화의 증거를 발견하는 연구들은 하나님께서 생명체를 말씀으로 창조하셨다는 사실을 거부하는 것이 아니라 아주 작은 것에까지 세밀하게 인도하시며 역사하신다는 사실을 방증한다.

오히려 우리가 두려움으로 더욱 주의 깊게 살펴야 하는 것은 변신술을 거듭하는 맘몬신에 있다. 인간이 사물에 부여하는 가치는 필요에 기반하는 것이 아니라 유한성에 기반한다. 생존에 꼭 필요하나 무한대에 가깝게 존재하는 공기보다, 생존에 필요는 없지만 한정된 양을 가진 금에 훨씬 더 많은 가치를 매기는 것이 그 대표적인 예이다. 성경에서 경고하는 맘몬신은 이와 같이 한정된 양의 재화 중 일부분을 소유하고자 하는 우리의 탐욕 안에 살고 있다. 그 맘몬신은 시대를 뛰어넘는 변신술을 발휘하여 여러 가지 모양으로 변해왔고, 지금은 컴퓨터 안의 0과 1의 조합에 불과한 가상 화폐에 대한 열풍까지 나타나며 맘몬신의 추종자들을 배금주의가 아니라 배이진주의拜二進主義[12]에 빠졌다고 불러야 하는 시대가 되었다.

그러나 변신한 그의 겉모습이 무엇이든 그의 가장 큰 약점은 우리가 탐욕의 반대 방향으로 가는 것, 즉 이웃과 함께하고 나누고 흘려보내는 것이다. 내가 갖는 것만큼 이웃은 잃게 되는 유한성의 한계를 극복하여 나눌수록 풍성해지는 무한함을 보여주는 것이 그와 맞서 싸우는 가장 강력한 무기다. 우리가 연보라 부르며 교회에서 모으는 돈의 주요 목적은 교회를 운영이나 목회자들의 월급에 있지 않다. 구약 시대의 제사 예물처럼 하나님께 직접 바치는 것도 아니고, 교회 건물을 장식하는 것이 그 목적은 더더욱 아니다. 오히려 우리의 것을 내어놓아 남을 돕는 것이 바로 연보의 목적이다. 나의 것을 더욱 많이 모으고 이미 갖게 된 것은 지키려고 하는 맘몬신의 법을 정면으로 거슬러 공동체를 지키고 세우는 일의 일환이다. 변화가 빠를수록 편중이 가속화하는 것을 산업혁명의 역사를 통해 경험했으니, 그러한 편중의 가속을 늦추며 공동체가 함께 번영을 누릴 수 있도록 교회와 그리스도인들이

---

12 함께 생각해 볼 수 있는 개념으로 하라리(Yuval Noah Harari)의 『호모데우스』(Homo Deus)에 등장하는 '데이터교(敎)'가 있다. 김환영, "해외 석학 유발 하라리 교수에게 물었다 AI와 생명공학을 인류가 어떻게 하면 현명하게 사용할 것인가?", 「중앙일보」 2017년 7월 21일.

함께해야 한다.

앞장에서는 비대면 사회에서의 예배가 공동체를 세우는 방향으로 계획되어야 한다고 제언했던 것처럼, 필자는 예측조차 할 수 없는 미래사회에서도 역시 우리의 관심은 결국 공동체를 세우는 방향으로 모아야 한다고 제언한다. 아울러 우리가 공동체라고 부르는 그 단위는 더욱 포괄적이고 수용적이어야 할 것이다. 우리는 제사장의 나라로 부름을 받은 이스라엘 백성이 자신의 본분을 망각하고 이방인들에게 배타적이었던 실수를 반복하지 않고, 오히려 지역사회에서 소외되고 차별받는 사람들을 공동체의 일원으로 받아들이고 형제와 자매로 부르는 것을 부끄러워하지 않아야 한다. 이것이 우리를 부끄러워하지 않으시고 생명까지 내어주신 그리스도의 부르심을 따라 이 세상의 빛과 소금으로 살아가는 일이다.

4. 실질적 제안: 직분의 역할을 중심으로

지금까지 필자는 미래에 대한 두려움을 극복하고 공동체를 세우는 원리에 관해 기술했다. 그러나 이런 원리들은 자칫 추상적이고 실천 가능한 목록을 제공하는 데 어려움을 줄 수 있으므로, 이 장에서는 보다 실질적이고 실행에 옮길 수 있는 제안을 교회 안의 직분에 따른 역할 중심으로 살펴보려 한다.

교단과 정치 형태에 따라 조금씩 다르지만, 개혁교회의 경우 교회의 직분을 '장로elder'와 '집사deacon'로 나누고, 장로는 다시 '가르치는 장로teaching elder'와 '다스리는 장로ruling elder'로 나눈다. 가르치는 장로는 '목사'로도 불리며 하나님의 말씀을 선포하고 가르치는 역할을, 다스리는 장로는 '치리 장로'로도 불리며 선포된 하나님의 말씀에 따라 교회를 다스리는 역할을 맡고 있다.[13] 목사는 하나님의 말씀을 잘 가르칠 수 있도록 말씀 연구를 해야 하고, 치리 장로는 교회를 올바로 다스리기 위해 가정 심방 등의 친밀하고 지속적인 의사소통을 통해 성도 개개인이 처해있는 상황을 잘 알아야 한다. 반면 집사는 구제와 봉사를 위해 세워진 직분으로, 이를 위해 필요한 재정과 자원을 관리하고 동원하는 업무를 주로 하며 종종 전문적인 지식과 기술이 필요한 경우도 있다.

이러한 교회의 직분은 조직적인 상하 관계로 구분되는 것이 아니라 역할에 따라 일을 나누는 수평 관계인 것은 바울의 논증 중에도 자명하다. 비록 한국교회는 이 직분을 계급화하여 조직적인 상하 관계로 오해하게 했지만,[14] 과학기술이 발전한 미래사회에서도 이 직분의 역할의 본질은 변하지 않을 것이며 더욱이 코로나와 같은 전염병으로 인해 대면으로 성도를 마주할 수 없는 상황이라면 각자 역할의 본질을 알고 실천하는 것은 더욱 중요할 것이다.

1) 목사

목사는 하나님 말씀을 연구하고 가르치는 일에 임하며 성경의 문맥

---

13 황희상, 『특강 종교개혁사』 (서울: 흑곰북스, 2016) 참조.
14 회사를 소개할 때 대표이사의 이름을 함께 넣는 것처럼 지역교회를 소개할 때 담임목사의 이름을 함께 넣는 것이 이상하게 느껴지지 않는 것은 우리가 얼마나 담임목사 중심의 조직 교회에 익숙한지 단편적으로 보여준다. 치리 장로와 집사의 직분은 교인들을 동원하여 일을 하게 하는 도구로 사용됐고, 직분을 받은 교인들도 공동체를 섬기는 역할을 맡았다는 책임감 대신 자신의 신앙을 인정하는 감투로 이해한다는 증거는 셀 수 없이 많다.

context과 사회적 문맥을 고려할 수 있는 능력을 길러야 한다. 이것은 한 번 창조된 자연법칙에 의해 이 세상이 다스려진다는 이신론deism에 빠져서도 안 되지만 근본주의적 문자주의literalism에 빠져 과학기술이라는 일반 은총을 외면하는 것을 지양한다는 의미를 지닌다. 구약의 율법을 도덕법, 사회법, 제사법으로 나누어 그리스도께서 완성한 율법이 오늘날 우리에게 어떻게 적용되는지 연구하는 것처럼, 성경의 역사적 실제와 수사적 장치들을 구분하여 과학과 신앙이 서로 대립하거나 모순되는 것이 아니라 상호 보완적이라는 것을 파악할 수 있어야 한다. 과학자들이 피조물의 과거와 현재 그리고 미래에 대하여 '어떻게'라는 질문에 답하는 것이라면, 목사는 그들이 답할 수 없는 '왜'라는 질문에 하나님의 섭리와 계획하심으로 답하는 것이다.[15]

목사는 이렇게 연구한 하나님의 말씀을 나누기 위하여 다양한 미디어를 사용, 정기적이고 지속적으로 콘텍스트 기반의 콘텐츠context-based content를 생산하여 가르침을 쉬지 않아야 한다. 그것은 일반적으로 제작자가 수용자의 관심과 필요를 파악하여 알맞은 내용을 만들어낸다는 의미를 지니는데, 이는 단순히 교인들의 취향과 처해진 상황에 적절하게 맞는 말씀을 가르치는 것을 넘어 그리스도 안에서 연합된 지역교회의 형제자매들과 함께 아파하고 즐거워하는 것을 포함하여야 한다. 하나님의 말씀을 배우는 것은 설교 영상 시청이나 글을 읽는 등의 소비로 끝나는 것이 아니라 삶에 직접적인 영향을 미치는 것이므로, 지역교회 상황과 성도들의 필요에 따르는 내용으로 하나님의 말씀을 나누는 것은 가르치는 장로로서 반드시 해야 하는 일이다. 몇 년 전 자신의 설교

---

15 우종학, 『무신론 기자, 크리스천 과학자에게 따지다』(서울: IVP, 2009) 참조.

를 다시 사용하거나 예화 모음집에서 읽은 내용을 자신의 이야기처럼 하는 일, 다른 목회자의 설교를 표절하여 가르치는 일 등은 인터넷 검색 등을 통해 쉽게 들통나는 시대가 된 것을 고려하지 않더라도 지역 교회의 현재 상황을 고려하지 않는다는 면에서 정당한 가르침이라 볼 수 없다.

2) 치리 장로

치리 장로들은 성도들 개개인이 처한 상황을 잘 알기 위해 의사소통의 대역폭bandwidth을 높여야 한다. 대역폭은 의사소통할 수 있는 다양한 수단을 확보함으로 높일 수 있는데, 특히 코로나와 같은 전염병 상황에서 직접 만나지 못할 경우라도 의사소통이 멈추지 않게 하기 위해서는 논문 전반부에 설명한 비대면 의사소통 기술을 능숙하게 다룰 수 있어야 한다. 페이스북Facebook, 트위터Twitter, 인스타그램Instagram과 같은 다양한 소셜 네트워킹 플랫폼 등을 사용하거나 줌Zoom, 행아웃Hangout 등의 다자간 통화 서비스를 능숙하게 사용할 줄 아는 것도 도움이 된다. 어려운 점은 대부분의 한국교회 치리 장로의 연령대가 높아 비대면 의사소통 기술에 익숙해지기 쉽지 않다는 것이다. 그러나 성도들과의 의사소통은 치리 장로의 직책을 수행하는 데 필요한 가장 핵심적인 직무라는 것을 잊지 말고 최선을 다해 대면/비대면 심방을 계속해야 할 것이다. 중요한 것은 소셜 네트워킹 플랫폼에 몇 개의 사진을 올리고 글을 썼는지가 아니라, 성도들의 어려움을 같이 아파하고 즐거움을 함께 기뻐할 수 있는 열린 의사소통의 장을 가지고 있는가 하는 점이다. 성도들이 무엇 때문에 슬퍼하고 즐거워하는지 모르고 있다면,

그들을 하나님의 말씀으로 다스릴 수 없다는 점을 기억해야만 한다.

치리 장로는 또한 성도들이 인포데믹infodemic[16]으로 인하여 거짓 두려움이나 선동에 사로잡혀 있는지 살피고 선포된 하나님 말씀 앞에 바로 설 수 있도록 선도하고 격려해야 한다. 최근 한국교회는 정체를 알수 없는 유언비어에 부화뇌동하는 취약한 모습을 보여왔고, 이로 인하여 '카톡교'라 조롱당하는 지경까지 이르렀다. 예수께서도 분명하게 거짓 그리스도들과 거짓 선지자들이 일어나 이적과 기사를 행하고, 그리스도가 여기 있다 혹은 저기 있다고 미혹할 것이라고 경고하셨다. 이해하지 못하는 것은 외우도록 강요하는 학교 교육 환경과 질문하는 것을 의심이 많고 믿음이 적은 것이라 여겼던 교회의 분위기가 이러한 반지성주의를 키워온 온상이란 점이다. 지성까지 새롭게 하시는 하나님의 은혜 앞으로 성도들을 이끌어야 한다.

3) 집사

집사는 이미 명시한 것처럼 필요한 재정과 자원을 관리하고 동원하는 업무를 맡은 직분이기에 적절한 전문기술을 확보해서 효과적으로 운영할 수 있도록 해야 한다. 온라인 영상 방송 등의 다양한 기술을 예배에 적용하는 것, 주변에 어려움을 당하고 있는 성도들과 이웃들을 돕는 것 등의 실질적 기술적인 문제는 집사가 고민하고 연구해야 할 것이다. 위에 언급한 목사가 성도들을 위한 콘텍스트 기반의 콘텐츠를

---

16 인포데믹(infodemic)이란 '정보'를 뜻하는 information과 전염병을 뜻하는 epidemic의 합성어로 잘못된 정보가 전염병처럼 퍼져 위험을 초래하는 상황을 일컫는다.

만드는 일과 장로가 비대면으로 심방을 하는 일에 필요한 기술적인 도움을 주는 일도 물론 포함된다.

코로나바이러스로 인하여 갑작스럽게 팬데믹을 맞게 된 지난 몇 달간, 지역교회의 목회자들은 기술적인 부분을 해결하기 위하여 많은 고민을 하고 심지어 미디어 기술을 담당하기 위한 전문 목회자를 세우는 것에 대한 논의도 생겨났다. 그러나 이것은 목사 직분의 내용과는 거리가 있어 바람직하지 않다. 조직 교회의 운영을 위해 편의상 목사에게 그 능력에 따라 행정이나 구제, 음악을 맡기는 경우는 가능하다 할지라도, 행정 목사, 구제 목사, 음악 목사를 따로 양성하지 않는 것과 같은 원리이다. 신학교에서 선택 과목으로 '멀티미디어 컨텐츠 제작과 배포' 등의 실용적인 수업을 개설하여 목사 후보생들이 기본적 소양을 갖게 하는 것은 바람직하지만, 각 직분의 역할에 따라 목사는 하나님의 말씀을 연구하고 가르치는 일에 집중해야 하고 집사가 기술적인 일을 맡는 것이 타당하다. 오히려 신학교에서 그러한 수업을 공개강좌로 개설하여 지역교회 집사들도 수강할 수 있도록 한다면 매우 유익할 것이다. 같은 맥락에서 집사가 관련 기술을 확보하기 어려운 규모가 작은 지역교회들을 위해 교단 노회를 중심으로 연합하여 기술적 문제를 해결할 수 있는 컨소시엄을 만들어 필요한 장비와 인력 그리고 노하우 know-how를 공유하는 것도 공동체를 세우는 일이 될 것이다.

5. 결론

그리스도인은 포스트코로나 사회로의 변환에 준비되어 있어야 한다. 과학기술의 주도로 변화될 새로운 사회에서도 그리스도인의 정체성을 잃지 않고 하나님의 백성으로 살아갈 수 있도록 준비해야 한다. 그러나 역설적이게도 그 준비는 지금까지 없었던 어떤 새로운 방법을 습득하는 것이 아니라, 우리가 익히 잘 알고 있던 것들을 더욱 공고하게 하는 것이다. 우리가 겪게 될 변화가 무척 낯설며 감당하기 힘든 커다란 것임은 틀림없지만, 그 변화의 본질은 새롭지 않다는 것을 깨닫고 두려움에서 벗어나 역사로부터 배우고 신앙 선배들의 가르침을 받아들여야 한다.

필자는 이 글에서 우리가 익숙하게 여겼던 것들에게서 멀어지는 두려움에 눈길을 두지 말고, 다가오는 낯선 변화에 시선을 빼앗기지 말며, 공동체를 회복하고 지켜내자 제언한다. 실용적이고 개인적으로 변해가는 기독교에서 공동체성을 회복해 내야만 한다. 이를 위한 목회적 방법은 신앙생활이라 부르는 삶의 일련의 과정 깊은 곳에 숨어 있는 불필요한 습관을 멈추고 근본적인 가치를 회복하는 것으로 시작할 일이다. 종교개혁자들의 성경으로 돌아가자는 구호는 추상적이거나 개념적이지 않았고 실질적이고 급진적이었음을 기억하며, 관습과 편견으로 덧붙여진 군더더기를 떨어내고 본질을 드러내는 작업을 바로 시작해야 할 것이다. 이러한 원리를 하나님께서 교회에 허락하신 직분에 적용하여 구현하는 것이 우선 실천할 수 있는 실행 목록이 될 것이다.

불확실성 속에서도 한 가지 확실한 것은 급속도로 발전하는 과학기술은 미래의 사회를 어떻게든 바꾸어놓을 것이라는 점이다. 그러나 우리의 궁극적인 질문은 과학기술이 어떻게 우리의 삶을 바꿀 것인지가 아니라 창조주 하나님이 이끄시는 우리의 삶을 어떤 자세로 따라갈 것인가이다. 과학기술은 우리의 삶을 바꾸는 도구일 뿐 주체가 될 수 없다. 불확실한 미래에 대한 두려움에 사로잡혀 변화를 거부하고 지식을 물리치며 살지 말고, 시대와 동서를 관통하여 그의 백성을 보호하시고 지키시는 하나님을 신뢰하며 담대하게 살아가자.

포스트코로나 시대, 교회의 사회윤리적 책임
― 공공성의 회복을 중심으로

민종기

1. 포스트코로나 시대와 새로운 교회환경

2020년 3월 11일 세계보건기구WHO가 코로나19 세계적 감염, '팬데믹pandemic'을 선포하였다. 8개월 이상이 지난, 11월 말에 이르러 지구상의 감염자 수는 6,000만이 넘고, 사망자는 140만을 넘기고 있다. 미국의 경우 확진자가 1,300만 이상, 사망자는 26만에 이르러 세계 최고의 수를 가진 나라가 되었다. 중국 우한에서 시작한 코로나19는 밀접한 교류 속에 있는 한국, 이탈리아와 이란에 퍼지는 것을 시작으로, 지금은 적도 이하의 아프리카와 브라질을 비롯한 남미를 뒤덮게 되었다. 코로나19는 이전의 변종 바이러스처럼 살상력이 높지는 않지만, 엄청난 전염성으로 단기간에 인류 전체에 퍼져 온 지구가 하나의 공동체라는 사실을 깨닫게 했다. 더구나 이 전염병을 차단하기 위하여 각국은 국경을 봉쇄하고 입국 제한과 격리 정책을 실시하였다. 국가적 봉쇄는 부분적으로 풀리겠으나 백신의 발명과 접종을 통한 면역 형성에는 적지 않은 시간이 소요될 것이다.

이번 팬데믹 상황 속에서 교회가 맞이하는 전례 없는 경험도 큰 충격이다. 대면 예배는 온라인 영상예배로 대치되었다. 교회는 새로운 상황 속에서 신속하게 비대면 예배로 활로를 찾지 않을 수 없었다. 여름 동안에 가지던 청소년을 위한 수련회나 중·단기 선교여행도 중단되었다. 많은 선교사는 선교지의 감염을 피하여 본국으로 복귀하였다. 일부 종교단체의 집회 장소가 전염병의 핫스팟hotspot이 되는 것을 보면서 한국교회는 전례 없이 실내예배를 제한하는 결정을 내렸다. 이러한 상황은 미국 이민 사회에도 시차를 두고 그대로 재연되었다. 온라인을 통한 예배, 우편과 온라인 뱅킹으로 드리는 헌금, 이미 만들어진 성찬 킷kit을 나누어 가족별로 집에서 가지는 성찬식, 유튜브를 통한 강의, 줌 영상을 통한 회의와 소그룹 예배, 사회적 거리두기의 준칙을 지키는 실외 모임과 교육 그리고 교회당 주차장에서 주파수를 맞추어 예배드리는 새로운 풍속도가 생겼다.

2020년은 역사적인 해로 기록될 것이다. 팬데믹으로 발생한 환경은 교회로 하여금 새로운 신학적 이해와 윤리적 실천을 요청하고 있다. 코로나19로 촉발된 시대는 이미 시작된 미래의 충격을 더욱 앞당기고 강화시키고 있다. 소위 '뉴노멀New Normal' 즉 새로운 표준, 혹은 새로운 정상正常이 과거의 삶을 비정상으로 규정하며 변화를 요청하고 있다.

이 글은 새로운 시대적 환경 속에서 교회의 사회 윤리적 대안을 모색하려는 작업이다. 급속한 사회적 변동 속에서 시대적 흐름을 신학적, 윤리적으로 소화하여 대안을 제시하려는 것이다. 이때 교회는 생존과 개혁을 위하여 사회적 책임 즉 공적 역할의 강화가 필요함을 주장하려고 한다. 특히 교회의 '공적 신앙public faith'의 확보는 초대교회와 종교개혁시대의 역동성 속에서 이미 살아있었음을 확인하고, 현재 문명사적 대전환의 시대에도 교회가 사회와 국가에 공헌하기 위한 공적 역할을 찾으려는 모색이다.

2. 교회의 공공성을 예증한 초대교회

교회는 세상의 소금과 빛이다. 교회는 소금 창고 속의 존재가 아니라 부패하기 쉬운 세상에 뿌려져야 할 존재이다. 교회가 세상의 소금이란 다원화된 문화에 영향을 주는 존재라는 말이다. 세상은 별로 원하지 않을 수도 있지만, 교회는 매력적인 문화적 대안을 제시하여 은밀히 세상의 정치, 경제, 사회의 다양한 영역에서 독특한 맛을 내야 한다.[1] 교회는 동시에 세상의 빛이다. 교회는 어두운 밤에 빛나는 언덕 위의 등불이다. 등대나 산상의 횃불처럼 지나치는 사람들의 인도자, 즉 향도嚮導, guide로 존재하여야 할 공동체이다. 역사 속에서 시대의 등불이 되었던 위대한 공공성을 보여준 교회가 있다. 그 첫째는 초대교회이고, 그 둘째는 종교개혁시대의 개혁교회이다.

1) 로마 시대의 전염병과 초대교회의 공적 책임

지난 역사 속에서 전염병의 파괴적 실상은 초대교회 당시부터 드물지 않게 생겨났다. 그러나 고통스럽고 파괴적인 전염병은 오히려 기독교의 부흥에 중요한 역할을 하였다는 초대교회 역사에 관련된 분석이

---

1 Paul Ricoeur, "Ye are the Salt of the Earth," *Political and Social Essays* (Athens: Ohio University Press, 1976), 105-124.

〈표 1〉 로마제국의 기독교인의 증가 (연평균 3.4%)[2]

연도	기독교인의 수	참조사항	퍼센트
40	1,000		
50	1,397		
100	7,434		
150	39,560	(50,000 이하)	0.07
180	107,863		0.18
200	210,516		0.35
250	1,120,246	(1 million)	1.9
300	5,961,290	(6 million)	9.9
312	8,904,032		14.8
350	31,722,489	(+30 million)	52.9

있다. 서기 2세기 중반, 당시 로마제국의 전체 인구는 6000만 명으로 추산된다. 로마제국 아래에 있던 초대교회는 서기 150년에 이르러 0.07% 약 3만 9560명이었는데, 이처럼 미약한 기독교는 350년에 이르러 52.9%로서 3172만이 넘는 큰 부흥을 이루었다.[3] 스타크Rodney Stark라는 사회학 교수는 이러한 폭발적 증가의 중요한 이유는 선교적 이유보다 사회학적 이유가 있다는 흥미로운 논증을 한다. 스타크는 『기독교의 승리』(The Triumph of Christianity)와 『기독교의 발흥』(The Rise of Christianity)라는 저술을 통해, 4분의 1 혹은 3분의 1의 로마 사람이 죽어간 165~180년의 안토니우스 역병Antonine Plague이라는 재난에서 아우렐리우스Marcus Aurelius와 같은 황제도 병사했다고 한다.

그러나 위의 표에서 보듯이, 이때부터 350년에 이르기까지 로마의 인구를 6000만 명이라고 볼 때 교회는 3.4%라는 경이로운 성장을 이

---

2 Rodney Stark, *Triumph of Christianity: How the Jesus Movement Became the World Largest Religion* (New York: HarperColins Publishers, 2011), 156-157.

3 Rodney Stark, *The Triumph of Christianity*, 157, 159, 163-165.

루었다. 안토니우스 역병 때와 같은 시대에 전염병 속에서 교회가 보여준 공적 역할이 문서로 나타난 경우는 찾아내기 쉽지 않은 것 같다. 그동안 기독교는 핍박 속에서도 생존을 유지할 뿐 아니라 지속적인 발전을 이루었다. 251년에 발생한 키프리아누스 역병Plague of Cyprian이라 불리는 유행병에서 로마 종교의 사제들과 귀족들과 평민은 살아있는 감염자도 버리고 도시를 떠나 시골로 들어가곤 했다. 로마의 전래 종교는 무서운 전염병을 피하는 것뿐, 이러한 위급한 상황에 대한 도덕적인 대응의 내용이 전혀 없었다. 진노하는 신을 달래야 하는 그리스·로마 종교는 가난한 사람과 고난받는 사람에 대한 자비와 배려가 종교적인 실천에 포함될 수가 없었던 것이다.[4]

교회는 당시의 지배적 종교와는 대조적이었다. 교회는 로마 전체를 뒤흔드는 문제에 대하여 신학적인 답을 하려고 했다. 기본적으로 전염병은 하나님의 진노라는 사실을 인정했지만, 구체적으로 병든 자를 정죄하거나 버리지 않았다. 하나님은 오히려 역병을 다스리시고 병든 자를 긍휼히 여기시는 하나님이시기 때문에, 초대교회의 성도들은 병자들로부터의 도피가 아니라 보살핌과 배려, 사랑의 나눔과 봉사를 의무로 삼았다. 더구나 그들은 사랑 베풀기를 교회 안으로 한정시키지 않고, 교회에 속하지 않은 이교도나 불신자에 대한 차별을 두지 않았다. 교회의 자비는 그러므로 공동체 내부의 의무가 아닌 교회의 담장을 넘어 세상 속에서 공적 차원을 실천했다.[5]

---

4 Stark, *Triumph of Christianity*, 114-116. Stark, *The Rise of Christianity: How the Obscure, Marginal Jesus Movement Became the Dominant Religious Force in the Western World in a Few Centuries* (New Jersey: HarperCollins Publishers, 1997), 73-94.
5 이상규, "초대교회 당시의 전염병", 안명준 외 17명, 『전염병과 마주한 기독교』(군포: 도서출

2) 전염병 속에서 교회가 보여준 공공성

기독교인은 가공할 전염병에 대하여 매우 독특한 입장을 취하였다. 죽음 이후에 대한 부활의 소망과 내세에 대한 확신은 전염병에 대하여도 적극적인 태도를 보이는 것으로 나타났다. 그들은 도피하기보다는 도시에서 죽은 사람을 매장하였고, 병든 사람에게 물과 음식을 주었다. 스타크 교수는 전염병의 전파 속에서 기독교인이 취한 반응의 결과가 교회의 급격한 부흥을 이끌었다고 주장한다.6 기독교 부흥의 첫째 이유는 신자가 이 엄청난 재난을 넘어 치유의 가능성과 소망의 삶을 살고, 긍정적인 미래상을 제시하고 있었기 때문이다. 둘째로 교회의 부흥은 기독교인이 가진 이웃사랑과 선행 때문이다. 전염병으로 두려움이 가득한 사회 속에서, 기독교인은 오히려 사회봉사와 연대성의 모범을 보여주었다. 기독교인은 이러한 재난 속에서 오히려 높은 생존율을 보여주었고 이것은 주변의 사람들에게 기적으로 여겨졌다. 셋째로 질병으로 인한 사회적 통제력의 약화는 개종을 향한 심리적 자유를 제공하였기 때문이다. 질병에서 살아난 사람은 어렵지 않게 자신의 종교를 기독교로 바꾸게 되었다.7

이미 기독교가 로마 인구의 절반을 넘어선 상황에서, 배교자라고 불린 율리아누스Flavius Claudius Iulianus 황제는 362년 갈라디아의 대제사장에게 편지하면서, 기독교인에 대한 당혹감을 표현한다. 우리가 싫어하고 버리는 가난한 사람들을 "불경건한 갈릴리인[그리스도인]이

판 다함, 2020), 118-125.

6 Stark, *Triumph of Christianity*, 116-119.

7 Stark, *Rise of Christianity*, 74-75.

어떻게 돌보고 자비를 베푸는지 살펴보라"고 율리아누스는 말한다. 로마 전통 종교를 신봉하는 황제는 그리스도인의 이웃사랑과 배려, 전염병으로 죽어가는 사람에 대한 구제를 배워야 한다고 주장하는 것이다.[8]

초대교회의 역사는 팬데믹의 상황이 교회의 기회가 될 수 있음을 보여준다. 교회는 삶의 현장에서 소외된 사람을 돌보는 위대한 일을 하였다. 초대교회의 성도들은 구제를 정부의 손에만 맡겨둘 수가 없었다. 당시에는 국가에 복지제도란 존재하지 않았고 복지를 추구하는 정부는 현대적 정부의 모습이다. 초대교회의 성도는 제국이 전염병으로 어려운 상황에서 전도가 아니라 선행으로 이웃을 얻고 배교적 황제에게도 인정을 받았다. 공공성에 있어서 초대교회는 귀중한 모범을 보여주었다.

3. 교회의 공공성을 예증한 개혁교회

종교개혁이 일어난 때의 유럽은 흑사병으로 고통을 당하고 있었다. 흑사병이 동서양을 휩쓸었던 13세기로부터 17세기에 이르기까지 유럽은 반복적으로 감염의 고통을 겪었으며, 특히 1346에서 1353년 사이의 이 병은 유럽 인구의 대략 30~60%, 약 7,500만에서 2억 명의 생명을 앗아갔다.[9] 중세의 붕괴는 전염병에 대하여 속수무책인 당시의 무력한 종교와도 관련이 있다. 전염병을 죄에 대한 심판이라고 간

---

8 Stark, *Rise of Christianity*, 84.
9 황을호, 『COVID-19 대유행병과 기독교』 (서울: 생명의 말씀사, 2020), 18.

주하던 사제들은 예배와 헌금과 봉사와 기도와 헌신을 강조하였지만, 성당에서도 죽어가는 사제와 평신도가 속출했다. 신부 수가 모자라는 상황이 되자 교회는 신부가 되는 기준을 낮추었으며 교회의 권위는 점차 상실되었다. 종교개혁은 이러한 와중에서 일어났으며 종교개혁자들에게도 흑사병은 결코 낯선 질병이 아니었다.

1) 종교개혁 시대의 흑사병과 개혁자들의 공공성

모든 개혁자는 흑사병의 검은 구름 아래서 살았다 해도 과언이 아니다. 츠빙글리Ulrich Zwingli, 루터Martin Luther, 칼뱅John Calvin, 베자Theodore Beza와 같은 개혁자들뿐 아니라 심지어는 반종교개혁Counter-Reformation의 지도자 로욜라Ignatius of Loyola(1491~1556)도 흑사병의 배경 아래 있었다. 로마 가톨릭을 개혁한 개혁의 기수 로욜라는 『영성수련』(*Spiritual Exercises*)이라는 책을 실제로 창궐한 흑사병을 피하여 들어간 스페인 만레사의 동굴에서 수련하면서 썼다. 그는 자기 수련과 함께 제자를 훈련했으며, 이는 가톨릭 내의 영적 쇄신 프로그램으로 사용되었다.

흑사병을 맞이한 종교개혁자들에게, 교회의 공적 책임의 이행, 공동체에 대한 돌봄은 포기할 수 없는 영역이다. 츠빙글리는 1519년 1월 취리히의 목회 사역을 시작한 지 얼마 아니 되어 흑사병을 만났다. 당시 취리히 인구 7,000명 중 2,000명이 목숨을 잃었고 그 자신도 자녀를 잃는 슬픔을 겪었다. 자신도 환자를 돌보다가 9월 말경에서 11월 중순까지 거의 두 달을 사경을 헤맨 후에 기적적으로 회복이 되었다. 1520년 이후 그는 교황청에서 주는 성직록beneficium을 거절하고 더욱 종교개혁에 매진한다.

마르틴 루터 또한 "치명적인 전염병으로부터 도망쳐야 하는가"라는 소책자를 통하여 전염병에 대한 윤리를 가르친다. 루터에 의하면, 신자는 전염병의 매체가 되어서는 아니 된다고 주장한다. 환난의 때에 이웃을 돌아보는 것은 훌륭한 일이지만, 그것만이 옳다고 강변하거나 믿음이 연약한 자를 정죄하고 강요하는 것은 옳지 못함을 주장한다. 아울러 경솔하고 분별없이 하나님을 시험하고 흑사병에 대처하는 모든 수단을 무시하는 것은 잘못되었다고 가르친다. 상식과 이성을 무시하고, 신비적 믿음을 강변하는 것을 그는 거부했다. 약을 사용하고, 소독하며, 사람과 장소를 피하여 전염으로부터 격리시키는 것은 바른 행위이자 자신을 지키는 것으로 보았다. 그럼에도 불구하고 루터는 만일 이웃이 자신을 필요로 한다면 두려움 없이 달려갈 것이라고 말하였다. 루터는 죽음을 피하려는 것이 인간의 자연적인 성향이지만 신자는 사명을 따라 살아야 함을 강조한 것이다. 실제로 흑사병이 루터가 사역하고 있었던 비텐베르그에 퍼졌을 때, 그는 다른 사람을 피신시키며 자신은 친구 비텐베르그시의 담임목사 부겐하겐Johannes Bugenhagen과 두 명의 부교역자와 함께 도시에 머무르며 성도들을 돌아보았다.[10] 그들은 교회의 공공성 즉 공동체성을 잃지 않았다.

---

10 박경수·이상억·김정형 편, 『재난과 교회: 코로나19 그리고 그 이후를 위한 신학적 성찰』(서울: 장로회신학대학교출판부, 2020), 73-76; 주도홍, "루터와 흑사병", 안명준 외 17명, 『전염병과 마주한 기독교』, 118-125.

2) 장 칼뱅과 제네바 교회의 공적 책임감

장 칼뱅의 경우 고향을 떠나 파리의 학교에서 수학한 것은 흑사병을 피하기 위한 것이고, 제네바의 2차 목회 중 1542년 사역지를 떠나게 된 것도 흑사병을 피하려 한 것이다. 그러나 칼뱅의 흑사병과 관련한 공헌은 제네바 교회의 목회자와 평신도가 단결하여 병에 조직적으로 대항하는 공적 책임을 함께 감당한 점에 있다. 흑사병에 걸린 환자를 구제하는 병원과 구빈원은 다른 여러 도시에도 존재했다. 제네바의 칼뱅에 이르러서 교회의 공공성은 병자와 가난한 자와 망명한 나그네를 돕되, 시민과 교회의 공동책임 아래에 단결하여 인력과 재정을 공의롭게 사용한 것에 있다. 특히 교회는 성 밖에 있는 흑사병 환자들을 의료적으로 돌보는 병원에 목회적인 돌봄을 위하여 교역자를 파견하는 역할을 하였다. 가장 감염이 쉬운 환자들이 격리된 장소 속으로 목회자가 자원하여, 혹은 제비를 뽑아 들어갔다. 교역자들은 제네바 인구의 3분의 1이 죽어가는 심각한 상황에서도 흑사병의 인큐베이터와 같은 병원에 찾아가는 사역을 하였다. 로잔에 있는 친구이자 동료인 비레(Pierre Viret)에게 보낸 편지에 이러한 급박한 상황에 대한 칼뱅의 심경이 나타나 있다.[11]

> 우리 동료 가운데 블랑세(Pierre Blanchet)가 이들을 돌보겠다고 자원하였고 모두는 잠자코 이를 받아들였습니다. 만일 그에게 무슨 일이 생긴다면, 나도 이러한 위험을 받아야 하리라는 생각 때문에 두렵습니다. 당신도 알다시피, 우리

---

11 Scott Manetsch, *Calvin's Company of Pastors: Pastoral Care and the Emerging Reformed Church, 1536~1609* (Oxford: Oxford Univ. Press, 2015), 284-289.

는 서로에게 빚을 지고 있는 사람이기에, 누구보다도 우리의 사역을 필요로 하는 사람들이 있는데 우리가 빠져서는 아니 되기 때문입니다.[12]

블랑셰가 흑사병으로 죽고 나서 제네스톤Mathieu de Geneston이 다시 자원하여 병원의 환자를 돌아보기 시작했고, 그도 몇 주가 지나지 않아 흑사병에 걸려 죽음을 맞이하였다. 칼뱅은 시의 관원으로부터 병원에 가지 못하도록 금지되었으나 이것은 동역자들과 모든 면에서 평등하다고 생각했던 그에게는 고통스러운 제외였다.

제네바에서 칼뱅의 공적 영향력, 공익을 위한 영향력은 지금 현재의 병원 역할 이상을 담당하는 구빈원의 형성과 구제기금의 마련으로 나타났다. 그는 이전의 구빈원을 개혁하여 제네바의 일반적인 사회복지를 담당하는 종합구빈원General Hospital을 세웠고, 나그네와 극빈자를 돕는 프랑스구호기금Bourse francaise을 형성하였다. 칼뱅은 이 흑사병의 암울한 상황에서 환자와 사회적 약자와 나그네를 돌아보는 사역을 조직화, 합리화시켰고 이 사역을 집사 직분을 중심으로 하는 평신도화를 이루어내었다.[13] 칼뱅의 영향력은 교회가 사회를 위한 공익성을 확보하는 영향으로 나타난 것이다.

---

12 박경수, 『재난과 교회』, 77-78.
13 이에 대한 자세한 논의는 박영실 교수의 다음 논문을 참고하라. 박영실 교수는 캘빈의 구빈원과 구제기금의 운용과 개혁의 방향을 평신도화(laicization), 중앙집중화(centralization) 그리고 이성화(rationalism)로 정리하였다. 박영실, "칼빈의 구제 이해와 실천적 빈민 구호 방안", 「개혁논총」 23 (2012): 9-41.

4. 코로나 이후의 교회와 공공성에 대한 인식

교회는 세상을 위한 존재다. 역사 속에서 교회의 의미 있는 실천은 자신의 공공성을 인식하는 것으로부터 시작하였다. 교회의 공공성에 대한 인식은 교회가 성숙한 공동체로 발전하는 중요한 과정의 일환이다. 초대교회로부터 교회가 공공성을 총체적 차원에서 이해한 것은 아니었지만, 새로 태어난 복음적 교회는 내부적인 공동체성, 즉 교회 자체의 공동체적 특성을 인식하였고, 점차 핍박을 벗어나면서 사회적인 공공성을 인식하였다. 그리스도의 몸인 교회의 내적 통일성은 강력한 교회의 구심적 결속력이었다. 회심은 개인적이지만 거기서 끝나지 않는다. 성도의 존재를 확정 짓는 복음적 개인주의는 구원의 평등과 교회 공동체의 연대성, 그리고 세상을 향한 봉사와 공헌의 가능성을 성도에게 가르쳐준다.[14]

1) 공공성의 기반이 된 구원의 개인주의

초대교회는 반복되는 전염병의 상황에서 이웃사랑의 실천을 통하여 공공성을 보여주었다. 그리고 근대 종교개혁 세력인 개신교는 교회가 사회와 도시 및 문화의 형성자로서 세상을 향한 공공성을 담지한 교회였다. 초대교회나 종교개혁시대의 개혁교회는 중생과 경건의 개인주의적 차원을 넘어 공공성을 가진 집단이라는 사실을 인정하지 않

---

14 Ernst Troeltsch, *The Social Teaching of the Christian Churches*, vol. 1 (Louisville: John Knox Press, 1992), 55-59.

을 수가 없었다. 그 이유는 교회라는 신앙공동체는 이제 가정이라는 혈연공동체, 국가라는 정치적 공동체와 직장이라는 생업공동체 속에서 공적으로 책임감 있게 활동하여야 하는 소명召命을 공적으로 요청받고 있었기 때문이다.

구원의 개인주의적 체험, 즉 그리스도와의 인격적인 만남을 통한 구원은 근대와 현대의 개인주의적 이상인 원자화된 인간을 만들지 않는다. 그리스도의 사랑과 십자가의 은혜는 그와 동일한 경험을 한 사람들과의 일체성, 공동체성을 부여한다. 트뢸취Ernst Troeltsch가 말한 것처럼 구원의 개인주의적 무차별성은 가장 강력한 가족의 구성, 즉 공동체적 교회를 가능하게 한다. 복음에 대한 반응은 개인적이고 인격적이지만 같은 믿음, 같은 세례, 같은 성령과 같은 성부 하나님을 섬기는 무리에게 강력한 연대성solidarity을 부여한다. 중생의 개인적 체험, 회심의 개인적 절대성은 동일한 경험과 고백을 한 신자들에게 하나님 아버지를 중심으로 한 공동체적 일체감과 내적 연대성을 실현하게 한다. 개인 신앙고백의 일체감이 교회의 공동체성으로 이행되는 것이다. 트뢸취는 구원의 "개인주의적 절대성individual absolutism"이 동일한 교회 구성원의 절대적 "보편주의universalism"를 낳는다고 말한다.15

교회가 핍박받는 소수로 있을 때, 교회의 공공성에 대한 인식은 공동체 내부적인 것으로부터 시작되었다. 성도들 사이의 차별이 아닌 공정성righteousness의 추구, 위계질서가 아닌 지체 사이의 공영성公營性, commonwealth 그리고 서로의 유익을 위한 공선성共善性, common good의 추구는 공동체 내부의 이웃사랑 실천이다. 핍박이 끝나고 교회가 점차

---

15 Ernst Troeltsch, *Social Teaching of the Christian Churches*, 57.

[그림 1] 공공성의 구성 요소

수적으로 증대되고 제국의 내부에서 기독교가 공인된 이후, 교회는 외적으로도 공공성을 확장하는 전기를 맞이하였다. 교회는 결국 세상과 이웃을 향한 공감성共感性, empathy을 가지지 않을 수 없었으며, 이제는 공적인 단체로 자신의 실체를 이웃사랑을 통해서 드러내는 공개성公開性, openness을 보이게 되었다. 교회가 사회적인 유익을 구하는 공익성公益性, public interest을 추구하는 공동체라는 사실은 사회에 긍정적 시각을 형성하게 되었다. 개괄적인 공공성의 구성 요소는 [그림 1]과 같이 정리할 수 있다.

2) 코로나19 이후, 교회의 공공성에 대한 인식

미국 개신교의 공공성에 대한 인식은 한국 기독교의 경우보다 훨씬 강한 편이다. 미국에서 개신교는 일종의 시민종교civil religion이다. 미국의 시민은 개신교, 특히 청교도가 미국 정신의 기초를 이루었다고 생각한다. 미국의 주류사회는 앵글로·색슨계 백인 개신교도 '와스프'(WASP: White, Anglo-Saxon, Protestant)로 일컬어지며, 기독교 신앙은 사회 이데올로기적 자의식으로 표현된다. 그러므로 교회의 공공성에 대한 미국의 인식은 한국 사회의 기독교보다 훨씬 강력하며 사회적 예전 속에도 많이 남아있다.

신앙의 자유를 찾아 이민 온, 400년의 개신교적 역사를 유지한 미국에서 정치가의 명령으로 예배를 드리지 못한다는 것은 상상할 수 없는 일이다. 코로나19의 높은 감염력은 캘리포니아주의 주지사나 로스앤젤레스 시장으로 하여금 대면 예배 폐쇄 정책을 시행하도록 하였다. 지역교회는 교회의 출석을 금하는 것에 대한 즉각적인 의문을 제기하였다. 그레이스커뮤니티교회Grace Community Church를 비롯한 로스앤젤레스 근방의 많은 교회는 예배 강행을 주장하는 경우가 적지 않았다. 로스앤젤레스 지역교회는 주 정부와 시 정부의 대면 예배 금지명령, 심지어는 찬송에 대한 금지명령을 받으면서 공공기관에 대한 법적인 대응에 이르게 되었다. 시편에 반복적으로 등장하는 "찬양하라"는 하나님의 명령에 대한 주 정부의 금지, 수정헌법 1조로 확보된 "예배의 자유"에 대한 제한은 주지사와 시장의 월권이라는 주장이었다. 게다가 트럼프 대통령은 "예배가 필수적인 것"(Worship is essential)이라 선언하였다. 많은 주류사회의 교회는 대통령의 선언에 힘입어 대면 예배를 강행하였다.

　자유로운 시절에 예배와 찬송을 금지했다면, 미국의 주류 교회와 대부분의 이민교회는 주 정부의 명령을 거부하였을 것이다. 그러나 거의 모든 한국계 이민교회는 주 정부와 시 정부의 시책에 순응하였다. 한편으로 확진의 두려움도 없지 않았겠지만, 다른 한편으로는 교회가 전염병의 핫스팟이 되는 것을 원하지 않았기 때문이다. 즉시 수많은 교회는 온라인 예배로 전환하였다. 이미 방송 장비와 인력을 확보한 교회는 즉시 영상을 송출하여 화상 예배를 드릴 수 있었다. 동시에 주일학교는 교역자를 중심으로 설교를 녹화하여 각 가정에서 온라인 예배가 가능하도록 새로운 테크놀로지를 사용하는 상황으로 인도되었다. 방송, 영상, 인터넷, 카톡 등 테크놀로지에 익숙한 것은 이제 목회적으로 필수적인 요소가 되었다. 이미 만들어진 장비를 사용하는 데 있어 가치판단할 여유도 없이 교회는 그것들을 과감하게 사용하였다. 테크놀로지의 확보와 미리 준비한 컨텐츠를 영상과 온라인으로 전환할 수 있는 기술은 이제 비대면사회의 교회가 존립하는 데 있어 그 중요성을 더하고 있다.

3) 세계와 교회의 유기적 연관성에 대한 인식

교회는 팬데믹 상황 속에서 전례가 없는 초연결성을 경험하고 있다. 현재의 교회는 물자의 교류, 정보의 교환, 인터넷, 광통신, 위성을 매개로 한 소통으로 모든 하이테크high-tech의 세계가 일상생활로 쏟아져 들어오는 미래사회의 문화를 경험하고 있다. 10여 년 전만 해도 심방하는 교역자들은 토마스 가이드(Thomas' Guide)라는 지도책을 필수품으로 구입하여야 했다. 그런데 지금은 세상이 변했다. 인공위성과 연계된 네비게이션은 우회로를 통해 가장 빠르게 갈 수 있는 경로를 인도한다. 온라인에서 연결되는 빅 데이터, 위성통신, 정보통신기술의 산물인 스마트폰 등 기술집약적 기기를 통한 혁명적 변화는 새로운 사회를 선도하고 있다. 4차 산업혁명의 시대가 열리는 지금, 코로나19 팬데믹이 촉발시킨 새로운 비대면 사회의 급격한 도래는 우리에게 새로운 인식의 외연을 넓혀주고 있다.

지금 세계가 지구촌이 된 마당에 아마존강 유역의 밀림 훼손이 이제 브라질만의 문제가 아니다. 온난화로 인해 북극의 빙산이 녹는 것은 남태평양의 낮은 산호섬에 사는 주민의 거처를 빼앗았다. 에콰도르

내륙의 유전개발은 그곳에 사는 주민의 거처와 생태계를 파괴했다. 인구 증가로 동물의 영역을 침범해 들어간 사람들은 동물에게 있던 병원체에 의하여 감염되었으며, 석유 부산물로 만들어진 비닐제품과 쓰레기는 태평양에 몇 개의 큰 섬을 이루어 바다 생물을 위협하고 있다. 조류, 박쥐, 원숭이, 돼지, 낙타 등의 짐승이 가진 병원균으로 인간은 전에 없는 가공할 재앙을 치르고 있다. 코로나19는 이러한 인간의 공세적 문화에 대한 자연계의 반발이 초래한 재앙이다.

교회는 이제 우리 인류의 과소비적 생활양식, 환경파괴, 우주 쓰레기, 현대 탐욕적 자본주의와 개발과 경제발전이라는 거시적 명제들을 성찰하여야 하는 도전을 맞고 있다. 현대문명이 이미 회복을 위한 임계점, 티핑 포인트tipping point를 넘어섰다고 하는 전문가들의 의견을 경청하여야 한다. 더구나 이번의 코로나19가 중국군의 생물학전을 위한 의도로 우한연구실에서 유전자가위 기술(CRISPR)에 의하여 제작된 것이라는 옌리밍 박사와 생화학 무기 전문가인 보일Francis Boyle 박사의 주장이 있다.16 유전자 조작, 생물학전과 화학전의 무기, 첨단과학기술을 이용한 군비 확장, 드론과 로봇과 인공지능과 같은 하이테크가 오히려 인류의 재앙이 될 수도 있음을 자각하게 된다. 교회는 이러한 4차 산업혁명 시대의 산물을 테크노피아technopia의 서곡으로만 파악하기보다는 파국적 종말의 전야로 인식할 필요가 있게 되었다.

---

16 스티븐 모셔(Stephen Mosher), "신종 코로나 사태로 살펴본 중국 정권의 생물학전 의도와 역량," *The Epoch Times* (February 14, 2020). https://kr.theepochtimes.com 참조.

5. 코로나 이후의 교회, 공공성 인식에서 공공선의 실천으로

개신교적인 영향력 아래서 건국된 미국이나 개신교의 세계적 부흥을 보여 온 한국에서 교회 공동체에게 사회봉사를 요청하는 것은 결코 무리한 것이 아니다. 오히려 교회 내적 봉사와 함께 사회봉사가 신앙의 역사적 가르침과 그리스도의 모범에 부응하기 때문이다. 공공성에 대한 인식은 공공선, 혹은 공익성의 구현으로 열매를 맺어야 한다. 그리스도인이 교회의 공공성에 대한 인식을 가지고 사회적 책임을 감당하는 것은 복음주의적 교회의 마땅한 사명이다. 이것은 이미 초대교회나 종교개혁시대의 교회가 전염병을 겪으며 보여준 좋은 전통을 살리려는 것이다. 지금 팬데믹 상황과 포스트코로나 시대를 향하여 교회의 공공선의 실천은 어떻게 드러나야 할까.

1) 공공선을 위한 공동체인 교회

대표적 영국 복음주의자인 스토트John Stott(1921~2011) 박사는 『현대 사회 문제와 그리스도인의 책임』(*New Issues Facing Christians Today*)이라는 책에서 그리스도인은 복음전파는 물론이지만, 사회봉사나 사회행동을 향하여 소명을 받고 있다고 주장한다. 여기서 사회봉사social service는 곤경에 처한 사람을 돕는 자선, 봉사, 자비, 구제사역을 말하는 것으로 악에 손상당한 사람을 치유하는 것이다. 그러나 그리스도인이 사회적 행동social action, 즉 곤경의 원인을 제공하고 악을 가져오는 사회경제적 구조를 변혁하거나 개혁하는 것, 즉 정의를 이루려는 노력도 신자에게 필요함을 역설한다.[17] 그리스도인의 사회적 책임은 사람의 영혼을 구원하는 일만 아니라 그들이 살고 있는 자연적, 사회적인 환경 속에서 고난을 당하는 자를 위로하고, 나아가서 개혁과 정의의 구현까지 그 영역이 확장되어야 함을 주장하는 것이다.

이는 네덜란드의 수상이었던 카이퍼Abraham Kuyper(1837~1920)가 자신이 세운 자유대학의 총장 취임 연설에서 한 선언적인 구절과 같은 맥락에 있다. "인간 존재의 전 영역에서 모든 영역의 주권자 되시는 그리스도가 내 영역이 '아니라'고 말씀하는 곳은 한 치도 없다."[18] 이는 그리스도의 왕권의 보편성이라는 관점에서 신자의 관심 영역이 전체 피조물을 향하여 확장되어야 함을 말하는 것이다. 하나님의 관심이 미치는 광대한 영역을 우리가 스스로 제약하거나 잃어버린 영역으로 돌리는 것은 신자에게 가능한 일도 아니며 옳은 일도 아니다. 따라서 교회의 거룩한 영역뿐만 아니라 카이퍼가 본 그리스도의 통치 아래 있는 다양한 영역을 성도들의 관심과 책임의 대상으로 삼는 것은 이상한 일이 아니다. 카이퍼는 교회를 필두로 가정, 상업, 학교, 국가, 예술의 영역이 하나님의 주권 아래에 있는 영역이라고 하면서, 각 영역은 그 영역에 세우신 정치가, 부모, 기업가, 교사, 예술가의 권위 아래 있다고 파악하였다. 이것이 카이퍼가 본 주권적 영역이며, 이러한 분야에 대한 성도의 책임은 분화된 각 영역의 담장을 지켜내며 그리스도의 주권을 그 안에서 실현하는 존재가 되는 것으로 보았다.

이러한 관점에서 볼 때, 성도들의 관심사는 신앙의 개인적인 영역,

---

17 John Stott, *Issues Facing Christians Today*, 존 스토트/정옥배 역, 『현대 사회 문제와 그리스도인의 책임』 (서울; IVP, 2011), 38-42.

18 James Bratt, ed., *Abraham Kuyper: A Centennial Reader* (Grand Rapids: Eerdmans, 1998), 488.

교회의 거룩한 영역만이 아니라, 창조의 광대한 영역으로 우리의 관심사와 그리스도의 통치를 위한 책임감을 확장하지 않을 수 없다. 특히 정치지도자는 이러한 분화된 영역의 담장과 존재 양식을 파괴하지 않고 관리하는 일이다. 이것을 정부가 실천하여야 할 공공정의public justice라고 하는데, 이는 각 사회 영역이 병립하여 발전되고 개화되는 영역주권sphere sovereignty을 지키고, 각각의 영역이 이웃 영역과 소통하며 상호작용하는 각 영역의 상호의존성, 즉 영역보편성sphere universality을 유지시키는 것이다.19

2) 교회가 관심을 가져야 할 공공선의 주제들

유럽의 지성사에서 빛나는 선구적 학자들에 의하여 주장된 교회의 공공성이 미국에서도 결코 약화되지는 않았다. 니버Reinhold Niebuhr로부터 시작하여 월터스토르프Nicholas Wolterstorff, 볼프Miroslav Volf, 마우Richard Mouw와 요더John Howard Yoders와 하우어워스Stanley Hauerwas 같은 학자들에게 교회 공공성은 의심 없이 신자의 주요 관심 영역이다. 잡지 「소저너스」(Sojourners)의 부책임자 거텐슨Charles Gutenson은 교회의 공공성이 공공선으로 나타나야 함을 그의 책, 『그리스도인과 공공선』(Christians and the Common Good)을 통하여 주장하고 있다. 더욱이 거텐슨은 성경이 공공선에 대한 주요한 구체적 지침을 제공한다고 주장한다. 거텐슨에 의하면, 성경에 공개적으로 나타난 공적 가르침은 첫

---

19 영역주권과 영역보편성에 관하여 다음의 책을 참고하라. Herman Dooyeweerd, *A New Critique of Theoretical Thought*, vol. 2, trans. by David Freeman and William Young (Philadelphia: R&R Publishing Co, 1953), 331-335.

째로 피조물을 돌보라는 하나님의 명령이다. 성도가 자연을 남용하는 자나 파괴자가 아니라 자연의 청지기와 관리인으로 위치를 부여받았다는 것이다. 둘째로 사람의 사역 목적은 자연에 대한 관리만이 아니라 하나님께서 자연과 인간을 복되게 하시려는 의도를 대행하는 것이다. 우리는 하나님의 성품인 사랑을 실천하며 살아가는 존재로 우리에게 주어진 자원을 사용하여, 개인이나 공동체를 복되게 하는 통로가 되어야 한다고 그는 말한다. 셋째로 성경은 권세가 하나님이 정한 것이라고 말한다. 즉 성경이 구체적인 정부 형태를 말하지는 않지만, 정부는 하나님 나라의 임재를 위하여 존재함을 기억하여야 한다는 것이다. 넷째로 성경에서 하나님이 말씀하시는 정의는 종종 사람의 정의와 상당 부분 다를 수 있다. 하나님의 정의는 사람의 받을 자격을 넘어 하나님의 넘치는 은혜와 자비를 베푸는 것을 포함한다. 다섯째로 사회의 존재가치는 가장 주변부에 있는 사회적 약자가 어떻게 배려를 받는가에 의하여 판단된다. 이는 개인과 공동체의 의무에 해당된다. 여섯째, 하나님께서는 모든 사람이 유복하게 살도록 하는 경제생활을 의도하신다. 부의 균등한 분배를 강제하지는 않지만, 하나님은 빈익빈 부익부를 싫어하신다. 일곱째, 사람이 믿음으로 구원을 받지만 행위의 열매 또한 살아있는 믿음의 결과이다. 사회는 선행을 촉진시키는 방향으로 구성되어야 한다. 따라서 신자는 탐욕, 이기심과 완악함을 규제하고, 다른 한편으로는 일, 휴식과 놀이의 적절한 기회가 보장되도록 하여야 한다.[20]

---

20 Charles Gutenson, *Christians and the Common Good: How Faith Intersect with Public Life* (Grand Rapids: Brazos, 2011), 118-122. 거텐슨이 정리한 성경의 가르침 12가지에서 코로나19 사태와 관련하여 일곱 가지로 재정리함.

거텐슨의 동역자이자 소저너스의 대표인 월리스Jim Wallis도 동일한 맥락에서 공공선을 행하는 것이 선택의 문제가 아니라 신앙의 기초적인 요소라고 한다. 신자는 또한 복음의 전파가 분열된 세상에 소망을 가져오도록 영감을 주어야 한다고 말한다. 월리스는 특별히 공화당과 민주당으로 갈려진 분열된 미국 사회 속에서 성경이 말하는 것은 한 정당이나 행정부의 독점적인 입장을 대변하는 것이 아니라, 총체적인 차원에서의 균열이 없는, 공화당이나 민주당이 공히 따라야 할, 좌파나 우파가 동일하게 순복하여야 할 총체적 공공선에 대하여 계시하고 있음을 강조한다.[21]

월리스는 공공선의 실천을 위하여 다음과 같은 것이 포함되고 고려되어야 한다고 강조한다. 첫째로 무엇보다도 보수와 자유의 갈등에서 정중함civility을 잃지 말아야 한다. 둘째로 민주주의가 구속救贖, redeeming, 순화되어야 한다. 셋째로 경제적 신뢰가 회복되어야 한다. 넷째로 국가는 종으로서의 정부가 작동되도록 하여야 한다. 다섯째로 사회정의가 구현되어야 하고 마지막으로는 가족의 건강과 복지 등이 지켜져야 한다고 본다. 이는 교회의 공공성이 구체적으로 사회의 전반에서 공공선으로 실행되어야 함을 주장하는 것으로 교회의 책임감을 고취하고 있다.[22]

---

21 복음의 가르침이 공화당이나 민주당에 의하여 독점될 수 없음에 대하여 짐 월리스가 저술한 다음의 두 도서를 참고하라. 종종 공화당은 신앙을 독점한 것처럼 행동하고, 민주당은 사회정의나 사회적 약자에 대한 성경적인 견해를 가지고 있으면서도 그것을 성경적으로 표현하지 못한다고 월리스는 평가한다. Jim Wallis, *God's Politics: Why the Right Gets It Wrong and the Left Doesn't Get It* (NY: HarperCollins, 2005); *The (Un)Common Good: How the Gospel Brings Hope to a World Divided* (Grand Rapids: Brazos, 2013).

22 Wallis, *(Un)Common Good*, 157-274. 이 책의 후반부에는 기독교인의 공공선을 위한 관심사가 논의되고 있음을 참조하라.

6. 코로나 팬데믹에서 교회의 공공성을 약화시키는 요소

코로나19 팬데믹은 세계적인 차원의 변동을 가져왔다. 여행과 이동의 제한, 재택근무, 거리두기, 양질의 직장 상실, 상품의 포장판매와 배달의 증가, 여행사와 항공 사업의 타격, 증가하는 국제적, 국내적 불평등과 확진자의 누적은 지금 우리가 갑자기 겪게 된 현실이다. 이러한 상황에서 여러 교회도 존폐의 위기에 처하였다. 대면 예배의 중단과 거리두기는 교회 활동의 약화로 이어진다. 코로나19의 도전적 상황에서 교회는 비대면 온라인 예배와 교육 프로그램 개발, 줌zoom을 통한 소통방식의 전환을 모색하고 있다. 이러한 상황에서 교회는 어떻게 공공성을 약화시키는 실수를 피할 수 있을까.

1) 신정론적 해석을 유보하라

심각한 코로나19의 결과가 발생하면서, 우리는 그 원인에 대한 많은 질문을 던지게 된다. 역사 속에도 전 유럽을 수많은 질문 속으로 이끌었던 한 재난이 있었다. 이는 1755년 11월 1일 일요일 아침 9시 40분, 가장 '거룩한 도시'라 할 수 있는 포르투칼의 리스본에서 강력한 대지진과 그에 따른 쓰나미로 도시의 약 20여만 인구 중 3~4만 명이 죽은 사건이다. 그 시간은 가장 종교적인 시간이었고, 만성절의 축일로 성인들의 경건함을 진지하게 되새기는 순간이었다. 당시 리스본은 500년 전통의 주교좌성당이 있는 곳이었고, 90개의 수도원과 150곳의 수도회가 있는 곳이었다. 강력한 대지진이 도시를 흔든 이후, 모든 웅장한 성당의 석조건물과 종교재판소는 붕괴되었다.[23] 오히려 허름

하게 지은 변두리의 홍등가는 살아남아서 도시의 폐허와 대조를 이루었다. 건물에서 피신한 사람들은 타구스Tagus 강과 해안의 물이 빠져나간 것을 보았고, 잠시 후 몰려온 여러 차례의 쓰나미는 해변의 피신한 사람을 덮쳤고 도시의 나머지 부분은 불길에 휩싸였다.

이 같은 재난에 대한 일차원적 접근은 신정론神正論, theodicy이다. 끔찍한 현실에 대하여 설명을 하려는 사람들에게 있어서 신정론이라는 접근법은 필요하지만, 원론적 설명 이상의 구체적 적용을 구하기는 쉽지 않다. 재난이 죄 때문이라면 누구의 죄 때문인가. 무너진 건물로 죽은 사람의 죄의 결과라면 리스본 홍등가의 사람들은 죄가 없는가. 리스본은 방탕한 파리나 제국주의로 탐욕스러운 런던보다 더 악한가. 지금도 비슷한 질문이 가능하다. 코로나19가 죄에 대한 하나님의 심판이라면 누구의 죄인가. 가장 많은 사람이 죽은 미국의 죄인가, 아니면 바이러스가 퍼져나간 원점이 된 중국이 문제인가. 비극적인 도시 우한은 다른 도시보다 죄가 큰가. 아니면 죽은 사람만 죄인인가.

신앙의 선조인 2세기 중반부터 4세기 중반 초대교회의 모범적 사례와 16세기 종교개혁자들의 노력은 전염병의 창궐 속에서 고민하는 교회의 발걸음을 인도하는 일종의 등불이다. 먼저 신앙의 선진들은 신정론의 잣대를 가지고 참담한 비극에 처한 공동체를 정죄하지 않았다. 그들은 고난당하는 사람을 정죄한 욥의 친구들처럼 회개를 촉구하지 않았고, 실로암 망대가 무너져 압사한 사람들이 중죄로 인하여 재난당한 것으로 생각한 유대인의 태도를 보이지도 않았다. 그러한 해석은

---

23 임성빈, "재난과 사회변동, 교회의 역할", 박경수·이상억·김정형 편, 『재난과 교회: 코로나19 그리고 그 이후를 위한 신학적 성찰』 (서울: 장로회신학대학교출판부, 2020), 19-33.

성경적이지도 윤리적이지도 않다. 초대교회와 종교개혁시대의 교회는 그 당시 전염병으로 인해 사회를 비난하지도 않았고, 피하지도 않았으며, 오히려 직접 그들의 고난에 참여하고 봉사하였다. 그들은 신정론적인 접근방법을 유보했다. 사람이 전적으로 무죄하다는 것이 아니라, 당시의 상황에서 하나님의 이름으로 사람을 정죄하고 심판하는 것이 고난당한 사람들에게 적절하지 않았기 때문이다. 팬데믹의 비극 속에서 누구의 책임과 잘못을 논하는 것은 유보해야 한다. 고난당한 사람에 대한 마녀사냥을 피하여야 한다. 결정적 정죄는 하나님의 몫이며, 다양한 해석은 학자들과 전문가들의 몫이다. 신학적 연구 또한 인접 학문의 도움을 받아 종합과학적인 접근을 하는 것이 좋다.

우리가 한국 신천지의 이만희나 8.15 집회를 주도한 전광훈 목사를 비호할 생각은 추호도 없다. 그러나 중국에서 입국하는 사람들의 문을 열어놓고 대구에서 코로나19의 핫스팟이 된 신천지나 8.15집회를 주도했다고 일컬으며 특정 교회에 책임을 돌리는 것은 기독교에 대한 일종의 마녀사냥이 될 수 있다. 종교단체나 이태원 게이바의 확진자 양산은 정죄의 대상이라기보다는 의학적인 차원에서 수칙을 무시한 부주의한 행위로 논의되어야 할 문제이다. 확진자가 무슨 특별한 죄인이 아니다. 전염병은 무차별적이다. 인종이나 계급이나 성별을 가리지 않고 의학적인 프로토콜protocol, 규정된 수칙을 소홀히 할 때 발생한다. 정부와 유관부서 정책결정자들의 실책은 더욱 심각할 수 있다.

2) 신비주의를 극복하라

교회가 공공성을 손상하는 경우는 목회자가 모세와 같은 위치에 올라 하나님이 말씀하시지 않은 메시지를 전하기 때문에 발생한다(마 23:9-12). 신앙에는 신비적인 요소가 있다. 그러나 신비주의神秘主義,mysticism는 이성의 판단을 중지하거나 포기하는 극단주의이다. 신비주의는 전염병의 창궐이나 확산 앞에서 자기나 자기가 속한 공동체가 신령한 능력으로 보호를 받을 수 있다는 무모한 확신이다. 이러한 신비주의를 따르는 공동체는 기본적인 의료수칙을 지키지 않으면서도 신령한 능력을 불러일으키는 '믿음'을 강조한다. 교회의 집단적인 발병은 이러한 무모한 교역자의 그릇된 신비주의와 그것을 신봉하는 우중愚衆에 의하여 생긴다. 마스크를 쓰지 않는 교인들, 사회적 거리를 유지하지 않는 집회, 밀집된 공간에 모인 다수의 교제모임과 의료적 프로토콜을 따르지 않는 모임을 통해 확진자가 대거 발생하는 경향이 있다. 일반은총을 전혀 고려하지 않고 특별한 보호를 강변하는 신비주의자들은 교회 공동체를 비상식적인 공동체로 의심받게 만든다.

다행스럽게도 남가주 대부분의 한인 이민교회는 발열 체크, 세정제 사용, 마스크 사용, 안전거리 유지 및 방역 등의 조건을 수용하면서, 현재 온라인 예배를 전송하기 위한 최소한의 모임을 유지하고 있다. 이는 교회가 헌법적 가치로 확보된 종교적 집회와 예배를 포기하기 때문이 아니라, 수많은 사람의 직장과 소득을 앗아간 코로나19 팬데믹 상황을 신속하게 종식시키려는 시정부의 시책에 공적 책임을 가지고 협조하기 때문이다. 6개월 이상 지속되는 대면 예배의 금지 속에서 교회는 존폐의 문제까지 겪는 안타까운 상황에 처하고 있다. 그럼에도 대부분의 이민교회는 교회의 '공공성'을 인식하고, 정부의 시책을 충실히 따르고 있다. 성도들이 최소한의 상식선상에서 주민을 보호하려는 관리와 정치인의 노력을 존중하기 때문이다.

그러나 맥아더John MacArther 목사가 지도하는 그레이스 커뮤니티 교회는 엘에이 카운티와 맞소송을 벌이며 대면 예배를 강행하고 있다. 그 교회가 대면 예배 금지명령을 반대하는 이유는 정부 당국이 인종차별 문제와 경찰 폭력을 규탄하는 시위대가 코로나 확산 방지를 위한 규정을 따르지 않음에도 불구하고 아무런 금지 조처를 하지 않았기 때문이다. 교회 측은 '시위대에 대한 편애'(favored protestors)를 질타하고, 교회에 대한 차별을 거론하였다. 대법원은 9월 10일에 이르러 그레이스 교회의 실내 대면 예배를 중지시켰고 실외에서 마스크를 착용하고 거리를 지키면서 예배할 것을 판결하였다. 교회 측은 위생과 방역을 위한 프로토콜을 준수하지 않고 모이고 있다. 그 교회는 예배가 삶의 본질적인 것임을 주장하는 데는 성공하였지만, 방역지침과 마스크 착용을 거부한 것은 우려할 만한 일이다. 교회가 마켓, 사교 모임이나 스포츠 산업 및 음악회와 같은 부류로 취급되는 것에 대한 저항으로 예배하는 교회의 자존감을 세운 점에서는 나름의 긍정적 평가를 할 수 있다.

3) 사회적 약자와 함께하라

고통스러운 시대가 오면 빛나는 사람들이 있다. 우한에서 시작된 재난의 현장에서 2019년 12월 30일 최초로 코로나19의 창궐을 엄중히 경고했던 우한중심병원의 젊은 안과의사 리원량Li Wenliang이 그런 사람이다. 그는 바로 그 자신이 경고한 질병으로 2월 6일 밤 34세로 숨졌다. 그는 확진자로부터 감염되어 자신의 생명을 바침으로써 병의 위험성을 증명했다. 올해 3월 초 우리나라에서는 소위로 임관한 75명의 간호장교들이 대구로 투입되었다. 전국의 각 사단으로 배치되어야 할 젊은 여장교들이 가장 치열하게 전염병과의 사투가 진행되는 코로나19의 전선 대구로 파견되었다. 그들은 생명을 살리는 숭고한 임무를 위하여 낮고 어두운 곳으로 임하였다.

교회사 속에서는 전염병이 창궐하던 어둠의 때에 궁창의 빛같이, 어둠의 별같이 빛나던 사람들은 하나같이 어둡고 낮은 곳으로 자리 잡았던 그리스도인들이다. 이런 투사들을 3세기 후반에는 '파라볼라노이parabolanoi' 혹은 '파라볼라니parabolani'라고 불렀다. 그들은 '두려움이 없는 남자 간호사들'이다. 이집트 북서부 알렉산드리아에서 자신이 전염병에 걸려 죽을 수 있는 상황임에도 불구하고, 자발적으로 전염병 환자들을 돌보며 죽은 사람을 묻어주는 일을 감당한 사람들이다. 그들은 병마의 두려움을 알면서도 사랑의 실천을 위하여 신자와 불신자를 불문하고 봉사를 제공하였다. 그들은 감독의 지휘하에 있었으며, 416년에는 500명 그 이후에는 600명에 이르기도 하였다.24

역사 속에서 칭찬받는 교회는 가난한 자와 병든 자의 신을 신고, 그들과 함께하는 교회였다. 코로나19의 시대에도 계급적 차이는 점진적으로 심화되고 있다. 성도의 신앙적 실천을 생각할 때, 코로나19가 낳은 새로운 계급적 통찰은 우리에게 도전을 준다. 버클리UC Berkeley의 현직 공공정책학 교수인 라이시Robert B. Reich는 2020년 팬데믹 상태가 새로운 계급 분화class divide를 만들었다고 주장한다. 그는 상층부, 중산층과 하층민의 일반적인 구별을 거부하지는 않는다. 그러나 라이시는 미국에 코로나19로 말미암아 단기간에 발생된 새로운 계급적 충격을

---

24 이도영, 『코로나19 시대와 한국교회의 과제』 (서울: 새물결플러스, 2020), 218-221.

다음과 같이 소개했다.[25]

　라이시에 의하면, 코로나19 팬데믹이 가져온 네 종류의 계급은 다음과 같다. 첫째 계급은 코로나에 별 영향을 받지 않는 부류로서 '고립된 직업군the remotes'이다. 둘째는 사회의 생존을 위한 '필수적인 사람들the essentials'이다. 셋째는 임금이 줄어들거나 해고된 '임금 박탈자들the unpaid'과 넷째로 세인의 관심에서 격리된 '잊혀진 사람들the forgotten'이다.

　이중 팬데믹 상황에서도 별 변화 없이 생활을 유지하는 사람은 미국 사회의 35%에 속하는 전문직, 관리직, 재택근무가 가능한 직업군에 종사하는 첫 번째에 부류에 속하는 사람들이다. 나머지 모든 사람은 코로나19로 인하여 어려움 당한 사람들이다. '필수적인 사람들'에 속하는 사람들은 전체 노동력의 30% 정도를 차지하는데, 이들은 의료, 보건에 종사하는 의사, 간호사, 의료기술자와 유아와 아이를 돌보는 기관의 피고용자들, 트럭운전사, 창고 관리자, 농장의 일꾼과 식량 유통업자와 경찰, 소방관과 군인이다. 이들도 사회적 재난과 더불어 경제적 어려움을 겪는 사람이 많다. 초기에는 방호복의 부족으로 죽음으로 내몰리는 의료진이 많았으며, 학교와 유아원의 폐쇄로 말미암아 어려움을 겪고 있는 사람들이 적지 않다.

　나머지 부류는 35%에 이르는 '임금 박탈자들'과 '잊혀진 사람들'로서 경제적, 신체적, 정신적 어려움으로 심각한 상황에 처한 사람들이다. 이들의 직업은 주로 소매업, 식당, 서비스업과 극장과 스포츠 관련

---

25 로버트 라이시(Robert B. Reich) 현 버클리대 교수는 90년대 클린턴 행정부에서 오랫동안 노동부 장관을 역임한 행정가이자, 경제 자문위원 그리고 정치평론가이다. 라이시는 자본주의의 약점인 양극화를 퇴치하기 위한 귀중한 저서, 『공공선』(The Common Good), 『자본주의의 구원』(Saving Capitalism) 등과 같은 여러 중요한 저서를 남기고 있다.

기관과 긍휼 기관 등의 종사자들인데, 팬데믹 상황에서 매장이나 업소의 사회적 거리두기로 인한 실직 및 해고가 진행되는 것과 밀접한 상관이 있다. 이들은 양질의 직업을 상실하고, 수입을 박탈당하는 상황을 겪고 있다. 더욱 어려운 사람들은 '잊혀진 사람들'이다. 이 범주에 속한 양노원, 양노병원에 계신 어르신들은 코로나의 핫스팟이 된 집단 시설에서 돌아가신 경우도 적지 않다.

이처럼 새로운 어려움의 도래 속에서 교회와 성도들의 대응이 여러 가지로 필요하다. 국가가 할 수 있는 일도 있지만, 먼저 교회는 망각되고 있는 취약계층이 고립되지 않도록 정신적으로나 영적으로 그리고 가능한 경우에는 물질적으로 배려하는 것이 더욱 필요한 상황이 되었다. 사회적 거리두기의 시대에는 사랑의 끈을 더욱 강화시키는 것이 필요한 상황이다. 비대면 하이테크의 비상한 시대에는 심리적, 신앙적 거리를 줄이는 하이터치high-touch가 요청된다.

7. 포스트코로나 시대 교회의 목표, 공공성

2020년에 들어 코로나19 방역을 위하여 갑작스럽게 닥친 비대면 예배는 변화에 둔감한 교회에 새로운 문화를 강요하였다. 젊은이들은 이미 익숙한 온라인 문화에 유연하게 적응하지만, 장년들은 미처 경험하지 못했던 문화를 주입 당하고 있다. 비대면 사회에서 교회는 장소가 아니라 신자의 공동체라고 하는 그 말을 현실로 실감하고 있다. 목회자는 이제 교회당이 아니라 흩어진 성도를 믿음으로 바라보면서 예배를 집례한다. 위계질서는 점차 약화되고 네트워킹이 중한 시대가 되었다. 언택트와 함께 강력한 초연결이 공존하는 시대가 되었다. 장소적 교회의 담장이 무너지고 자유로운 성도들이 의미 있는 컨텐츠를 중심으로 모이게 되었다. 보이는 성도의 모습은 없고 보이지 않는 일상생활의 헌신이 중요한 시대가 되었다. 교회의 영향력은 교인의 수보다도 플랫폼에 남긴 방문자의 흔적으로 환산되고 있다.

이러한 교회의 새로운 환경 속에서 가장 중요한 화두는 교회의 공공성이다. 교회의 공공성은 개인으로서 성도뿐 아니라 공동체로서 교회로 세상 앞에 설 때 드러난다. 그러므로 공공성은 공동체성으로 표현되고 드러난다. 언택트 시대의 교회는 서로를 향하여 열린 교회가 되기를 요구받고 있다. 온라인으로 접속되지 않는 교회는 새신자를 받아들이기도 힘들다. 그러나 온라인에 올라간 지역교회는 이제 미국과 한국을 넘어 세계와 소통하는 공개된 교회가 되었다. 한 지역교회의 공공성은 이제 글로컬glocal 교회의 특성을 가지게 되었다. 교회의 공공성은 이제 세상을 향하여 활짝 열린 공개성으로 드러난다. 이제야 비로소 한 지역교회가 숨길 수 없는 산 위의 집이며, 진리의 기둥과 터가 되어 왕이신 그리스도의 업적을 담지하고 드러내는 공동체가 되는 시대가 왔다.

교회가 공적 영역에 부재함으로 비난을 당해왔던 과거의 경험은 우리에게 새로운 가능성을 모색하도록 도전을 준다. 지금부터 약 100년 전 1.7% 정도의 한국 초대교회가 3.1운동을 통하여 민족사의 가장 어두울 때에 공헌한 것은 지금 이 팬데믹의 시대에도 우리를 경성시키는 역사적 사건이다. 그러므로 교회의 공공성의 제고를 위하여 다음의 몇 가지 결론적인 제언을 하여볼 수 있다. 첫째로 공공성을 가진 교회는 개인의 병렬이 아니라 세상에서 공동체성을 가지는 교회이다. 교회는 성도들의 공동체이다. 교회는 좌우 이데올로기에 몰입되어서는 소망이 없다. 교회가 이데올로기의 하위에 존재하는 공동체가 아니다. 둘째로 교회는 공개성을 가진 존재이다. 이제 온라인을 통하여 개별 교회는 항상 온 세상을 향하여 공개되었다. 대외적 투명성은 현대 교회의 특성이다. 셋째로 교회는 주변 사회를 향하여 유익을 줄 수 있는 모임이어야 한다는 면에서 공익성을 가져야 한다. 넷째로 교회는 사회적 가치와 차별적인, 도덕적 윤리적 탁월성을 가진다는 면에서 공정성을 드러내어야 한다.26 다섯째로 교회라는 공동체는 공영체이다. 교회는 그리스도를 머리로 하여 운영되는 공영체이므로 공영성을 가져야한다. 공영체란 교회가 어떤 한 사람의 지배적 권력에 의존하는 위계질서가 아니라 상호 유기적으로 연결된 유기체이다.27 여섯째로 교회의 공공성은 공감성으로 나타나야 한다. 공교회의 세상을 향한 태도는 사회적 약자를 긍휼히 여기는 선한 사마리아인의 마음을 가진다. 그들은 이웃을 규정하지 않고, 자비로운 마음으로 고통당하는 사람의 이웃이 된다. 일곱째로 공공성을 가진 교회는 공공선을 추구하여야 한다. 적극적으로 이웃을 사랑하는 것은 고통스러운 시대에 사회적인 약자를 돌아보는 것이다. 이러한 교회는 먼저 행위로 의로움을 보이며 필요하다면 말을 할 수도 있는 교회이다.

---

26 이재열. "초연결 언택트 사회의 명암", 79-80; 백광훈, "코로나19시대의 문화변동과 한국교회의 과제", 81-87. 위의 논문은 포스트코로나19 연구프로젝트 제1차 발표회에 제출된 발제문집이다. 한국기독교목회자협의회 편, 『문명적 전환과 기독교』 (2020년 6월 25일).

27 교회가 공공재라는 관점에서 영국의 철학자 토마스 홉스(Thomas Hobbes, 1588~1679)나 청교도 목회자 백스터(Richard Baxter, 1615~1691)는 교회나 국가를 공영체로 불렀다. 교회는 공동운명체, 공동운영체, 또 공공이익체라는 관점에서 성도와 사회의 공공 자산이어야 한다. 민종기, 『목회세습, 하늘 법정에 세우라』 (대전: 대장간, 2017), 121-124, 257-261.

포스트코로나 시대, 교회의 존재 이유
: 나는 어디서나 예배한다. 고로 나는 교회로 존재한다

박동식

1. 이행의 시대와 예배

"이행의 시대"다. 한 시대에서 다른 시대로 넘어가는 전환기의 시대라는 의미다. 이 표현은 네덜란드 개혁주의 신학자 바빙크Herman Bavinck (1854~1921)가 19세기에서 20세기로 넘어가던 시기를 분석하며 한 말이다. 그는 사람들이 그러한 이행의 시대에 항상 '내적인 분열'과 '불안감'을 마주하게 되었다고 한다.[1] 바빙크가 기술한 시대적 징후는 지금 코로나19가 가져온 문명사적 대전환의 시대를 잘 표현해주는 듯하다. 한 사회는 마스크를 쓰는 문제로 '자유'를 논하며 내적으로 분열하고, 기독교는 '예배' 문제로 예배당과 온라인이 대척점에 서서 내적으로 분열하고 있다. 전 세계는 코로나19가 언제 끝날지, 그 이후는 어떻게 될지 몰라 불안해하고 있다. 이행의 시대다.

도덕관념도 바뀌고 있다. 길 가던 중, 맞은 편에서 모자 쓴 채 자전

---

[1] Herman Bavinck, *Christelijke Wereldbeschouwing*, 헤르만 바빙크/김경필 역, 『헤르만 바빙크의 기독교 세계관 – 혼돈의 시대를 살아가는 그리스도인을 위한 치유』 (서울: 다함, 2019), 68, 69.

거 타고 오는 여성이 좌회전하는 바람에 모자가 벗겨지는 장면을 목격했다. 본능적으로 내가 모자를 주워주려 하는데 그분이 '고맙다'라면서 자신이 줍겠다 한다. 코로나19 기간에는 도와주지 않는 것이 도와주는 것이 되었다. 그러나 돕는 그 마음은 다르지 않다. 방식이 달라지는 것이다. 이렇게 달라지는 시대에 우리의 전통적 도덕 행위를 고집할 수만도 없다. 주워드리는 게 바람직한 이웃의 모습이겠지만 코로나19 시대에는 상대방의 눈동자가 무엇을 원하는지 알고 하는 것이 진정 도와주는 것일 수 있다. 이행의 시대다.

말벌은 윙윙 소리라도 내고 달려드는데, 코로나19는 그런 소리조차 없이 전 지구를 습격하고 있다. 그런데 정말 아무 소리가 없었을까. 가만히 보면 우리가 그 소리를 듣지 못했을 뿐인지도 모르겠다. 이제 이러한 이행의 시대에 무엇을 해야 하나. 교회는 무엇을 해야 하나. 그저 분열만 하고 그저 불안해하고만 있어야 하는가. 시대가 우울하다고 같이 우울해하고 있어야만 하는가. 교회의 생존에 관한 질문 앞에 우리는 어떻게 답해야 하는가. 이 시대에 교회의 존재 이유는 무엇인가.

"외출조차 할 수 없는 형편입니다. 그러나 나는 결국 무슨 방법을 취하더라도 버려지고 고립된 이들 신도를 일일이 찾아가지 않으면 안 될 것입니다."[2] 이 고백은 코로나19가 왔을 때 어느 목회자의 결기에 찬 의지의 표현이 아니라, 엔도 슈사꾸遠藤周作의 『침묵沈默』에 나오는 세바스챤 로드리꼬 신부가 포르투갈을 떠나 일본에 몰래 들어가 숨어 지내면서 기록한 편지 내용이다. 박해 때 로드리꼬 신부의 심정과 마음 다짐이 현재 목회자뿐만 아니라 무엇을 해야 할지 몰라 방황하는

---

2 遠藤周作, 『沈默』, 엔도 슈사꾸/공문혜 역, 『침묵』 (서울: 홍성사, 1982), 41.

모든 이들이 담아야 할 마음인 것 같다. 사회와 국가는 "무슨 방법을 취하더라도" 이 위기를 극복할 수 있어야 하며, 교회와 목회자도 "무슨 방법을 취해서라도" 교회를 회복할 수 있어야 한다.

그 "무슨" 방법이 고민이다. '무슨' 방법이든 다 사용해야 한다 해서 '아무' 방법이나 다 좋은 것은 아니다. 무슨 방법이든 써서 성도를 무조건 교회로 오게 할 수는 없다. 그것은 '아무 방법'이나 쓰는 것이기 때문이다. 대면만을 고집할 수 없다는 말이다. 박해 시대에는 '편지'였다면, 지금은 일부 대면을 포함한 '온라인 대면'이든 '전화' 대면이든 그 어떤 형태든 찾아야 한다.

캘리포니아주 샌프란시스코에 있는 Legion of Honor 박물관에 있는 로댕의 The Think(생각하는 사람). 코로나19 시대에 '교회가 어디로 가야 하는지' 고민하는 우리의 모습 같다.

이제 온라인 교회에 대해서도 논의해야 할 때가 온 것 같다. 온라인 교회는 교회인가 아닌가에 대해 답변해야 한다. 아니 어쩌면 이 질문도 곧 진부해질 것이다. 이미 온라인으로 예배를 드리고 있는데 온라인 교회가 교회인가를 묻는 것은, 코로나 기간에 드리는 온라인 예배를 부정하는 자기 모순적 질문이기 때문에 그렇다. 코로나19 기간이 지나 기존의 교회로 돌아가는 것을 참 교회요, 예배당에서 드리는 예배를 참 예배라 한다면, 지금 온라인으로 드리는 예배는 진정한 예배가 아닌 것이 된다. 성도들이 코로나 이전에 부득이하게 주일을 지키지 못해 온라인으로 목사님의 말씀을 들은 경우가 많을 터인데 그것은 예배가 아닌가.

혼란스러울 때는 성경에서 출발해 보자. 구약학자 브루그만Walter Brueggemann은 코로나19 위기는 "성경을 새롭게 다시 읽으라고 요구"한다고 받아들인다.3 코로나19라는 현실의 문제를 가지고 성경을 다시 읽을 필요가 있다. 거기서 길과 답과 대안을 찾아야 한다. 그 대안을 찾으면서 성경이 제시하는 교회와 예배의 큰 원칙 하나를 요한복음 4장에 나온 '예수님과 수가성 여인과의 만남과 대화'에서 찾고 출발하고자 한다.

남편이 다섯 있던 사마리아 여인이 수가성 우물가에서 예수께 질문한다. "우리 조상들은 이 산에서 예배하였는데, 당신들의 말은 예루살렘에서 예배해야 한다"(요 4:20)고 하는데, 그것이 맞는 말인지 혹은 그것이 무슨 의미인지 물은 것이다. 예수는 "사람들이 아버지께 예배를 드릴 때 '이 산이다,' 또는 '예루살렘이다' 하고 굳이 장소를 가리지 않아도 될 때가 올 것이다"(공동번역, 요 4:21) 하신다. 무슨 말인가? 여자는 두 특정 장소 중 어느 것이 맞는지를 물었는데 예수는 특정 장소가 중요한 것이 아니라고 말씀하시는 것이다.

예수는 무엇을 강조하시는 것인가. 예수는 '장소'가 아니라 '예배'의 본질에 초점을 두신 것이다. "너희는 너희가 알지 못하는 것을 예배하

---

3 Walter Brueggemann, *Virus as a Summons to Faith: Biblical Reflections in a Time of Loss, Grief, and Anxiety*, 월터 브루그만/신지철 역, 『다시 춤추기 시작할 때까지』 (서울: IVP, 2020), 18.

고, 우리는 우리가 아는 분을 예배한다"(새번역, 22절). 무슨 말인가? 예배라고 하는 것은 모르는 대상이 아니라 아는 분에게 드려야 한다는 것이다. 이 말씀을 하시면서 예수는 "참되게 예배하는 자들"은 "영과 진리"로 예배를 드릴 때가 오는데 '지금'이 바로 그때라는 것이다. 어느 특정한 장소, 어느 특정한 때가 아니라, 바로 지금, 어디서든, 영과 진리로 예배드려야 하며 아버지께서는 그렇게 "예배하는 자들"을 찾으신다는 것이다(23절).

코로나19를 겪는 '지금'도 예수께서 말씀하신 '그때'다. 특정 장소가 중요한 것이 아니라 "영과 진리"로 참되게 예배하는 한 사람 한 사람이 소중하며, 바로 '지금' 예수는 그들을 찾으시는 것이다. 이러한 예배의 원칙에서 출발하면, 예배당 예배나 온라인이라는 가상공간의 예배 장소가 중요한 것이 아니라 '예배' 그 자체가 중요한 것임을 다시금 깨닫게 된다. 물론 현장을 무시할 수 없다. 그러나 그 현장이 예배당인 것만은 아니다. 이 예배당을 두고 사람들 간에 온도 차가 있다. 한 교회를 섬기는 목사는 교회 건물 현장을 중요시한다. 거기만 현장이라고 말은 하지 않지만 무게 중심이 상당 부분 거기에 쏠려있다. 한 교회에 속해 있지 않은 이들은 예배당만 현장이라고 말하지 않는다. 이것으로 자신의 현장이 어디에 있느냐에 따라 무게 중심도 달라지는 것을 볼 수 있다.

이 코로나19 기간에 교회가 무엇인지, 하나님이 기뻐 받으시는 예배가 무엇인지, 그리스도인이 세상에서 어떻게 살아야 하는지, 다시금 고민해 보자.

2. 현장 교회 살리기

1) 신앙의 본질 가르치기

코로나19 이후 사회도 마찬가지지만 교회도 규모에 따른 양극화가 더 심해질 것으로 보인다. 대형교회는 시스템이 갖춰져서 살아남을 것이지만 소형교회는 존립조차 쉽지 않을 것이다. 이러한 현상 속에서 교회의 '공존'을 질문해야 한다. 교회 공존은 가능한가. 코로나 이후로는 아닐 수 있지만, 대형교회는 평소 매주 개척 교회 수치 정도의 인원이 등록한다. 개척 교회는 성도 한 명이 없어 가슴 아파한다. 코로나19 이후 존립이 위태롭다. 이 모습을 바르게 잡을 수 없을까? 대형교회가 작은 교회를 도울 수 없을까? 이민교회에 특별히 더 나타나는 개척 교회의 어려움을 어떻게 극복할 수 있을까?

건물을 빌려 쓰던 교회가 코로나 이후 렌트비 감당이 되지 않아 교회 건물을 더 이상 사용하지 못한 경우가 있다. 담임목사는 부교역자를 떠나보내고 자신의 가정에서 예배 영상을 찍어 온라인으로 예배드린다. 오프라인 교회가 사라졌으니 교회가 사라진 것인가? 미국에서 교회 출석하다가 한국으로 간 성도들이 온라인으로 미국에서 출석하던 교회 예배를 드린다면 그 성도들은 본 교회 성도인가 아닌가? 전자의 경우, 여전히 온라인으로 예배를 드리니 교회가 아니라고 말할 수 없을 것 같다. 후자의 경우 비록 몸은 떨어져 있어도 교인으로 갖추어야 할 기본 내규를 지킨다면 교인이 아니라고 할 수도 없을 것 같다. 그렇다면 건물만이 교회라고 말하기 어려울 것 같다.

이제는 장소가 아닌 무엇이 교회이고 무엇이 참 신앙생활인지를 질문해야 한다. 앞에서도 언급했듯이 교회에 가기만 하면 신앙생활 하는 것인가? 나들목 교회 김형국 목사는 교회가 참 공동체성을 회복하지 못하고 단순히 "주일에 좋은 예배를 제공하고, 그것만 제대로 하면 신앙생활을 잘하는 것이라고 가르치는 교회를 경계해야 한다"고 말한다. 이렇게 모이면 "교회라기보다는 '주일예배 집단'"이라 부르는 것이 낫다고 한다.[4] 교회 건물에 모이는 것하고 참으로 신앙생활 하는 것하고는 다르다. 이제는 교회가 '무엇이 참 신앙생활인지'에 대해 성도들에게 바르게 가르쳐야 할 것이다.

2) 교회 체질 개선을 위한 제언 1: 성장 욕망이 아닌 성령 충만으로 자족하기

교회를 회복하기 위해서는 무엇보다 교회의 방향성을 올바르게 정하고 현재 교회의 체질을 개선할 필요가 있다. 목회자의 욕망을 위해서가 아니라 교회 공동체의 유익을 위해 예배가 이루어져야 한다. 도스토예프스키의 『죄와 벌』(*Преступление и наказание*)에 보면 이런 말이 나온다. "젠장, 그녀는 대체 왜 그렇게 예쁜 걸까요? 내 잘못이 아니라는 말입니다!"[5] 유부남인 스비드리가일로프가 자기 집에 들어와 있는 가정교사 두냐를 사랑한 것에 대해 나중에 두냐 오빠인 라스콜니코프에게 한 말이다. 그녀가 너무 예뻤기 때문에 자신이 그녀에 대해 딴마음을 가진 것이지, 자기 잘못이 아니라는 말이다. 예쁜 여자에 대한 욕

---

4 김형국, 『교회를 꿈꾼다』 (서울: 포이에마, 2012), 192.

5 표도르 도스토옙스키/김연경 역, 『죄와 벌 2』 (서울: 민음사, 2012), 366.

망이 드러난 것이다.

드라마 〈부부의 세계〉에서 유부남인 이태오가 다른 여자를 사랑한 것을 자기 아내에게 말하면서 거의 똑같은 의미로 이렇게 말한다. "사랑에 빠진 게 죄는 아니잖아." 맞다. 사랑에 빠진 건 죄가 아니다. 그러나 아내를 두고 다른 여자를 사랑하는 것은 죄다. 본능에 충실한 욕망의 삶은 바른 삶이 아니다. 이성을 갖고 있기에 그렇다.

한국교회가 부패하는 가장 큰 원인 중 하나는 성장의 욕망에 있다고 해도 과언이 아닐 것이다. 목회자는 자기의 욕망을 교회에 투사시켜 큰 교회를 지향하고 그 속에서 수많은 이득을 누리며 살아간다. 교회가 세상에 어떻게 비추든 상관하지 않고 건물만 크게 만들어 가고 성도 수만 늘려간다. '교회를 성장시키는 것이 죄는 아니잖아'라고 말하면서 말이다. 스비드리가일로프든, 이태오든, 성장만을 지향하는 목사든, 그 근본 뿌리는 자기 욕망이다. 따라서, 17세기 영국의 청교도 목회자인 백스터Richard Baxter가 지적하듯이, 교회를 새롭게 하고자 할 때, '교회 지도자들'을 새롭게 하는 것이 가장 효과적인 방법이라 할 수 있다.6

백스터는 목회자들이 자기 욕망의 추구가 아닌 서로 나눌 것을 권면한다.

만약 여러분이 일 년에 100파운드를 사례비로 받는다면, 여러분의 의무는 그 사례비의 일부로 생활을 하고, 나머지는 능력 있는 동역자에게 주어 여러

---

6 Richard Baxter, *The Reformed Pastor*, 리처드 백스터/고성대 역, 『참된 목자』 (서울: CH북스, 2016), 43.

분의 사역을 돕도록 하는 것입니다. … 만약 여러분이 이것은 너무 가혹하며, 이렇게 해서는 여러분의 부인과 자녀들이 살아갈 수 없다고 말한다면, 저는 이렇게 묻고 싶습니다. '여러분의 교구에 있는 많은 가정이 이보다 더 적은 생활비로 살아가고 있지 않습니까?' … '여러분이 궁핍과 가난을 견뎌내는 게 낫지, 여러분의 교구 성도들이 저주를 견뎌내는 게 더 낫겠습니까?' 어떻게 이럴 수 있겠습니까! … 차라리 여러분이 빵을 구걸하러 다니는 게 낫지 않겠습니까?[7]

거의 4세기가 지간 지금 보면 다소 과하기도 한 말 같지만 새겨들어야 할 말이기도 한 것 같다.

목회자의 욕망에 성도 또한 한몫한다. 성도도 자기 욕망을 목사에 투사하여 큰 교회 성도임을 자랑한다. "어느 교회 출석하세요?" 물으면 작은 교회에 출석하시는 분들은 교회 이름도 대지 못하고 그저 "동네 작은 교회 다녀요" 한다. 그러나 큰 교회 출석하시는 분들은 교회 이름을 말하지 "동네 큰 교회 출석해요" 하지 않는다. 왜 그런가? 큰 교회에 다니면서 얻을 수 있는 여러 이익이 있기에 큰 교회를 지향한다. 성도들의 근본 뿌리도 자기 욕망일 수 있다.

그러나 조심해야 한다. 사사기 5장에 여 사사 드보라가 등장한다. 아히노암의 아들 바락이 가나안의 군대 장관 시스라를 추적할 때 시스라가 겐 사람 헤벨의 집으로 도망간다. 그런데 거기서 헤벨의 아내 야엘이 그가 자는 사이에 말뚝을 그의 관자놀이에 박아 죽인다. 이 사건을 두고 드보라가 야엘은 "다른 여인들보다 복을 받을 것"(삿 5:24)이라고

---

7 백스터, 『참된 목자』, 120.

한다. 그런데 시스라의 어머니는 창문을 보며 전쟁에 나간 아들이 돌아오기를 기다린다. 그런데 아들이 돌아오지 않자 "그의 병거가 어찌하여 더디 오는가, 그의 병거들의 걸음이 어찌하여 늦어지는가" 탄식한다. 전쟁에 나간 아들이 노략물들을 가지고 올 것을 기대한다. "그들이 어찌 노략물을 얻지 못하였으랴, 그것을 나누지 못하였으랴, 사람마다 한두 처녀를 얻었으리로다. 시스라는 채색 옷을 노략하였으리니 그것은 수 놓은 채색 옷이리로다. 곧 양쪽에 수 놓은 채색 옷이리니 노략한 자의 목에 꾸미리로다"(삿 5:30). 전쟁에 승리하여 금의환향하는 아들을 꿈꾼 어머니 또한 노략물을 얻어 올 것에 대한 욕망을 드러낸 것이다.

한국교회의 아픈 모습은 어쩌면 이러한 성공 지향적 목회가 나은 결과물인지도 모르겠다. 성공이 아닌 성령이 충만한 교회가 되어야 한다. 성령이 아니고서는 욕망을 자제할 수 없다. 누구나 그런 욕망이 있기 때문이다. 그런데 우리가 그런 욕망이 낳은 괴물을 너무나 많이 보지 않았던가? 그렇다면 우리의 힘이 아닌 성령의 충만함으로 자기 욕망을 내려놓을 수 있어야 한다. 성령이 아니고서는 불가능함을 고백하면서 이 시대에 교회가 왜 존재해야 하는지, 아니 교회가 본래 무엇을 하는 곳인지를 다시금 정립하는 계기가 되어야 할 것이다.

3) 교회 체질 개선을 위한 제언 2: 작은 교회와 공존하기

요즘 길 가다 보면 문 닫은 상점들이 많이 보인다. 코로나19 기간이 길어지다 보니 폐업을 하는 곳들이 많다는 뉴스를 접한다. LA 중앙일보 8월 19일 자에 이런 제목의 기사가 실렸다. "'살게는 해달라' … 미용실 곳곳 실내 영업 강행." 이 호소가 가슴을 아프게 한다. 정부는 강경하게 '미용실 영업 중단하라' 하고 미용사들은 "살게는 해달라" 하는데 이런 작은 업체들의 호소에는 가슴이 아프다. 미용을 온라인으로 할 수는 없지 않은가? 이런 뉴스를 접하면 개척 교회 목사들의 아픔이 절로 느껴진다.

어느 개척 교회 목사가 반주자를 구하지 못해 반주기를 찾고 있었다. 개척 교회 형편상 반주기 하나 구입하기도 쉽지 않은가 보다. 그런데 말이다. 개척 교회 목사들의 이런 형편을 알면 주변에 조금 큰 교회들이 도와주어야 한다. 교회 게시판에 광고해서 어느 시간대에 어느 교회에 반주로 봉사할 수 있는 분들을 찾으면 분명히 구할 수도 있을 것 같은데 그런 노력을 좀 해주어야 한다. 이런 게 복음을 나누는 거 아닌가. 해외 선교는 그렇게 하면서 자기 주변의 개척 교회에는 관심이 없다면, 좀 이상하지 않은가. 눈에 보이지 않는 먼 거리 선교에 선교비를 후원하고 뿌듯해할 것이 아니라 바로 눈앞에 도움이 필요한 곳을 도와주는 것이 진정한 선교 아닌가. 눈앞에 있는 형제의 아픔을 외면한 채 눈에 보이지도 않는 이들을 돕는다고 하는 것은 '선교했다'는 자위일 가능성이 높다. 대형교회가 작은 교회를 도울 수 있는 첫째는 인력 지원이다.

교회가 서로 돕는 것은 거대한 운동을 펼쳐서 되는 것이 아니라 불쌍히 여기는 마음에서 출발해야 한다. 그리고 작은 일하나 하는 것에서부터 시작할 수 있다. 대형교회가 해주었으면 하는 일 중 또 하나는 공간 나눔이다. 작은 교회들은 예배 처소 하나 마련하기도 쉽지 않다. 그들을 위해 공간을 나누어 주는 것도 선교일 수 있을 것이다. 요즘 사회적으로도 이런 공간 나눔 운동이 활발히 진행되고 있는 것으로 안다. 작은 공간 하나 없어서 모임을 하기 어려워하는 이들이 많다. 독서 모임 하나 하더라도 공간이 필요한데 떠돌이처럼 이 카페 저 카페 다니는 이들이 많다. 그들을 위해 공간을 가지고 있는 곳이 그 공간을 공유하는 것을 본 적이 있다. 그런 것처럼, 큰 교회가 작은 교회들을 위해 공간을 개방해 주는 좋은 선교적 교회 모델을 만들 수 있기를 소망해 본다.

4) 교회 체질 개선을 위한 제언 3: 작은 교회 스스로 의미 찾기

제3시대 그리스도교 연구소 김진호 연구기획위원장은, 작은 교회가 홀로 할 수 있는 게 별로 없지만, "작지만 가치 있는 곳이라는 지역 사회의 평판"을 받았으면 한다고 제안한다. 게이츠Bill Gates는 코로나19 치료 명목으로 1억 달러를 기부해서 자신의 가치를 인정받았지만, 가난한 교회는 "어떻게 해야 자신의 가치를 인정받을 것인가? 무엇으로 질병의 공포와 고통에 놓인 이들에게 위로와 희망을 줄 것인가?"를 질문해야 한다고 한다. 그리고 '그런 고민이 목회의 일부가 되는 교회와 목사는 가난하지만 멋진 이웃이 될 첫 번째 자격을 갖게 될 것'이라 한다.[8] 교회는 아파하는 이웃의 진정한 이웃이 될 수 있어야 한다.

작은 교회 스스로 할 수 있는 것은 무엇인가? 작은 교회가 자립하는 방법은 없는가? 대형교회의 지원받는 것만 기다릴 것이 아니라 스스로 자립하려 애써야 한다. 목사는 무엇보다 그 교회의 부흥을 위해 헌

---

8 https://m.khan.co.kr/view.html?art_id=202008150300015&utm_source=urlCopy&utm_medium=social_share.

신해야 한다. 말씀이 부족하면 말씀 연구와 설교에 전념해야 한다. 뜨거움이 부족하면 간절히 기도하여 은혜를 사모해야 한다. 그러한 몸부림 없이 '작은 교회는 원래 어려운 거야'라고 하면 그것은 면책성 회피일 수밖에 없다. 작은 교회들끼리 서로 모여 고민을 나누고 도움을 주고받는 가운데 할 수 있는 일들이 있을 것이며 연대의 힘 또한 생길 것이다.

3. 온라인 교회 가능성 모색

1) 디지털 네이티브 시대의 교회

유튜브 시대다. 개인 유튜버가 백만, 천만, 심지어 일억 명의 구독자를 가지고 있다. 연예인도 기존에는 방송국을 찾아가 자신을 홍보하고 PD에게도 잘 보여야 출연 기회를 가질 수 있었다. 지금은 개인이 마음만 먹으면 혼자 방송할 수 있는 그런 일인 방송 시대가 되었다. 제도화되고 관료화된 조직을 거치지 않고 개인이 직접 자신을 브랜딩화해 시청자를 만날 수 있는 것이 가능해졌다는 말이다.

아이들도 유튜브에서 거의 모든 것을 배운다. 컴퓨터 조립부터, 운동, 악기 연주, 요리 등 모든 것을 학원에 가지 않고도 배울 수 있다. 이런 아이들을 "디지털 네이티브digital native"라고 부른다. 미래학자인 프랜스키Marc Prensky는, 1979년 이후 태어난 이들을 개인용 컴퓨터, 태블릿, 휴대전화로 형성된 디지털 세상의 첫 세대라 한다. 그리고 구글이 생겨난 이후 태어난 아이들은 인터넷이 없는 세상을 알지도 못한다는 것이다.9 요즘은 이런 세대를 스마트폰과 인류를 합친 용어인 "포노 사피엔스phono sapiens"라 부른다. 스마트폰을 자기 몸의 장기처럼 지니고 다니는 아이들이 종일 핸드폰만 들여다보기에 문제도 많지만, 이런 아이들을 이해하지 못하는 이상, 20세기 혹은 21세기 사고로 어떤 의미에서 이미 시작된 22세기 아이들을 교육할 수는 없을 것이다.

심리학자이자 미국 교육 시스템을 형성한 철학자 듀이John Dewey는 "어제 가르친 그대로 오늘도 가르치는 건 아이들의 내일을 빼앗는 짓"[10]이라 했다. 교회도 마찬가지다. 어제의 교회 시스템 그대로를 오늘도 유지하는 것은 교회 스스로 교회의 내일을 빼앗는 것일 수 있다. 시대가 변하면 시스템도 바뀔 수 있어야 한다. 시스템이 바뀐다고 교회와 복음의 본질이 바뀌는 것은 아니기에 그렇다. 시스템은 단지 수단이자 방법일 뿐이다. 이러할진대 과거 방식 그대로 다음 세대를 가르친다면, 프랑스어 표현처럼, "APRES MOI LE DELUGE"(나 죽은 뒤에 지구야 망하건 말건)라고 말하는 것과 같을 것이다.

지금 교회 지도자들은 다음 세대를 고민하고 있는가? 시대가 흘러가는 흐름과 상관없이 그동안 관습대로 해온 건물 중심적 목회만을 고집한다면 기독교는 점점 더 소망을 잃어갈 것이다. 교회 예배당에서 드리는 예배만이 진정한 예배이며 온라인 예배는 진정한 예배가 아니라고 하는 것은 '예배당에 가는 것'을 진정한 신앙으로 간주하는 것과 같다고 할 수 있다. 그동안 주일날 예배당에만 갔다 오는 그리스도인들을 "선데이 크리스천"이라며 부정적으로 부르지 않았던가? 이제는 그렇게라도 예배당에 가는 그리스도인이 귀한가? 교회 예배당에 몸이

---

9 John D. Couch and Jason Towne, *Rewiring Education*, 존 카우치·제이슨 타운/김영선 역, 『교실이 없는 시대가 온다』(서울: 어크로스, 2020), 33, 34.
10 카우치·타운, 『교실이 없는 시대가 온다』, 32에서 재인용.

가지 못해도 온라인으로 예배할 수 없는가? 비대면으로 하는 것은 무조건 영지주의적 관점인가?

이스라엘 백성들이 하나님을 잊어버리고 하나님의 말씀을 마음으로 삶으로 듣지 않고 살아가면서 무수한 제물만 드리는 것을 하나님은 기뻐 받지 않으셨다. 하나님을 진심으로 믿지 않으면서 행하는 종교 행위는 하나님 앞에 단지 '보이러 오는 것'이기에 성전의 마당만 밟을 뿐이라 말씀하신다(사 1:11, 12). 우리는 그동안 우리의 예배가 혹시나 교회 마당만 밟고 오는 예배가 아니었는지, 교회 장의자에만 앉아있다 오는 종교 행위는 아니었는지 돌아보아야 한다. 교회 공동체를 사모하는 마음을 누가 뭐라 할 수 있겠는가? 다만 하나님을 진심으로 믿는 믿음 없이 단순히 교회 갔다 오는 것으로 신앙생활 잘한다고 간주하는 그런 보이기식 신앙을 하나님은 받지 않으신다.

코로나19를 통해 교회 건물에서 드리는 예배만이 예배가 아니라 온라인으로 드리는 예배도 예배라 한다면, 온라인 교회도 가능할 수 있을 것 같다. 현장은 직접 만나야 현장인 것만은 아니다. 온라인도 현장일 수 있다. 교회 건물에서만 신앙생활 하는 것이 아니라 어디서나 신앙생활 해야 한다. 교회에 오라고만 하지 말고 교회가 성도를 찾아가야 한다. 찾아가는 성도의 범위는 예배당에 오는 교인의 범위를 넘어설 수 있으며 그 방법은 모든 수단을 동원해야 한다.

2) 올라인(All-line)으로 예배

온라인 예배를 통해 교회와 교회 밖을 구분하는 이분법은 지양되어야 한다. 상당히 많은 그리스도인이 교회에서만 신앙생활하고 교회 밖에서는 세상 사람들이 사는 것처럼 살아왔던 것이 사실이다. 온라인 교회는 어디서나 참다운 그리스도인으로 살아갈 것을 강조해야 할 것이다. 그러지 않은 이상 똑같이 온라인 예배드릴 때만 그리스도인이고 그러지 않으면 또 세상 사람들과 같은 가치관으로 살아갈 확률이 높기 때문이다. 올라인all-line으로 예배하고, 어디서나 그리스도인이 되어야 한다.

솔로몬도 기근이나 역병이나 재앙이 일어날 때 "이 성전을 향하여 손을 펴고 무슨 기도나 무슨 간구를 하거든 주는 계신 곳 하늘에서 들으시며 사유"하시어 달라고 기도한다(대하 6:28, 29). 이때 성전은 이스라엘 백성들을 하나 되게 하는 장소라 할 수 있다. 성전은 성도들을 하나 되게 해주는 장소다. 역병이 들어 모이지 못하면 성전을 향해 기도할 수 있다. 코로나19로 모이지 못하니 온라인상에서 서로를 향해 교회를 향해 두 손 펴서 기도해야 한다.

장 칼뱅John Calvin은 교회 건물을 "정당하게 사용하는 길"에 대해 언급한다. 하나님이 성도들에게 공적인 기도를 명하시는데 자신의 골방에서 기도한다고 "거짓된 핑계"를 대는 일이 없도록 하기 위해 "함께 모여 교제하며 기도하는 장소"가 있어야 한다는 것이다. 그러나 칼뱅은 이 건물에서 기도하면 하나님이 더 잘 들어주신다거나 그 건물에 어떤 "은밀한 거룩함"이 있어서 거기서 기도하면 더 거룩하다고 생각하는 것을 경계한다. 이는 우리 자신이 "참된 하나님의 성전"이기 때문이다.

칼뱅 또한 장소의 구별 없이 "영과 진리로"(요 4:23) 예배하라시는 주님의 명령을 강조한다. 따라서 구약에서는 기도하고 희생 제사 드리기 위해 성전이 세워졌지만, 이제는 "물질적인 성전에 집착하는 것이

… 허용되지 않는 것"이라 한다. 하나님이 유대인에게 성전을 주신 것도 하나님을 "성전 벽 속에 가두어 두기 위함이 아니라" 그들이 "참된 성전의 모습을 바라보도록 훈련할 목적"으로 그렇게 하셨다는 것이다. 이것은 일찍이 이사야가 하나님이 손으로 만든 성전에 계시다는 생각을 책망하는데, 스데반이 그 말씀을 그대로 수용해서 설교했던 것에서도 볼 수 있다(사 66:1; 행 7:48-49).[11]

백스터는 더 직접적으로 답한다. '만일 통치자들이 교회가 모이는 것을 금지한다면 교회는 주일에 모이는 것을 생략할 수 있는가?'라는 질문에 다음과 같이 답했다. 특별한 이유, 예컨대 '흑사병, 화재, 전쟁'이 일어났을 경우, "일시적으로" 모임을 금하는 것과 "정규적으로 또는 신성모독적으로" 모임을 금하는 것은 다르다. 통치자가 만일 정기적으로 종교를 제거할 목적으로 예배를 금한다면 순종하지 말아야 한다. 하지만 "공공의 안전"을 위해 일시적으로 모임을 금한다면, 순종해야 한다. 예수는 제자들이 안식일 규정을 어겼을 때 그것을 정당화하셨다는 것이다. "안식일이 사람을 위해 있는 것이지 사람이 안식일을 위해 있는 것이 아니기" 때문이다.[12] 백스터가 공공의 안전과 안식일을 연결한 것을 보니, 예수의 이 말씀을 이렇게도 읽어도 무방할 것 같다. "교회가 사람을 위해 있는 것이지 사람이 교회를 위해 있는 것은 아니"라고 말이다.

예배당 예배를 드리지 못하는 상황에서 온라인 예배가 대안으로 등

---

11 John Calvin, *Institutio Christianae Religionis*, 존 칼빈/원광연 역, 『기독교강요 – 중』 (서울: 크리스천다이제스트, 2015), 473, 474.
12 Richard Baxter, *A Christian Directory 4*, 리처드 백스터/박홍규 역, 『기독교 생활 지침 4』 (서울: 부흥과개혁사, 2020), 452.

장했지만, 문제점이 없을 수 없다. 온라인 예배가 완전한 대안이 될 수 있는가? 정전 한 번 되면 온라인 예배에 상당한 영향을 미친다. 전기가 들어와야 예배를 드린다는 말이다. 마음가짐과 태도도 느슨해지는 것이 사실이다. 온라인 예배 시 한 가정 안에서도 각자 자기 방에서 예배 드리는 경우가 있다. 아이들 예배, 어른 예배가 다르니, 아이들은 자신들 방에서 부모는 또 자신의 방에서 예배드린다. 온라인 예배가 갖는 문제도 분명히 있으니 예배당에서든 온라인에서든 어디서든 전방위적으로 all-line 예배드릴 수 있는 장치를 마련해야 하며 방법을 찾아야 할 것이다.

3) 사라진 성만찬

말씀과 성례전(세례와 성찬)은 교회를 구성하는 중요한 두 표징이다. 온라인 예배가 시작되면서 말씀은 매주 혹은 매일 듣는데 성찬은 잘 하지 않는다. 이유가 무엇일까? 교회가 모이지를 못하니 어떻게 성찬식을 해야 할지 난감해하고 있다. 예배학자들은 상당수 성전에 다시 모일 때 성례전을 하자고 하는 것 같다. 그 이유로 대부분 성찬이 갖는 공동체성을 강조하기 때문이다. 성전에 모여야 공동체성이 발휘되는 것으로 보는 것 같다. 충분히 이해한다. 모여야 공동체성이 구체적일 수 있다. 그러나 공동체성이라는 것이 꼭 예배당에 모여야만 형성되는 것은 아니다. 가족도 공동체이기 때문이다. 온라인으로 모여 예배드리는 것 자체가 공동체성을 보여주는 것이다.

장로교는 일 년에 두 번 혹은 네 번 정도 성찬을 하니 좀 기다릴 수도 있겠지만, 매달 혹은 매주 성찬식을 하는 교회들은 어떻게 하는지

고민을 해 보아야 한다. 어떤 교회들은 사정이 이러하다 보니 성찬식을 하지 않기로 했다는 이야기도 듣는다. 그런데 예배를 온라인으로 드린다면 성찬도 온라인으로 할 수 있지 않을까? 온라인으로 '예배'가 가능한데 왜 '성만찬'은 온라인으로 가능하지 않은가? 성도 혼자서 아무 때나 해서는 절대로 아니 되지만, 예배 시간에 담임목사가 성찬을 집례하면 가능하다고 본다. 교회에서 분병 분잔 위원으로 섬기시는 장로들이 성도들 가정마다 빵과 포도즙을 배달할 수도 있다. 일회용 빵과 포도주를 아마존에서 구입하여 성도들이 교회에 와서 가져가는 방식도 취할 수 있다. 아니면, 각 가정에서 빵과 포도즙을 준비할 수 있다. 이렇게 드리는 성만찬, 무엇이 문제일까?

1년 동안 성찬 없이 보내는 것이 좋은가? 아니 언제 끝날지 모르는 코로나19 기간 동안 교회에서만 성만찬 하자는 것은 예배당 중심의 종교 행위밖에 되지 않는다. 코로나가 끝났다 해도 성도가 다 참석하지 않을 것이라는 견해가 지배적이다. 그때도 참석한 성도는 성만찬에 참여하고 참석하지 못한 성도는 하지 않게 된다. 그 성도들은 그러면 성찬에서 완전히 배제되는 것인가? 무책임하다. 그리고 장로교는 가톨릭의 화체설도 루터의 육적 임재설도 아니지 않은가? 칼뱅의 뒤를 이었으니 영적 임재설이요, 츠빙글리를 형제로 두었으니 기념설 아닌가? 교회에 모여서 하자고 미루는 것은 성만찬이 지니는 공동체적 의미 때문인가? 맞다. 굉장히 중요한 의미다. 온라인으로 예배를 드리고 성만찬을 한다고 공동체성이 상실되는 것 같지는 않다.

성찬도 못 드리는 진공의 시간으로 1년을 보내지 말자. 한국교회가 이러한 성찬의 '형식'을 문제 삼을 것이 아니라 성찬의 '본래 의미'를 제대로 성도들에게 가르칠 필요가 있다. 무엇보다도 성만찬에서 은혜

받은 경험이 있어야 한다. 모르긴 몰라도 성만찬에서 은혜받은 이들이 얼마나 될까? 필자도 유학으로 공부하면서 '성만찬의 의미가 이렇게 도 깊구나' 하는 것을 처음 경험했던 적이 있다. 성찬 없이 보내는 시간 이 더욱 안타깝다.

성찬은 예수 그리스도가 우리를 위해 죽으신 그 살과 피를 떠올리 게 하는 역할을 한다. 그동안 교회에서 성찬을 하면서 예수의 십자가 사건의 의미를 떠올렸다면, 온라인 예배에서 성찬을 통해 주님의 영적 임재와 몸과 피를 기념하고 그 의미를 깨닫는다면 문제 될 것이 없을 것 같다. 교회는 건물이 아니라면서 성만찬은 건물인 예배당에서만 해 야 한다는 것은 바른 논리는 아닌 것 같다. 예배에서 성만찬을 빼고 1년을 보내도 아무런 대안을 제시하지 않는 것은, 말씀만 들으면 예배 를 드렸다는 기존 교회의 사고방식을 더 공고히 할 뿐이기에 진지한 논의를 해야 할 것이다.

4. 일상과 세상에서 참 교회로 살기

코로나19가 오면서 사회도 그렇지만 특히나 교회는 마치 전깃줄에 걸려 있는 연처럼 날지도 못하고 있다. 미로에 갇힌 자처럼 실마리를 찾지 못하고 있다. 교회를 이 미궁에서 빠져나오게 해줄 '아리아드네 의 실'은 없는가? 복잡한 곳에서 답을 찾지 말고 역설적으로 우리의 일상과 세상에서 찾아보자.

한국은 코로나19가 처음 왔을 때 대처를 잘했다는 평가를 받았다. 확진자 수도 확실히 줄었었다. 그러다 2차 팬데믹이 오고 있다. 2020 년 8월 23일 경향신문 보도에 따르면, 교회 관련 전국 확진자가 800명

캘리포니아주 실비치(Seal Beach) 전깃줄에 걸린 연의 모습. 날고는 있는데 자유롭지 못한 연의 모습이 지금 교회의 모습과 비슷한 듯하다. 코로나19가 빨리 지나가 교회도 자유롭게 날 수 있기를 소망한다.

을 넘어섰다. 교회가 세상에 선한 영향력을 끼치지 못하고 있다. 정부가 교회에 대면 예배를 금지했다. 이것을 두고 교회 탄압이라 한다. 확진 받았음에도 불구하고 믿지 않는다. 신천지가 처음 확진 받고 자신들을 숨겼을 때 교회가 무엇이라 했던가? '이단들이 그렇지' 하지 않았던가? 지금 교회가 정부의 시행을 거부하는 것은 이단들의 행동과 같다고 할 수 있다. 그것이 교회를 하락하게 하는 것일 수 있다는 것을 모르는가.

교회가 세상에 복음을 전해야 하는데 세상이 교회에 메시지를 전하고 있다. 지금은 하나님이 세상을 사용해서 기독교에 메시지를 전한다고 봐야 한다. 교회에 무엇을 말하는지 그 메시지를 듣는 것이 하나님의 계시를 듣는 것이다. 하나님이 하나님의 나라를 이루기 위해 교회만 사용한다고 착각하지 말자. 이스라엘 백성들이 하나님의 말씀을 듣지 않았을 때 이방 민족들을 사용하셔서 이스라엘 백성들에게 메시지를 주실 때가 많았다. 사사시대에 여호수아가 죽고 이스라엘 백성들이 하나님의 말씀을 어기자 하나님이 다른 민족들을 통해 이스라엘을 다스리게 하지 않았던가? 그럴 때 이스라엘 백성들이 하나님께 반복적으로 부르짖으면 하나님이 옷니엘을 필두로 해서 여러 사사들을 세워 가신 것을 볼 수 있다. 하박국도 하나님이 이방 민족을 사용하셔서 이스라엘 백성들을 치시는 것이 못마땅해 하나님께 따지지 않았던가?

어느 나라보다 확진자가 적은 가운데 일상을 찾아갔지만, 교회들의 집단 감염으로 인해 다시금 학생들도 온라인 수업을 하게 되었다. 이 정도 되면 교회가 세상에 유익을 끼치기는커녕 해악을 끼친다고 해도 과언이 아니다. 이러하다 보니 교회 근처 식당 입구에 "교회 다니는 사람 당분간 안 받습니다. 죄송합니다"라는 문구가 붙어있다. 코로나19로 인해 손님도 없지만, 완전히 문을 닫으면 생계를 유지할 수 없어서 문을 열기는 하나 혹시나 그 교회에 갔던 분들이 식당에라도 오면 더욱 큰 문제가 발생하기에 그렇게 붙여 놓은 것이다.

세상이 교회에 거리를 두고 있다. 왜 이렇게 되었을까. 개인주의와 배타주의가 만연한 교회를 세상이 좋아할 리 없다. 2020년 8월 25일 포항제일교회에서 있었던 「코로나 이후의 삶과 기독교 신앙」 세미나에서 정재영 교수(실천신학대학원 종교사회학)는 "기독교Christianity"라는 용어 대신에 "교회교Churchianity"라는 용어를 소개했다.13 본질을 잊어버리고 외형적인 교회 건물에 치우친 모습을 지적하는 용어일 것이다. 여기에 이데올로기적 신앙이 덧붙여진 모습들이 한국 기독교에 퍼져 있다. "죽으면 죽으리다"의 신앙이나, 어느 선교 단체의 구호인 "진심과 전심"이나, 야곱처럼 끝까지 매어 달리는 신앙은 좋은 것이다. 하지만 신앙이 이데올로기와 만나면 그 신앙이 안하무인이 되기 쉽다. 그리스도를 따름에 있어 그리스도가 '파sect'가 되어버린다. 결코 바람직하지 않다는 것을 바울이 지적하지 않았던가(고전 1장). 신천지와 개

---

13 https://www.youtube.com/watch?v=UjmV-n2UKjA&feature=youtu.be&t=7435&fbclid
= IwAR2k-v9pW2oDk-bs4R_IJnSmApHACw3ObgCR8MsL0N1lwlqnsYslUicuoRM.

신교 근본주의가 내용에서는 다르지만, 형식적인 면에서는 비슷한 것이 많아 안타깝다. 신앙이 이데올로기와 맹목적 신앙이 되면 합리성을 상실하게 된다. 그런 모습을 우리는 목하 목도하고 있다.

교회 존재 이유가 무엇인가. 하나님의 영광을 위해 존재하는 것이다. 그런데 상당수 교회와 교인들은 신앙이 이데올로기화하여 정부가 말하는 것은 듣지도 않는다. 목사들의 문제가 크다. 목사 본인의 정치적 신념을 교인들에게 투사시켜 교회를 이끌면 그것은 목사가 할 일이 아니라 정치꾼이 하는 일이다. 그런 목사들이 주장하는 논지를 보면 '하나님을 믿으면 코로나19 바이러스 같은 것 걸리지 않는다'는 내용이다. 본인들의 무지몽매로 사회가 멈춰버리면 그것은 죄 아닌가? 하나님이 사랑하신 세상을 바이러스로 물들이는 것은 죄 중에도 큰 죄 아닌가?

이런 것 보면 한국교회 문제는 예배당 예배냐 온라인 예배냐가 문제가 아닌 것 같다. 한국교회에는 다른 무엇인가가 필요하다. 더욱 근본적인 것이 필요하다. "사람은 누구나 공기가 필요한 법입니다, 공기, 공기가. … 그 무엇보다도!"[14] 그렇다. 『죄와 벌』에 나온 대사처럼 한국교회를 살리기 위해서는 공기가 필요하다. 성령의 한 호흡이 필요하다. 스스로 숨을 쉴 수 없으니 공기가 필요한 것이다. 성령의 숨이 우리의 심장마다 들어와야 한다. 그리고 교회를 통해 이웃을 사랑하는 모습으로 흘러가야 한다.

옥스퍼드 대학교 교수이자 기독교 변증가인 레녹스John Lennox가 코로나19에 크리스천들이 어떻게 반응해야 할 것인가에 대해 네 가지로

---

14 도스토옙스키, 『죄와 벌 2』, 302.

제시한다. 첫째로 "지침을 따르라"고 한다. 레위기 13장 말씀에 어떤 질병에 대해서는 칠일, 다른 질병에 대해서는 무한정 격리하도록 한 것에 근거해 방역 시스템을 따르고 사회적 거리 두기를 따르라 한다. 둘째는 "올바른 관점을 가져라"고 한다. 아무리 코로나19가 와도 그것이 우리의 전체를 지배하지 못하도록 마음을 가다듬으라 한다. 셋째로 "네 이웃을 사랑하라"고 한다. 레녹스는 가족연구소 연구원 리멘 스톤의 글, "기독교는 지난 이천 년 동안 유행병을 다뤄왔다"를 인용하면서, 로마제국 시대에 2세기 안토니우스 역병과 3세기 키프리아누스 역병 이후 기독교가 성장했다는 것이다. 그 이유는 그리스도인들이 "위험에 아랑곳하지 않고" 병자들을 돌보았기 때문이라는 것이다. 넷째로 "영원을 기억하라"고 한다. 초기 그리스도인들이 온갖 어려움이 있어도 신앙을 잃지 않았던 것은 "무덤 너머를 바라보는 산 소망"이 있었기 때문이라는 것이다.[15]

레녹스가 말한 셋째 반응인 "이웃사랑"에 대해 교회가 더욱이 고민하고 관심을 기울여야 할 것이다. 리멘 스톤에 따르면, 1527년 페스트가 독일 비텐베르크를 덮쳤을 때, 종교개혁자 마틴 루터는 도망가지 않고 병자들을 돌보면서 이렇게 말했다고 한다. "우리는 우리의 임지에서 죽는다. 크리스천 의사들은 그들의 병원을 버릴 수 없고, 크리스천 관리들은 그들의 구역에서 도망칠 수 없고, 크리스천 목사들은 그들의 회중을 버릴 수 없다. 역병이 우리의 의무를 용해하지 않는다. 오히려 우리의 의무를 우리가 죽을 준비를 해야 할 십자가로 돌린다."[16]

---

15 John Lennox, *Where is GOD in a Coronavirus World ?*, 존 레녹스/홍병룡 역, 『코로나바이러스 세상, 하나님은 어디에 계실까』 (서울: 아바서원, 2020), 69-86.
16 레녹스, 『코로나바이러스 세상, 하나님은 어디에 계실까』, 74, 75.

무엇이 코로나19 시대에 순교인가? 대면 예배를 고집하는 것이 순교자적 정신인가? 이웃을 사랑하는 것이 순교자적 정신 아닌가?

우리는 아파하는 자의 이웃이 되고자 하는가? 강도 만난 자의 이웃이 되고자 하는가? 우리는 누가복음 10장에 나오는 예배 때문에 강도 만난 자를 지나쳤던 제사장과 레위인이 아니라 자신의 비용을 들여서 도운 선한 사마리아인이 되고자 하는가? 그러기 위해서는 한국교회가 하나님 나라 전체를 사고할 줄 알아야 한다. 이 세상이 하나님이 창조하신 세계이기에 이 세계 전체를 사고할 줄 알아야 한다. 그러지 않은 이상 늘 교회 안에서만 신자로 살아가는 그리스도인을 양성시킬 징후가 농후하다. 시민으로서 하나님이 창조하신 세계에서 어떻게 그리스도인으로 살 것인지를 고민해야 한다.

교회가 소중하다. 하지만 교회 건물 중심을 넘어 하나님 나라 중심의 사고를 해야만 이 땅에서 신자로서의 삶을 살 수 있게 되며 지금의 기독교 위기를 극복할 수 있을 것이다. 여기서 요즘 유행하는 '공공 신학'이 필요하다. 공공 신학이 다른 게 아니다. 일상에서, 자신이 살아가는 삶의 자리에서, 세상에서, 그리스도인으로 진실하게 사는 것을 말하는 것이다. 교회 성장을 위해서만 제자 훈련을 했던 약점을 극복하기 위해서는 세상 전체를 사고할 줄 아는 훈련을 해야 한다. 기독교는 단순히 교회에만 국한된 특수한 것이 아니라 하나님이 창조한 전체 세계에 대해 책임감을 가져야 한다.

칼빈신학교 강연안 교수는 『헤르만 바빙크의 기독교 세계관』(Christelijke Wereldbeschouwing)을 해설하면서, 바빙크 앞선 세대의 카이퍼Abraham Kuyper의 칼빈주의 또한 '삶 전체를 아우르는 세계관'이라 소개한다. 믿는 자든 믿지 않는 자든 모두가 하나님이 주신 공통은혜common grace가 있지만, 그리스도인의 삶의 동기는 특별은혜special grace에 있다. 이 은혜에 감사하여 삶 전체를 하나님의 영광을 위하여, 즉 "왕을 위하여"(Pro Rege) 살 것을 의미한다. 예수 그리스도가 이 땅에 오셔서 "왕을 위하여" 십자가를 지신 것처럼 우리 또한 삶의 각 영역에서 왕을 위하여 살아야 한다는 의미다.17 기독교 세계관을 가진다는 것은 세계를 배척하는 것이 아니라 그 세계 안에서 참 그리스도인으로 사는 것을 의미한다. 우리 그리스도인은 일상을 살아갈 때 그 사회가 정해서 따라가는 달력과 다른 달력에 따라 살아가는 이들이 아니다. 세상은 월요일인데 우리 혼자 일요일을 살아갈 수 없다. 그 말은 세상과 더불어 살아가야 함을 의미하는 것이다.

우리는 그리스도 안에서 "새로운 피조물"이 되었다고 고백한다. 사도 바울이 말하는 것처럼, 하나님이 우리를 그리스도를 통해 화목하게 하시고 우리에게 "화목하게 하는 직분"을 주셨다. 그 직분은 다름 아닌 그리스도를 대신하여 "사신"이 되어 '하나님과 세상이 화목'하도록 하는 직분을 말한다(고후 5:17-20). 어디서 예배를 드리든 우리는 하나님과 세상을 연결해 주는 그런 역할을 감당해야 할 것이다.

교단마다 코로나19에 대처하는 방식이 다르다. 아니 교단까지 갈 것 없이 개교회마다 다른 것 같다. 이 차이점을 인정하는 것이 중요하다. 그 속에서 교회 표지인 "하나의, 거룩한, 보편적, 사도적 교회를 믿습니다"라는 인식이 있어야 한다. 루이스Clive Staples Lewis는 교회 일치 그림을 집에 비유한다. 현관으로 들어오면 방들이 있는데 각기 방들이 각 교단이라고 한다면, 현관은 그 교단들이 서로 차이가 있다 할지라

---

17 바빙크, 『헤르만 바빙크의 기독교 세계관』, 52, 53.

도, 공통으로 가지는 "순전한 기독교"로 비유한다.[18]

루이스는 이러한 공통된 기독교 교리를 수용하면서도 이에 합당하지 않게 살아가는 이들을 '그리스도인이 아니다'라고 하기보다는 '나쁜 그리스도인'으로 부른다.[19] 그리스도인 이기는 그리스도인인데 나쁜 그리스도인이 되지 않기 위해 그리스도인이 해야 할 과제가 있다. 그것은 바로 세상에서 참된 그리스도인으로 사는 데 있다고 할 수 있다. 교회 안에만 있으면 신실한 신자인가? 교회를 벗어나면 거짓된 신자인가? 코로나19 기간에 이분법적으로 양분할 수 있는가? 대면 예배만을 강조하면 신실하고, 온라인 예배나 다른 형태의 예배를 주장하면 거짓된 신자인가? 아니다. 아우구스티누스가 말하고 칼뱅이 인용하듯, "많은 양이 바깥에 있고, 많은 늑대가 안에 있는 것이다."[20] 중요한 것은 안과 밖이 아니다. 그 경계가 없다고 해야 한다. 부활하신 주님이 벽을 통과하시고 제자들에게 가셨듯, 참된 신자는 교회의 벽 안에 갇혀 있지 않다. 자유자재로 경계 없이 왔다 갔다 할 수 있어야 한다.

이제 그리스도인들이 교회안에서만 거룩할 것이 아니라 세상 속에서 거룩하게 살자. 그러나 칼뱅이 지적하듯이 교회의 거룩함은 "아직 완전한 것이 아니"라 "날마다 거룩함을 향하여 전진한다는 의미"다.[21] 우리 각자가 교회가 되어야 한다는 의미다. 플로리다주 펜사콜라에 위치한 퍼스트뱁티스트처치First Baptist Church의 담임 목사인 하워드Barry Howard 목사가 "코로나 이후에 다가올 교회의 12가지 트렌드"를 제시

---

18 Clive Staples Lewis, *Mere Christianity*, C.S. 루이스/장경철·이종태 역, 『순전한 기독교』(서울: 홍성사, 2001), 20.
19 루이스, 『순전한 기독교』, 19.
20 칼빈/원광연 역, 『기독교강요 – 하』(서울: 크리스천다이제스트, 2015), 22.
21 칼빈, 『기독교강요 – 하』, 33.

했다.[22] 그중 첫 번째는 다음과 같다. "교회가 되는 것"이 "교회에 가는 것"보다 더 중요하며, 그런 차원에서 더 "성육신적incarnational"이 될 것이고, 덜 "제도화institutional" 될 것이라 한다. 교회가 되는 것과 교회에 가는 것은 다르다. 교회에 갔다 오는 제도적 신앙이 아니라 자신이 교회가 되는 성육신적 신앙이 필요할 것이다. 이러한 인식의 전환이 코로나19 이후 교회가 가져야 할 가장 중요한 인식이 되어야 할 것이다.

5. 곧 다시 춤출 수 있기를 소망하며

"모든 위대한 행동, 모든 위대한 사상은 그 시작이 하찮다. 위대한 작품은 흔히 어느 길모퉁이를 돌다가 혹은 어느 식당의 회전문을 지나가다가 착상한 것이다."[23] 카뮈Albert Camus의 이 말은 위대함과 하찮음의 대구를 통해 그 경계가 별 의미가 없음을 보여주는 듯하다. 위대한 진리만이 위대한 행동을 만드는 것이 아니라 일상에서 일어나는 사소한 일을 통해서도 위대한 사상 한 조각을 얻을 수 있다는 말일 것이다. 그 위대한 사상이 불현듯 계시처럼 찾아온다고 하는 것이 맞을 듯하다. 문제는 그러한 계시를 계시로 받아들일 수 있는 안목이 있는지 하는 것이다. 일상의 사소한 행동에서 얻는 찰나적 계시가 위대한 사상을 만들어낼 것으로 알아차리는 통찰이 필요하다.

금세 사라지지 않을 것 같은 전염병이 세계 문명을 전환하고 있다. 코로나19라는 시대의 길모퉁이를 돌면서 우리는 앞으로 시대가 어떻

---

22 http://kr.christianitydaily.com/articles/105739/20200831.
23 알베르 카뮈/김화영 역, 『시지프 신화』 (서울: 민음사, 2016), 29.

게 바뀔지, 그에 따라 교회는 어떤 모습을 지향해야 할지를 고민하고 답을 찾아가야 할 것이다. 불현듯 찾아오는 계시를 계시로 받아들일 줄 아는 민감한 깨달음이 성령의 은총으로 우리 모두에게 임하기를 소망한다. 허공에 거미줄 하나 있어도 햇볕에 반짝인다. 이것은 민감한 '반응'을 의미한다. 교회가 코로나19가 왔을 때 반응해야 하는 것은 당연하다. 그 반응이 어떤 형태로 나타날 것인가는 이제 우리가 하기 나름일 것이다.

코로나19 이후 상당히 많은 교회가 문을 닫을 것이라는 예측이 지배적이다. 하나님의 몸인 교회를 살리기 위해서는, 그것이 오프라인 교회든 온라인 교회든, 우리는 무엇이든 해야 한다. "할 수 있는 건 모두 다 하라!"(Be all you can be)는[24] 어느 단체 모집 구호처럼, 교회도 할 수 있는 건 모두 다 해 보아야 한다. 기존 전통만을 고집할 것이 아니라 교회에 도움이 되는 것은 무엇이든 해 보아야 한다. 그것이 교회를 살리는 일이기 때문이다.

『죄와 벌』에서 주인공 라스콜니코프는 자신을 그동안 괴롭힌 질문들에 답하기 위해 "반드시 뭐든 해야 한다, 그것도 지금 당장, 어서 빨리"라고 독백한다. 그러면서 어떤 것도 하지 않으면, 즉 "그렇지 않으면 삶을 아예 거부해야 한다! … 운명을 있는 그대로 순순히, 단번에 영원히 받아들여야 한다. 행동하고 살고 사랑할 수 있는 온갖 권리를 거부함으로써 자기 내부의 모든 것을 목 졸라 죽여야 한다" 했다.[25] 교회가 그동안의 전통에 갇혀 관습에 갇혀 어떤 것도 하지 못하거나 하

---

24 카우치·타운, 『교실이 없는 시대가 온다』, 17.
25 표도르 도스토옙스키/김경연 역, 『죄와 벌 1』, 87-88.

지 않고 있다면, 그것은 교회를 회복하려는 의지가 없는 아주 태만한 자세가 아닐 수 없을 것이다.

교회를 회복하고 세우는 데 있어서 우리 모두 어떠한 형태로든 협력해야 한다. 바울에 따르면, 하나님은 어떤 사람은 사도로, 어떤 사람은 선지자로, 어떤 사람은 복음 전하는 자로, 어떤 사람은 목사와 교사로 부르셨다. 그 부르심은 "그리스도의 몸을 세우려" 하시기 위해서였다. 한 사람 한 사람, 그리스도의 몸 안에서 "각 마디를 통하여 도움을 받고 연결되고 결합되어 각 지체의 분량대로 역사하여 그 몸을 자라게 하"(엡 4:11, 12, 16)는 역할을 해야 한다. 지금 교회를 살리기 위해서 우리가 어떤 형태로 부름을 받았든 그리스도의 몸 안에서 서로서로 연결되어 그리스도의 몸, 즉 교회를 자라게 해야 할 것이다. 오프라인이든, 온라인이든, 그 형태가 무엇이든, 그리스도의 몸을 자라게 하는 데 협력하고 집중하자.

신학도 현실에 나타난 문제를 해결하는 데 도움이 되어야 한다. 코로나19 이후 사회가 어떻게 바뀌는지, 시대에 어떻게 흘러갈지, 그 가운데 교회는 어떻게 그 난관을 뚫고 나아가야 하며, 성도는 어떻게 신앙생활을 유지해야 하는지 대안을 제시할 수 있어야 한다. 물론 정답은 없다. 그리고 그 대안이라는 것도 온전한 것이 결코 되지 못할 것이다. 그러나 노력은 해야 한다. 현장의 목소리를 듣고 나아가야 할 방향을 제시해 줄 수 있어야 한다. 마치 물난리가 나서 도로가 끊어진 현장에 가 봐야 문제가 무엇인지 길을 어떻게 찾아야 할지를 알 수 있는 것이지, 텔레비전만 보고 수재 현장에 대안을 제시하는 형국이 되면 곤란하다. 그렇게 할 수도 없다.

"개혁된 교회는 항상 개혁되어야 한다"는 개혁교회 모토를 여전히 수용한다면, 이 모토를 500년 전에 있었던 가톨릭의 문제점을 개혁하는 것에만 적용하는 것으로 그칠 것이라 아니라, 현재 교회가 안고 있는 문제점이 무엇인지를 파악하고 거기에도 적용해야 할 것이다. 그렇지 않다면 더는 이 모토를 사용하지 말아야 한다. 개혁이라는 현재 진행형을 과거 완료형으로 국한시키는 한 그곳에는 부패가 발생하기 마련이다. 기존 세대의 입지를 굳히기 위해 개혁을 거부한다면 개혁교회 자체를 부정하는 것이며 하나님의 말씀 또한 거부하는 것으로 간주해야 한다. 그런 교회의 모토는 이렇게 될 것 같다. "개혁된 교회는 종교개혁 때 단 한 번 개혁된 교회다. 더 이상 필요 없다."

어떤 형태로든 교회가 회복되는 것이 무엇보다 시급하다. '누구에게도 기독 신앙을 권할 수 없는 불행한 그리스도인'으로 살지 말고 기쁨이 충만한 삶을 살 수 있기를 소망한다. 이는 존스Martyn Lloyd-Jones가 말하는 대로 "침체한 그리스도인"이라는 말은 그 자체로 모순이기 때문이다. 세상 사람들이 그리스도인을 보면서 "하나님께 나아가면 나도 저 사람처럼 살 수 있을까? 저 사람처럼 세상을 헤쳐나가며 살아갈 수 있을까" 하는 말이 나오게끔 살아야 할 것이다.26 이것이 삶으로 하나님을 전하는 것이지 싶다. 하나님은 이 코로나19 시대를 거치면서 "아골 골짜기로 소망의 문을 삼아"(호 2:15) 주실 것이다. 절망의 상징인 아골 골짜기가 소망의 문으로 변한다는 것이다. 코로나19가 새로운 소망으로 나아가는 문이 되기를 소망한다.

다시금 우리 스스로 물어보자. '코로나19 시대에 하나님을 믿는다

---

26 Martyn Lloyd-Jones, *Spiritual Depression*, 마틴 로이드-존스/정상윤 역, 『영적 침체』 (서울: 복있는사람, 2014), 13, 19, 21.

는 것'은 무엇을 의미하는지, '그리스도인으로 산다는 것'은 어떤 의미인지, '교회의 존재 이유'는 무엇인지 말이다. 포항제일교회 박영호 목사는 그리스도인이 된다는 것은 일요일 오전 한두 시간을 어디서 보낼지 혹은 죽으면 어디로 갈지에 국한된 문제가 아니라 한다. 오히려 그리스도인이 된다는 것은 "교회가 되는 것"이라 한다. 이것은 혼자서 갈 수 있는 그런 길이 아니라 "삼위일체 하나님의 사랑의 교제 가운데 초청받은 인간이 그 초청에 응답하며 그 교제에 참여하는 길"[27]이라 한다. 그래서 이렇게 고백하면 좋겠다. '나는 어디서나 예배한다. 고로 나는 교회로 존재한다.'

구약학자인 브루그만Walter Brueggemann이 쓴 〈곧 다시 춤추게 하소서〉라는 기도 글을 묵상하며 코로나19로 인해 비록 지치고 힘든 시기를 보내고 있지만 소망을 품어보자. 그는 지금 우리가 일상의 많은 것을 잃어버리고, 상실감과 외로움 속에 살고 있지만, 희망을 노래하자 한다.

> 우리는 기다립니다. 절망 가운데, 최소한 깊은 실망 가운데,
> 그러나 다르게 기다릴 수도 있을 것입니다.
> 우리는 확실한 믿음 속에 기다립니다. 우리는 간절히 바라며 기다립니다.
> 우리는 주님을 기다립니다. 우리는 미래를 향하여, 절망에 맞서 기다립니다.
> 생명의 하나님이신 주님이 죽음의 세력을 물리치실 것입니다.
> 금요일의 십자가 처형이 예수님이 사셨던 삶을 패배시킬 수 없습니다.
> 그분의 신실한 백성들의 삶 또한 그러합니다.
> 우리는 기다리면서, 다시 시작될 춤의 다음 동작을 연습합니다.

---

27 박영호, 『다시 만나는 교회』 (서울: 복있는사람, 2020), 12.

기다림은 오직 잠깐입니다. … '잠시 잠깐'입니다.

우리는 순종의 긴 여정을 걸어갈 것입니다.

우리의 제자도의 경주를 달려갈 것입니다.

우리는 이웃이 서로 사랑하는 하나님의 선한 미래 속으로

독수리처럼 날아오를 것입니다. 우리는 주님이 침묵을 이기실 것을 압니다.

그 침묵은 어둠에 불과하기에… 생명의 주님이 이기실 것입니다. 아멘.[28]

---

28 브루그만, 『다시 춤추기 시작할 때까지』, 83-84.

포스트코로나 시대를 준비하는 목회
― 케이스 스터디: 아름다운교회의 팬데믹 극복 사례

고승희

코로나바이러스가 우리들의 삶을 통째로 바꾸어놓았다. 우리뿐 아니라 이 땅에 함께 살아가는 많은 사람의 삶을 바꾸어놓고 있다. 어쩌면 이 현상은 잠시 왔다가 가는 현상이 아닐 수 있다. 코로나 이전에 사스, 메르스, 에볼라, 지카 바이러스가 출몰했다. 이것이 일시적 현상이 아니라면 많은 것이 변화되어야 한다. 코페르니쿠스적 전환의 때가 찾아온 것이다.

코로나로 인하여 새로운 삶의 기준들이 만들어지고 있다. 지금까지와는 전혀 다른 삶의 방식들이 요구되고 있다. 우선 만나도 쉽게 악수하지 않는다. 코로나 기간 여러 번의 장례식이 있었다. 이전과는 전혀 다른 모습이었다. 농구, 축구, 야구 관중들이 많이 사라지고 있다. 콘서트들도 줄어들었다. 재택근무가 늘어났다. 인터넷 사용이 늘고 자동차 사용이 줄어들었다. 인터넷 쇼핑이 늘어나고 그에 따른 배달이 늘어났다. 식당도 영업하는 방식이 변했다.

삶의 거의 모든 영역에서 많은 변화를 가져왔다. 개인적인 삶뿐만 아니라 국가와 사회의 운영 방식에도 많은 변화를 가져왔다. 제조업도

한 국가에 의존하던 방식에서 위험을 분산하는 방식으로 변화될 것이고 변화되고 있다. 소비 패턴도 달라질 것이다. 많은 소매점과 쇼핑몰들의 가게들이 폐업하기도 한다.

1. 위협인가 기회인가

새로운 변화가 우리를 당황스럽게 만들 수 있다. 그러나 이런 변화가 새로운 생활방식을 요구하면서 이것이 우리들의 삶을 위협하는 요인이 될 수 있다. 지금까지 하던 비즈니스를 접어야 하는 경우도 있다. 그러나 이것이 기회일 수도 있다. 인터넷으로 물건을 팔던 비즈니스들은 때아닌 호황을 누리기도 한다.

다윗의 시대에 전염병이 돌았다. 다윗은 오르난의 타작마당으로 가 기도함으로써 전염병을 멈추어 세운다. 다윗이 기도했던 오르난의 타작마당에 후일 솔로몬 성전이 세워진다. 죄를 지은 백성이 죄 사함을 받을 수 있는 하나님의 긍휼이 머무는 성전이 되었다. 재앙의 자리가 무릎 꿇는 자리가 되었고 그 기도의 자리가 그들의 후손들로 하여금 하나님을 만나는 자리가 되었다.

초대교회에도 전염병이 찾아왔다. 교회가 어떻게 대처했는가를 살펴보아야 한다. 14세기 유럽에도 전염병이 있었다. 죽음이 코앞까지 밀려왔다는 것을 실감하게 만든다. 모두가 두려움에 잡혔을 때 기독교인들의 삶은 달랐다. 자기만 살겠다고 도피하는 현실 앞에서 감염된 이들을 사랑으로 보살폈고 그들의 필요를 채워주었다. 소생할 수 있도록 도움을 베풀었다. 교인들뿐 아니라 교회 밖의 불신자들도 동일하게 사랑으로 보살폈다. 많은 사람이 병자와 함께 평안과 기쁨으로 생을 마감하기도 했다. 교회사의 아버지 유세비우스Eusebius(260~340)는 이 전염병이 기독교의 확산에 영향을 주었다고 했다.

한 무리가 구원 얻는 자리에서 다른 한 무리는 멸망당할 수 있다. 홍해라는 장애물이 놓여 있을 때 이스라엘 백성들은 하나님의 놀라운 역사를 경험한다. 그러나 애굽 사람들은 시험하다 빠져 죽는다(히 11:29). 흉년이 찾아왔을 때 룻과 오르바의 운명이 달라진다. 흉년의 때에 자신의 유익을 구했던 오르바와는 달리 시어머니를 섬기며 베들레헴으로 돌아가는 것을 선택했던 룻에게는 엄청난 축복이 기다렸다. 골리앗이 앞을 막을 때 다윗은 그 위기의 때가 인생의 전환점이 되었다. 도저히 그들의 힘으로 정복할 수 없는 가나안 땅 앞에서 믿음을 보였던 여호수아와 갈렙은 하나님 앞에 존귀한 자가 되었다.

오병이어의 기적 후 예수는 제자들에게 배를 타고 건너편으로 가라 재촉하셨다. 예수의 재촉을 따라 배를 타고 가던 제자들은 큰 풍랑을 만났다. 심한 풍랑이 베드로에게는 물 위를 걷는 기적을 경험하는 놀라운 기회가 되었다. 같은 풍랑을 만났지만, 풍랑 속에 빠져가는 사람이 있는가 하면 풍랑 위를 걸어가는 사람이 있다. 풍랑 위를 걷는 사람에게는 그 위기가 엄청난 역사의 현장이 되고 있다. 이번 코로나 바이러스로 인한 팬데믹이 물 위를 걷던 베드로처럼 어떤 교회에게는 도약의 기회요 새로운 시대를 열어가는 계기가 될 수 있다.

2. 21세기 팬데믹은 우리에게 어떤 변화를 요구하는가

미국에서 자동차가 만들어지고 보급되기 시작했다. 자동차로 인하여 사람들의 삶이 달라졌다. 자동차의 보급이 어떤 교회에는 많은 어려움을 주는 위협이었다. 그러나 어떤 교회에는 기회로 작용했다. 자동차와 대중교통이 발달하기 전에는 사람들이 집과 가까운 교회에 출석해야만 했다. 그러나 자가용과 대중교통의 발전은 어떤 교회에는 크게 성장할 수 있는 원동력이 되었다. 코로나바이러스로 인한 팬데믹이 교회에 큰 변화를 가져온다. 이것이 존립을 위협하는 어려움이 될 수도 있고 기회가 될 수도 있다. 역사는 언제나 도전에 대한 반응이다. 어떻게 반응하느냐에 따라 멸망하거나 새로운 역사의 장을 열어가게 된다.

1) 4차 산업혁명과 함께 온 코로나19를 선교의 기회로 활용하다

코로나19로 인하여 대면 예배가 어려워졌다. 이때를 대비하여 하나님께서 인터넷을 통하여 예배드릴 수 있는 길을 만들어두셨다. 기술의 발전은 언제나 가치 중립적이다. 그 자체로 선하지도 악하지도 않다. 그것을 어떻게 사용하느냐에 따라 악한 도구가 될 수도 있고 하나님의 복음을 전하는 강력한 도구가 될 수 있다. 그것은 하나님의 사람들이 그것을 어떻게 활용하는가에 따라 달라졌다.

1세기에 로마는 길을 만들었다. 도시와 도시들이 연결되기 시작했다. 소통이 원활해졌다. 그리고 로마는 언어의 통일을 가져왔다. 로마 제국 어디를 가든 희랍어는 소통할 수 있게 되었다. 만일 언어 통일이 없었다면 새로운 언어를 배워야 했고 통역이 있어야 했다. 복음의 빠른 확신이 어려웠을 것이다. 사도 바울을 통하여 1세기에 복음이 넓은 땅에 편만하게 전해지게 된 것도 로마의 길과 로마가 통일시킨 언어에 많은 빚을 지고 있다. 마찬가지로 중국 공산당을 통하여 하나님께서 하신 일들이 많이 있다. 우선 이슬람의 동진을 막았다. 이슬람의 동진이 중국 서부에서 더는 확산되지 못했다. 공산당의 강력한 권력은 중국의 언어 통일을 가져왔다. 이것은 복음이 빠르게 효과적으로 전파되게 만들었다. 그 이전에는 성과 성을 넘을 때마다 통역이 필요했다. 공산당은 철도를 놓기 시작했다. 복음은 그 철길을 따라 중국 구석구석까지 가게 되었다.

21세기에 들어오면서 인터넷을 통하여 길이 만들어졌다. 눈에 보이지는 않지만, 거미줄처럼 세계 구석구석을 연결한다. 잘 닦여진 로마의 길보다 더 광범위하게 더 빠르게 정보를 전달시킬 수 있는 길이 만들어진 것이다. 그 길을 따라 복음이 빠르게 땅끝까지 갈 수 있게 되었다. 21세기 미국의 패권을 통하여 영어가 국제 공용어처럼 되었다. 나아가 컴퓨터의 자동번역기를 통해 그 나라 언어를 습득하는 것 없이 정보를 전달할 수 있게 되었다. 이것은 언어의 한계를 넘어 복음을 빠르게 널리 전할 수 있는 기반이 만들어진 것이다.

야외 천막에서 예배드리는 모습

아름다운교회는 4차 산업혁명으로 열리는 새로운 시대에 인터넷을 통한 복음 전도가 교회의 중요한 선교전략이 되어야 함을 인지했다. 2018년 말 인터넷을 통한 선교를 '스마트 미션'(Smart Mission)으로 이름 짓고 교회의 선교 역량의 90%를 이곳에 집중시켰다. '스마트 미션팀'(Smart Mission Team, SMT)을 발족시켰다. 초반에 이 선교의 중요성과 필요성을 강조했다. 소수의 사람이 참여했지만 그렇게 심각하지 않았다. 그러나 코로나바이러스로 인하여 예배 환경과 선교 환경이 달라지자 이것이 중요한 전략이 되어야 한다는 데 모두 동의하게 되었다.

복음을 전달하기에 효과적인 성경공부와 영상들을 제작하여 그것을 널리 보급하는 것에 우선순위를 두었다. 구원으로 초대하는 '아름다운교회 시티즌'(Beautiful Church Citizen, BCC) 성경공부를 영상으로 재편집하고 그것을 영어, 일어, 러시아어, 스페인어로 자막 처리하여 선교지에서 사용할 수 있게 만들고 있다. BCC 성경공부는 오래전 여러 목사가 함께 복음을 향해 첫 발걸음을 내딛는 초신자들을 위한 성경공부 교재로 만들었다. 많은 교회와 선교지에 소개되었다. 영상 작업과 함께 번역 작업에 진행되고 있다. 영어로 번역을 마쳤다. 현재 아름다운교회 유튜브Youtube에 업로드되어 있다. 다른 언어로도 변환하는 작업이 현재 진행되고 있다.

2) '스마트 미션팀' 사역자를 훈련시키다

컴퓨터가 만드는 가상공간에서 예배를 드리고, 복음을 전파한다는 것이 익숙하지 않았다. 과연 그것이 참된 예배이며, 그것을 통하여 복

스마트 미션팀(Smart Mission
Team) 교육 장면(유튜브 영상
제작, 편집, 디자인 훈련)

음이 전파될 수 있을까 하는 회의를 느끼는 사람들도 많았다. 그러나 코로나바이러스로 인하여 원하든, 원치 않든 그렇게 예배를 드려야 하고, 그렇게 복음을 전해야 하는 상황이 오게 된 것이다. 그리 하여 이제 인터넷의 가상공간을 통해 복음이 흘러간다는 것은 매우 현실적인 방안이 되었다.

아름다운교회에서는 2018년부터 선교의 패러다임이 바뀌어야 한다는 것에 도전했다. 2018년 라마단 기간(이슬람교도들이 30일간 금식하는 기간)에 강사로 오신 1.5세 목사는 인터넷을 통하여 로스앤젤레스에 있는 이슬람교도들에게 복음을 전한다는 선교보고를 받았다. 그 열매도 생각하던 것보다 훨씬 풍성했다. 매우 충격적이었다. 새로운 길이 보였다. 교회 지도부와 상의하면서 이제 우리들의 최우선 선교는 인터넷을 통하여 언어와 문화를 넘어 복음을 전하는 것으로 설정했다. 우리는 이 선교 정책을 'SMART' 선교라 불렀다. 여기에 동참할 군사들을 모집하고 훈련하기 시작했다. 대부분의 성도는 반신반의했다. 회의적인 시각을 가진 분들도 적지 않았다. 그러나 코로나바이러스로 인하여 이것이 하나님이 우리를 인도해 가시는 길이라는 확신이 생기기 시작했다. 훈련받기 원하는 자원자들이 크게 늘었다. 코로나바이러스로 인하여 영상 사역자들을 선교사로 임명하게 되었다. 인터넷 공간이지만 문화와 문화를 뛰어넘어 복음을 전하는 사람들이기 때문이다. 그들의 지경이 세계로 넓어지게 되었다. 교회는 영상 사역자들을 발굴하여 훈련시키는 것이 선교사 훈련과 같은 훈련이 필요했다.

비록 코로나바이러스로 인하여 많은 인원이 모이지 못하지만 10명 미만의 소수의 사람이 모일 수 있었다. 그러기에 교회는 10명 이하 소수 인원으로 구성된 여러 훈련팀을 훈련했다. 영상을 편집하고, 번역하여 이것을 자막처리 할 일꾼들을 양성하게 되었다. 초급반과 고급반으로 구분하여 훈련했다. 자세한 훈련 내용과 교제는 별도로 편집하였다. 교회와 선교 사역을 위하여 배운다면 훈련비용은 없다. 그러나 훈련을 시작할 때 훈련팀에 적지 않은 등록비를 내야 한다. 대신 자신의 힘으로 교회가 필요로 하는 한 편의 영상을 편집하여 업로드하면 등록비의 120%를 돌려주었다. 이로 인하여 배우는 것이 그치지 않고 그것으로 교회 새벽예배, 성경공부, 기도 모임, 주일설교 등 어떤 영상이라도 편집하여 업로드하게 된다. 그것으로 열매를 얻은 기쁨도 있고 등록금도 돌려받을 수 있다. 그 결과 많은 영상 편집 사역자들이 양성되고 있다. 모임의 제한이 풀어지면 영상 편집자 훈련으로 교회 커뮤니티를 섬기고자 한다. 현재 아름다운교회에서 개척된 몇몇 지교회의 영상들을 편집해주고 있다.

3) 디지털 시대에 아날로그 방식으로 영적 거리를 좁혀나가다

사회가 복잡해지고, 인터넷을 통하여 가상공간virtual space에서 만남과 상거래들이 활발할수록 사람들은 소외감을 더 심하게 느끼게 된다. 군중 속의 고독과 같은 외로움이 더해질 것이다. 소속감이 희박해질 수밖에 없다. 그때 누군가가 자신에게 관심을 기울이고 자신을 돌보고 있다는 것을 느낀다면 그 감동은 이전 어떤 때보다 크게 다가올 것이다.

어느 한 집사가 시작한 손으로 직접 쓴 편지 보내기 운동은 많은 감동을 주었다. 다른 한 안수 집사가 팬데믹 기간 동안 서로 만나지 못할 때 할 수 있는 일을 고민하다가 교회에서 가장 소외되고 어려운 형제, 자매들에게 정성이 담긴 손편지를 쓰기 시작했다. 디지털 시대에 아날로그식 접근이 상상을 초월하는 감동을 일으키기 시작했다. 새로 부임한 지 얼마 되지 않아 팬데믹 상황으로 아무것도 할 수 없다고 하소연하는 젊은 목사님께 손편지를 써 보시라고 권면했다. 그 결과는 상상 이상의 효과를 가져다주었다. 외로울 때 정성이 가득한 손편지를 보고 느끼는 감동이 큰 것을 보고, 전도부는 지금까지 교회를 방문하신 분들이나 전도 대상자들에게 손편지 보내기 운동을 시작한다. 하나님께 기도하고 한 분이 100개의 손편지를 받도록 준비한다. 100개의 손편지를 쓰는 것은 우리들의 일이고 그 편지를 읽는 동안 마음에 감동을 일으켜 주님을 영접할 수 있게 역사하실 분은 성령님이시다.

4) 환우와 연로하신 어르신들을 위한 식사 준비로
소외계층을 돌아보다

이웃 교회에서 암이나 힘든 질병과 싸우고 계시는 가정을 위하여 한 끼 식사를 준비해서 집으로 배달하는 일을 배웠다. 팬데믹이 시작되면서 석 달 동안 중지되었던 환우 식사를 다시 시작했다. 팬데믹으로 인하여 가장 소외된 계층이 바로 투병생활을 하고 계시는 환우들과 그 가족들 그리고 홀로 사시는 나이 드신 어른들이다. 이들을 돌보는 것은 교회의 당연한 의무이기도 하지만 이들을 돌보는 모습을 통하여 모든 성도가 자신도 그와 같이 어려운 처지에 빠지게 되면 교회가 돌보아 줄 것이라는 믿음을 갖게 된다. 처음에는 식사 배달 자체도 원치 않으시는 분들이 꽤 많았다. 점점 이런 상황이 계속되면서 식당에서 음식도 배달시켜 드시면서 생각이 조금씩 달라졌다. 식당보다 교회는 더 위생적이고 더 철저하게 방역에 힘쓰고, 정성 들여 음식을 준비하고 있다는 사실이 인식되기 시작했다.

환우와 그 가족이 한 끼 혹은 하루를 식사 준비하지 않고 드실 수 있도록 하겠다던 취지에서 시작되었지만 홀로 사시는 원로 목사님과 사모님들, 또 여러 어르신도 포함하여 식사 배달을 할 때, 그분들은 내가 속한 교회가 나를 생각하며 정성으로 음식을 준비해준다는 사실만으로도 행복해하셨다. 교인들이 아닌 분들도 추천을 받아 대상자로 추가시켜 나갔다. 신앙생활을 하지 않는 분들은 더욱 고마워했고 병에서 회복되신 후에 많은 후원금을 보내주셨다. 부족했던 재원이 차고 넘치는 은혜를 경험하고 있다. 특별히 교회는 팬데믹 상황 속 미 정부가 지원하는 '경제적 피해 재난 대출'(Economic Injury Disaster Loan, EIDL)에 해당 사항이 없었지만 교회가 교우를 포함한 지역사회 봉사활동으로 환우 식사팀 운영을 인정하면서 지원을 했다. 지원금으로 1만 달러를 지원받고 15만 달러는 2.75% 30년 분할 상환 대출을 지원받았다. 교회가 세상에서 빛과 소금으로 드러나게 된다는 것은 거창한 것이 아니라도 모두가 힘들어할 때 조금씩이라도 정성을 보이며 다가가는 것이 필요하다는 사실을 다시 배우게 되었다.

5) 헌금이 줄지 않고 오히려 늘다

팬데믹으로 많은 성도가 교회에 출석하지 못하고 연로하신 분들은 인터넷 환경에 익숙하지 않음으로 인하여 교회 헌금이 많이 줄어들 것을 예상했다. 그때 학위논문을 쓸 때 경험이 생각났다. 설문지를 보내는 연구 조사에서 높은 응답률return rate을 받은 경험이 있었다. 일반적으로 10% 이상의 응답률을 기대하기 어려운 조사에서 40%가 넘는 응답을 받았다. 모두들 기적이라고 했다. 어떤 사람들은 그 응답을 조작했다고 의심하기도 했다. 한 가지 중요한 요인이 있었다. 보통 회신 봉투를 동봉하면서 우체국에 등록하여 돌아오는 봉투 수만큼 대금을 지불하는 방식을 사용했다. 그때 특별한 사정이 생겨서 우체국에 허가를 받을 시간이 부족했다. 조금 비용이 더 들더라도 회신 봉투에 우표를 붙여 보냈다. 질문지를 받은 사람들이 회신하기 귀찮을 때 답을 하지 않고 쓰레기통에 버린다. 그래도 발신인에게 손해가 가지 않는다. 왜냐하면, 회신 되어 돌아온 것만 비용을 지급하게 되어 있기 때문이다. 그러나 봉투에 우표가 붙어왔다. 그냥 버리려니 적은 금액이지만 현금을 버리는 것이 된다. 그렇다고 그 우표를 뜯어 다시 사용하기는 너무나 귀찮다. 간단히 응답해서 보내주자고 생각한 것이 기적을 만들었다.

팬데믹으로 대면 예배가 어려워지던 첫 주부터 주보를 화요일에 제작하여 수요일 오전에 전 교인들에게 발송했다. 물론 회신할 헌금 봉투에 우표를 붙여 보냈다. 우표가 붙어있는 봉투를 쓰레기통에 버리자니 무엇인가 마음에 걸린다. 그렇다고 교회 주소와 함께 온 봉투를 다른 곳에 사용하기도 편하지 않다. 마땅히 편지를 보낼 곳도 없다. 책상

매주 주보를 성도들의 가정에 우편으로 발송해 드림

위에 그냥 두자니 그 한 주간 헌금을 드리지 않았다는 증거가 되고 만다. 여러 가지로 불편한 것이다. 회신하는 봉투가 발신된 주소와 여러 가지 추가 정보로 누가 보냈는지 알 수 있게 된다. 그러므로 자신의 체면을 생각해서라도 생각했던 금액보다 더 많이 보내게 되었다. 그것이 부담스러웠던 사람들은 주보만 보내고 헌금 봉투는 보내지 말라는 요청을 했다. 자신이 헌금을 교회로 가져오겠다고 했다. 그래도 교회로 헌금을 가져오실 때 우표가 붙은 빈 봉투도 가져오시면 된다고 했다. 교회는 그 봉투를 다시 사용할 수 있기 때문이다. 이것은 헌금도 헌금이나 교회 주보가 물론 웹사이트나 유튜브에서 볼 수 있지만 직접 집으로 배달될 때 많은 분의 수고가 담겨 있고 또 자신이 교회에 소속되어 있다는 확인이 되기에 많은 긍정적인 효과들을 가지고 왔다.

6) '모쿠슈라'라는 특별 헌금 계정을 신설하다

아름다운교회는 이삭줍기 헌금 계정이 있다. 룻기에 나오는 이삭줍기에서 시작되었다. 흉년이 와서 살기가 어려워진 나오미와 룻이 보리 이삭을 주워 연명한다. 그 룻의 후손으로 다윗왕이 태어났고 후일 예수께서 오셨다. 이삭줍기는 가난한 이웃을 위하여 드리는 헌금이었다. 이삭이란 내게 있다고 큰 재산이 되지 않고 내게 없다고 하여 삶이 힘들어지지 않는 금액의 헌금이다. 예를 들면 거스름돈을 받고 주머니에 넣어 둔 채 잊어버리고 살다가 어느 날 그 옷을 다시 입던 날 얻게 된 돈이다. 그 돈이 내 삶에 중요한 몫을 차지하면 잊어버릴 수 없다. 없어도 삶에 큰 지장이 없다. 그러기에 그것은 보리 이삭이다. 이것이 모아지면 룻과 나오미가 살아갈 수 있고 그들을 통하여 하나님의 놀라운 역사가 만들어질 수 있다.

평소에 이삭줍기 헌금을 하지만 팬데믹 기간 동안 특별한 헌금 계정을 만들었다. '모쿠슈라' 헌금이다. 기존에 있던 이삭줍기를 활성화하는 것보다 새로운 개념으로 새로운 접근법을 사용하는 것이 효과적이라는 생각이 들었다.

'모쿠슈라Mo Cuishle'는 고대 아일랜드 말로 '내 심장의 고동'이라는 뜻으로 사용되었다. 모쿠슈라는 〈밀리언 달러 베이비 *Million Dollar Baby*〉 영화 속에서 사용되었던 단어이기도 하다. 가족들은 자신에게 돈을 뜯어 가려고만 할 때 자신을 가족보다 더 사랑하며 아껴주던 코치가 32세에 복싱 선수가 되려는 주인공에게 지어준 선수명이다. 피를 나눈 가족은 아니지만, 사랑으로 더 따뜻한 가족이 된 사람이라는 뜻으로 사용되었다. '나의 소중한 나의 혈육'이란 의미였다. 바로 교회와 교우들에게 딱 적합한 단어였다. 어려울 때 함께 하는 사랑하는 사람이라는 뜻으로 설명하고 모쿠슈라 헌금을 시작했다.

반응이 놀라웠다. 어려운 시간을 지나면서 그 와중에 하나님께서 베푸신 은혜가 있는 사람들이 있었다. 인터넷 판매를 하던 젊은 청년은 그동안 많은 어려운 시간을 지나왔는데 팬데믹으로 오히려 판매가 늘어나고 수익이 많아졌다고 한다. 하나님께서 에스더에게 하셨던 말씀처럼 "이때에 네가 만일 잠잠하여 말이 없으면 유다인은 다른 데로 말미암아 놓임과 구원을 얻으려니와 너와 네 아버지 집은 멸망하리라 네가 왕후의 자리를 얻은 것이 이때를 위함이 아닌지 누가 알겠느냐" (개역성경, 에 4:14). 그런 마음이 있는 사람들이 헌금하기 시작했다. 이때에 잠잠하면 하나님의 은혜가 아니라 하나님의 진로 아래 들어가겠다는 생각도 찾아왔다. 교회가 기대하던 이상으로 헌금이 쏟아져 들어왔다. 경기가 좋을 때보다 더 많은 헌금이 모이게 되었다. 어려운 교회를 돕고, 어려운 교우들을 돕고, 어려운 이웃들을 도울 수 있었다.

7) 팬데믹 기간 중 홈스쿨을 더욱 활성화시키다

캘리포니아에서 어린 자녀들에게 성에 관한 교육을 시켜야 하는 여러 가지 악법이 통과되었다. 학부모님들이 교회가 교육의 중심이 되어 달라는 여러 가지 요청을 받고 홈스쿨homeschool을 시작했다. 그러나 아직 자녀들을 가정에서 부모님들이 교육하는 데 대하여 망설여지는 분들이 많았다. 첫해에 약 15명 정도의 학생들이 등록했다. 학년도 다르고 학업 진도도 다른 15명의 학생을 돌보는 일도 보통 일이 아니었다. 그러던 중 팬데믹으로 자녀들이 학교에 갈 수 없는 상황이 일어났다.

많은 시행착오가 있었지만, 홈스쿨은 팬데믹 기간 동안 학생들을 도울 수 있는 중요한 경험이 되었다. 가정이 교육의 중심이라고 아무리 강조해도 아직은 아니야 하던 부모님들이 달라지기 시작했다. 어쩔 수 없이 부모님들이 교육의 주체가 되어야 하고 학생들은 학교에 가는 대신 가정에서 공부해야 한다. 이것은 앞으로 자녀 교육을 부모님들이 책임지고 교회가 부모님들을 도와 올바른 방향으로 이끌어 가야 한다는 것을 일깨워준 귀한 계기가 되었다. 준비했던 여러 홈스쿨 교재들이 잘 활용되었다. 그동안 어떤 교재가 자녀들에게 학업과 신앙을 위해 가장 최적인가 평가했던 자산들이 잘 활용되었다. 앞으로 교회가 교육의 주체가 되어야 한다는 사실에 많은 학부모가 동의하기 시작했다.

특별히 자녀 교육에 대한 우리의 고정 관념이나 선입관들이 바뀌어야 한다. 패러다임의 변화가 요구된다. 미네르바 스쿨Minerva School이 좋은 예가 된다. 이 대학은 캠퍼스가 없다. 인터넷으로 수업을 한다. 세계 최고의 강사들을 교수로 초빙할 수 있다. 4년 동안 세계 7개 도시에서 대면 수업을 한다. 그리고 졸업이다. 엄청난 가치의 부동산이 필요 없다. 또 그 광활한 캠퍼스를 유지할 필요가 없다. 그 비용으로 최고의 강사를 초빙한다. 졸업식을 제외하고 학기별로 최고의 도시에 있는 최고의 호텔에서 대면 수업을 할 수 있다. 각광을 받는 대학이다. 고정 자신을 유지할 필요가 없는 새로운 교육 시스템의 구축이 필요하다. 더욱이 교회가 가지고 있는 건물이 주일에만 활성화되는 것이 아니라 주중 교육 시스템에 활용된다면 더욱 가치 있게 될 것이다. 이처럼 교회 전문인력을 동원하여 SAT(Scholastic Assessment Test, 미국 대학 입학 자격시험) 준비반을 신설하여 운용해 보았다. 거의 모든 청소년 그룹

(youth group) 학생들이 등록하고 배웠다. 물론 신앙교육도 함께 곁들여서 할 수 있었다. 매주 금요일이면 학부모들이 재능 기부를 한다. 자녀들이 모여 함께 지내면서 특별활동을 통해 많은 것을 배운다. 아직 사회적 거리와 여러 방역지침으로 제한받고 있기는 하지만 그를 통한 자녀들의 교제와 사회성 발달에 도움이 되고 있다.

8) 온라인을 통해 새로운 접근 방식을 도입하다

베드로는 밤이 새도록 고기를 잡았지만 한 마리도 잡지 못한 경험이 두 번씩 있다. 게네사렛 호숫가에서 처음 주님의 부르심을 받을 때도 그렇고 사도행전이 시작되기 전 디베랴(게네사렛) 바닷가에서도 그랬다. 처음 주님의 부르심을 받을 때에는 호수 깊은 데로 가서 그물을 내려 고기를 잡으라고 하셨다. 지금 있는 위치가 잘못되었다고 말씀하신다. 위치를 바꾸어야 합니다. 호수 깊은 곳으로 가야 합니다. 그러나 요한복음 21장에서 베드로와 일곱 제자가 밤새도록 고기를 잡았다. 한 마리도 잡지 못했다. 주님이 오셔서 배 오른편에 그물을 던지라고 하셨다. 우리는 이것에 주목해야 한다.

지금 서 있는 자리에서 열심히 노력하였지만 아무 소득이 없다. 고기가 잡히지 않는다. 그때 주님은 방향을 바꾸라고 하신다. 방향이 잘못되었다고 한다. 지금까지 하던 방식으로 안 된다. 새로운 방법을 사용해야 한다. 온라인으로 예배를 드리는데 지금까지 대면 예배를 드리듯이 드리면 안 된다는 말씀이다. 방향을 바꾸어야 한다. 세상이 달라졌다. 다른 방법을 사용해야 한다.

영상으로 제작된 '아기 상어'라는 노래는 세계적으로 유명해졌다.

느헤미야 기도회
: 매주 금요일 저녁에 비대면으로 가정과 교회와 국가를 위해 기도하는 모습

55억 명이 시청했다. 하나의 작은 영상으로 세계를 움직였다. 복음이 그렇게 전해진다면 예수께서 오실 수 있게 된다. 모든 족속에게 천국 복임이 증거되었기에 그제야 끝이 올 수 있게 된다. 어린아이들이 장난감을 가지고 노는 간단한 영상을 만들어 유튜브에 올린다. 라이언Ryan이라는 아이의 놀이를 찍은 영상 '라이언의 세계'(Ryan's World)는 2600만 명이 넘는 가입자를 가지고 있다. 한국 아이 보람이의 놀이를 촬영한 영상 '보람튜브 브이로그'(Boram Tube Vlog)도 2600만 명이 넘는 가입자를 가지고 있다. 예전 같으면 상상할 수도 없던 일이다. 이제는 미디어media의 시대가 아니다. 좋은 콘텐츠contents를 가지면 그 길은 세계로 열려 있다. 이제는 스펙spec이 아니라 실력ability이다. 교회도 이점에 주목해야 한다.

앞에서 언급했듯 자동차와 대중교통이 발달하면서 교회는 달라졌다. 대형교회가 생겨났다. 옛날에는 불가능해 보이던 교회에 출석할 수 있게 되었다. 이제는 인터넷 시대가 열리면서 그 지경은 더욱 넓어졌다. 세계 어느 곳에서든지 인터넷만 연결되어 있으면 찾아올 수 있다. 이것은 교회 존립의 위협이기도 하고 또한 엄청난 기회가 되기도 한다. 어떤 선교지의 정보도 실시간으로 알 수 있게 된다. 이런 시대에 옛날 사용하던 방법이 그대로 사용될 수 없다. 모든 것이 바뀌어야 한다. 어떻게 변화되어야 하는지 고민해야 한다. 교회가 그 답을 찾아야 한다.

정확한 분석과 정확한 해석을 통하여 새로운 해결책이 제시되어야 한다. 인터넷을 통한 가상공간에서 적용되는 법은 이제까지 살아왔던 법과는 다르다. 새로운 방법을 찾아야 한다. 첫째로 참신한 내용이다. 내용이 참신할 때 55억 명이 볼 수 있다. 2천만이 넘는 가입자가 생겨날 수 있다. 이전까지는 공중파 방송을 통해 가능하던 일이 이제 가상공간을 통해 누구에게나 가능하다. 이제는 미디어 매체의 싸움이 아니라 콘텐츠 내용의 문제가 된다. 콘텐츠를 개발하는 것이 관건이다.

대면 예배를 통하여 복음의 깊은 진리를 깨닫기 위해 몇 시간씩이나 함께 고민하고 가르치고 배울 수 있었다. 그러나 온라인에서는 특별한 필요를 제외하면 컴퓨터나 휴대폰 앞에서 긴 시간 집중하려 하지 않는다. '세상을 바꾸는 십오분'('세바시')를 보더라도 그들은 15분을 집중할 수 있는 최대치로 보고 있다. 복잡하고 깊은 내용을 나눌 필요가 있다. 7분 성경공부를 시도했다. 오히려 많은 사람의 호응을 얻고 많은 도전을 받았다고 했다. 예배 시간에 불리던 찬양도 한 곡씩 나누어 편집하여 많은 사람이 보도록 만들어 갔다.

인터넷을 통한 가상공간을 찾아오는 사람들은 자주 방문한다. 방문할 때마다 새로운 무엇인가를 접할 수 있는 것이 매우 중요하다는 사실을 발견했다. 매일 새벽예배 때 부르던 찬양과 전해진 말씀이 매일 새롭게 업데이트된다. 그러기에 매주 특별한 주제로 편성되는 것이 필요하다. 교회 모든 교역자, 평신도 지도자들이 나를 부르신 주님의 말씀을 만들었다. '내가 쓰는 사도행전 29장 시리즈'도 만들었다. 분노를 다스리는 여섯 가지 방법, 성경에 나타난 전염병 등등 짧지만 강렬한 메시지가 담기게 했다.

마침내 새벽 예배 말씀을 통하여 제자 훈련 프로그램을 시작했다. 평소에 2시간씩 하던 강의를 세 번의 25분 강의로 줄였다. 한주에 한 과를 나가던 진도가 3일간 새벽 말씀을 통해 전해진다. 과제는 별도로 제출하고 조교들이 확인한다. 평소보다 많은 성도가 제자 훈련에 참석한다. 평소 특별히 구별된 시간에 나올 수 없었던 사람들이 녹화된 영상을 통하여 훈련될 수 있다. 자매 교회들도 함께 제자 훈련에 참석한다. 선교지에 있는 교회도 함께 참석한다. 오히려 지경이 넓어지고 있다.

9) 일본 교회 개척을 가능하게 하다

우리 주님은 열매를 찾으신다. 사과나무의 열매는 사과다. 배나무의 열매는 배다. 감나무의 열매는 감이다. 그렇다면 성도의 열매는 성도다. 목사의 열매는 목사다. 목사가 얼마나 큰 교회 목사인가가 열매가 아니다. 그 목사의 삶과 사역을 보면서 나도 목사가 되겠다고 결단한 사람이 열매이다. 룻이 나오미를 보면서 어머니의 하나님이 내 하나님이 되기를 원한다고 할 때 룻은 나오미의 삶의 열매였다. 그렇게 볼 때 교회의 열매는 교회다. 그 교회의 재정과 인원이 얼마나 커졌는가가 아니다. 아무리 커져도 아메바처럼 커질 뿐이다. 얼마나 많은 교회가 그 교회를 모태로 하여 개척되었는가가 주님 앞에 설 때 교회가 받게 될 평가가 될 것이다. 그동안 치노밸리Chino Valley 아름다운교회가 개척되었다. 애로헤드 호수Lake Arrowhead 인근에 있는 기도원을 중심으로 큰 소나무 교회가 개척되었다. 같은 건물을 사용하지만 중국 교회가 개척되었다. 시애틀에 사랑나무교회가 개척되었다. 그리고 일본 교회 개척을 준비하고 있었다.

일본 교회 개척을 준비하던 중 팬데믹이 찾아왔다. 개척의 시점을 미룰까 고려하다 인터넷 교회로 개척을 시작했다. 예배 실황을 녹화하여 유튜브에 올렸다. 놀라운 일이 일어났다. 얼마 지나지 않아 그 영상으로 예배드린 사람이 1000명이 넘었다. 많은 사람이 격려의 메시지를 보내온다. 일본에서, 한국에서, 타 주에서 여러 곳에서 오고 있다. 우리는 알지 못했지만, 하나님이 예비해 두신 분들이 있다. 대면 예배가 시작되면 먼 곳에서도 꼭 참여하겠다고 약속한다. 일본어로 하는 7분 성경공부에도 많은 분이 참여한다. 예배 설교는 통역을 포함하여 15분을 넘지 않도록 노력한다. 다양한 찬양을 다양한 사람들이 부르도록 노력했다. 그들이 꼭 같은 공간에 있어야 하는 것은 아니다. 편집을 통하여 각자의 자리에서 준비한 영상들이 한 편의 예배 영상으로 만들어진다. 그리고 그것을 통하여 예배를 드리는 자들에게 많은 감동과 하나님의 임재를 경험하게 하고 있음을 확인하게 된다.

10) 흩어진 선교지와 선교사를 네트워크 안으로 모으다

이번 팬데믹 기간을 지나는 동안 특별히 라마단 기간이 포함되어 있었다. 라마단 기간은 이슬람을 신봉하는 모슬렘들이 한 달간 금식하는 기간이다. 아름다운교회는 2000년부터 라마단 기간에 함께 금식하며 모슬렘 형제들을 위한 기도회를 했다. 평소에는 안식년으로 들어와 계시는 모슬렘권 선교사들을 초청하고 때로 선교 단체 총무들이 그 단체의 선교전략을 소개하기도 했다. 팬데믹은 이 모든 것이 가능하지 않게 만들었다. 그러나 특별한 라마단을 만들 수 있는 계기가 되었다.

이번 기간에는 특별히 흩어져 있는 선교사들에게 자신이 사역하는 나라와 민족을 소개하며 그 민족이 하나님께로 돌아올 수 있는 특별한 기도 세 가지를 부탁했다. 많은 선교사가 영상을 보내왔다. 그 영상이 언제 방영되는지 일정을 보내드리지 않았다. 영상을 보내신 선교사들이 자신들의 영상이 언제 업로드되는지 모르기에 거의 매일 들어와 확인하게 된다. 이것은 결국 다른 선교지의 소식과 기도 제목을 받게 되는 계기가 되었다. 모슬렘 선교의 안목이 넓혀졌다는 감사의 인사를 많이 듣게 되었다. 선교사들뿐 아니라 성도들도 현지 선교사들의 생생한 간증과 간절한 기도를 들으며 저절로 기도가 나왔다고 했다. 팬데믹이 새로운 방법을 우리에게 준 것이다. 라마단뿐 아니라 이렇게 선교사들이 동참하여 선교 도전을 불러일으킬 여러 사역을 준비할 수 있었다. 선교사들도 팬데믹으로 인해 이전의 바쁜 일정이 조용해진 결과 이와 같은 사역이 가능해진 것이다. 그렇게 준비된 라마단 기도는 그 어느 때보다 알찬 열매들을 맺어가고 있다.

3. 다가올 새로운 시대를 준비하면서

이제 5G 시대가 열리고 4차 산업혁명이 진행됨에 따라 우리는 전혀 다른 세상으로 이동하게 될 것이다. 간단한 예로 사람이 더는 운전할 필요가 없어지며 자율주행이 보편화될 시대가 가까이에 와 있다. 지금은 자율주행에서 비상 상황이 올 때, 사람이 반응하는 시간이 자동차가 반응하는 시간보다 빠르다. 그러나 5G(28 GHz)가 상용화되면 갑자기 다가오는 사람이나 물체에 대한 반응에서 자동차가 사람보다 100배쯤 빨라진다고 한다. 그렇게 되면 우리는 이제 옛날의 기준으로 살 수 없게 된다. 완전히 새로운 세상이 될 것이다. 변화에 대한 저항이 아니라 변화에 적응해가야 한다.

이번 팬데믹 기간은 교회로 하여금 새로운 세상으로 옮겨가는 것을 실감 나게 만들어 주었고 준비할 수 있게끔 우리를 일깨워 준 것이다. 인터넷 가상공간을 복음의 공간으로 변화시킬 준비해야 할 때이다. 지금까지 축적되었던 지식과 경험을 넘어선 새로운 발상과 방법의 변화가 있어야 한다. 정확한 분석과 정확한 해석을 기초로 새로운 해결책이 제시되어야 한다.

교회가 태동하던 때에도 팬데믹은 그리스도인들이 다른 삶의 기준을 가지고 살아가는 사람들임을 세상이 알게 되었다. 그것이 계기가 되어 기독교가 로마의 국교가 되는 역사의 초석이 되었다. 중세 유럽에 유행했던 흑사병이란 팬데믹은 많은 사람이 신앙에 더욱 헌신하게 하였고 이것은 종교개혁이라는 새로운 시대를 여는 초석이 되었다. 팬데믹은 우리에게 지나온 삶을 돌아보게 하고 앞으로 나아갈 길을 예비하도록 도전한다.

전염병이 유행할 때 하나님의 뜻을 살펴야 한다. 우리 신앙이 단련을 통해 정금같이 되어야 할 것이다. 본질로 돌아가 신앙의 회복이 일어나야 할 것이다. 그와 동시에 전염병이 우리에게 새로운 시대를 열어갈 것이며 그것을 새로운 기회로 활용할 수 있게 된다. 복음을 더욱 빠르고 넓게 전파할 수 있는 길이 예비되고 있다. 주님이 속히 오시기를 기대하면서 팬데믹 시대를 감사함으로 뚫고 가고자 기도한다.

포스트코로나 시대와 코로나 블루
: 위기에서 성장으로 나아가는 길목

김현경

1. 들어가는 글

전 세계를 위협하는 예기치 못한 위기가 갑작스럽게 다가왔다. 지난 2019년 12월 중국 우한시에서 시작된 코로나19는 지금까지 보도되었던 그 어떤 전염병보다 광범위하고 빠르게 확산되면서 전 지구를 위협하고 있다. 세계 보건기구WHO는 1968년 홍콩 독감과 2009년 세계적으로 유행한 신종 인플루엔자를 이어 코로나19를 세 번째 '팬더믹pandemic'으로 선언한다. 이러한 가운데 새로운 신조어들도 등장하기 시작했으며 그중 하나가 '코로나 블루Corona Blue'이다. 누구나 전염될 수 있고 전염시킬 수 있다는 광범위한 불안감과 그로 인한 우울감이 넓게 퍼져 가면서 생겨난 단어이다.

코로나19는 일차적으로 인간의 생명을 위협하는 사태이지만, 그와 더불어 경제적 위협, 심리적 불안과 공포, 단절된 사회적 관계와 이로 인한 고립감 그리고 예기치 못한 상실과 복잡한 애도를 경험하는 상황을 만들어내고 있다. 안타깝게도 이러한 위협적인 요소들은 사실 코로나19 이전에 이미 현대인의 삶 가운데 무시하지 못할 영향력을 행사하고 있었다는 사실이다. 그리스도인도 예외는 아니다. 심수명의 연구에 의하면 기독교인이 지각하고 있는 인격적인 문제와 치료받고 싶은 문제들은 열등감, 낮은 자존감, 분노, 완벽주의, 부정적 자아, 불안, 신앙, 죄책감, 편견, 우울증, 충동 조절, 강박증, 폭식, 성적 문제, 중독 그리고 폭행들이다.[1] 결국, 코로나19 팬데믹은 이미 존재하고 있는 현대인의 심리적 증상을 증폭시키는 스트레스 원의 역할을 톡톡히 하고 있다.

교회는 예배 공동체이고 양육 공동체이자 전도와 선교 그리고 구제의 분명한 목적을 가진 사명 공동체이다. 그리고 치유와 회복 공동체이다. 대부분의 교회가 예배와 양육 그리고 선교와 전도를 교회의 핵심적인 비전과 정체성으로 인식하고 있다. 그러나 안타깝게도 예배하고 양육 받고 선교하고 구제하는 성도들의 내면 상태는 각자가 알아서 해결해야 하는, 또는 숨겨야 하는 영역으로 취급되는 경우가 많이 있다. 그러나 이 시대는 그 어떤 때보다 하나님의 마음을 품고 위기와 고난의 시기를 통과하고 있는 이웃과 서로를 돌볼 수 있는 사람들이 필요하다. 이를 위해 성령님의 통치 가운데 이루어지는 성도 간의 영적 교제와 적극적 돌봄은 성도를 온전케 하고 교회를 세우는 일에 매우 중요한 요소가 될 수 있다.

새롭게 펼쳐지고 있는 디지털digital 시대와 언택트untact 문화 가운데서 교회가 뿌리내려야 할 영적 공동체의 정체성과 역할 그리고 영혼

1 심수명, "기독교 상담과 인지치료를 통합한 인격치료 프로그램의 효과성 연구", 「목회와 상담」 6 (2005): 253-291.

돌봄적 관계 방식에 대해 진지하게 고민해야 하는 도전 앞에 서 있다. 그런 측면에서 코로나19의 위기는 성도들의 상처 난 마음과 심리적 불안에 대한 교회의 소극적인 시각과 태도 그리고 영적 공동체 내 자리 잡은 기존의 돌봄 체계를 정직하게 돌아보고 평가함으로 부술 것을 부수고 세울 것을 세우는 변화와 성장의 기회가 될 수 있다. 이를 위해 코로나19 상황에서 한 개인이 경험할 수 있는 위협 요인과 위기 상황의 발달 과정을 살펴보고자 한다. 또한, 위기와 외상으로 인해 무너지기보다 외상 경험을 성장의 계기로 만들어 가는 외상 후 성장의 구성요소를 탐구함으로 교회 내 영혼 돌봄에 가능한 적용을 제안하고자 한다.

2. 위기 이론으로 바라본 코로나19 팬데믹 상황

코로나19는 지역과 인종, 문화와 종교 그리고 경제와 정치체제의 경계선을 넘어 전 세계가 공통으로 경험하는 팬데믹 상황이다. 이는 나라와 나라, 민족과 민족 그리고 개인과 개인 가운데 존재하는 차이에도 불구하고 서로의 불안과 상실에 대해 함께 공감할 수 있는 상황처럼 보인다. 그러나 어떤 부류의 사람들에게는 오히려 더 깊은 상대적 빈곤과 박탈감을 경험하게 되는 상황이 될 수 있다. 예를 들어, 3월 30일 보도된 뉴스에 의하면 한인 유학생이 보험이 없다는 이유로 사설병원에서 치료받지 못해 다른 공공병원인 앤털로프밸리병원으로 옮기는 과정에서 숨진 사건이 있다.[2] 이 뉴스를 접하는 저소득층 또는

---

2 "코로나19로 '10대 한인 사망' … 의료보험 없어 치료거부", Youtube Web site. Adobe Flash Playervideofile, https://www.youtube.com/watch?v=hCsPnJ6Kkjg1.

경제적 부담 때문에 보험에 가입하지 못한 사람들에게는 이미 느끼고 있던 상대적 빈곤과 불안을 다시 한번 확인해주는 계기가 된다. 급작스럽게 다가온 코로나19의 위협 앞에서 나라와 사회 중심적 대책을 마련하는 것이 우선이다. 그러나 그 가운데서 한 개인과 그와 근접한 작은 사회에 관한 관심도 무시되어서는 안 될 것이다. 2005년 뉴올리언스New Orleans를 휩쓸었던 허리케인 카트리나Hurricane Katrina는 그 도시의 70%를 파괴했으며 엄청난 인명피해와 재정적 피해를 만들어낸다. 대부분의 사람에게는 지나간 자연재난이다. 그러나 어떤 개인에게는 지금도 진행 중인 고통을 안겨주고 있는 사건이다. 2019년에 실시된 정신 건강 연구는 아직도 우울증과 외상 후 스트레스 증후군으로 고통받고 있는 피해자들이 있음을 알려준다.[3] 코로나 블루도 다르지 않으리라고 예측된다.

이런 사실 앞에 찾아야 할 답이 있다. 그것은 예측할 수 없는 인생의 위기가 피할 수 없는 것이라면, 어떻게 그 과정을 통과할 수 있을 것인가 하는 것이다. 카트리나와 같은 엄청난 자연재난이 어떤 사람에게는 인생에 대한 더 깊어진 통찰을 얻게 되는 현장이 될 수 있는가 하면 또 어떤 사람에게는 도저히 나갈 길이 보이지 않는 막다른 곳이 되어 버렸는지, 그리고 이러한 현실 앞에서 그리스도인은 어떤 시각과 관점으로 코로나19의 위기 상황을 이해하고 그 가운데서도 의미를 찾아야 하는지, 또한 스스로 위기를 이겨나가기 버거워하는 사람들을 어떻게 돌보고 회복시켜나갈 것인지에 대한 답들이다.

---

3 Ethan J. Rakera, Sarah R. Loweb, Mariana C. Arcayac, Sydney T. Johnson, Jean Rhodes, Mary C. Waters, "Twelve Years Later: The Long-term Mental Health Consequences of Hurricane Katrina," *Social Science & Medicine* 242 (2019): 1-10.

1) 코로나19 사태와 위기

위기는 개인의 안정성을 위협하고 대처 기능을 방해하는 스트레스를 촉발하는 사건에 대한 주관적 반응으로 정의할 수 있다.[4] 위기 이론의 기반을 제시했던 제럴드 케이플란Gerald Caplan에 의하면 위기는 주로 다른 사람과 자신과의 관계 그리고 자기 자신에 대한 인식을 도전하는 어떤 변화로 인해 시작된다.[5] 이러한 변화를 크게 두 가지로 구분해 볼 수 있다. 하나는 정상적인 생애 발달 과정에서 일어나는 변화이다. 다른 하나는 상황적 변화로써, 예측할 수 없는 사고로 인한 변화, 삶의 목표와 의미 상실로 인한 내적 갈등을 야기하는 변화, 그리고 코로나19과 같은 전염병이나 자연재해로 인해 급격하게 일어나는 변화를 포함한다.

2019년 12월 중국 우한에서 시작되어 9개월이 지난 지금에도 진행되고 있는 코로나19의 상황은 사회복지학자인 라포포트Lydia Rapoport가 제안한 세 가지 위기 발생 요소를 전부 갖추고 있다.[6] 첫 번째 요소는 위협이 될 수 있는 위험한 사건이다. 둘째 요소는 일어난 사건으로 인해 경험하는 본능적인 욕구에 대한 위협이다. 코로나19의 폭발적인 감염 속도와 감염의 불확실성 그리고 비대면 문화와 사회적 거리 두기

---

4 Albert R. Roberts, "Bridging the Past and Present to the Future of Crisis Intervention and Crisis Management," *Crisis Intervention Handbook: Assessment, Treatment, and Research*, ed. A. R. Roberts (New York: Oxford University Press, 2005), 3–34.

5 Gerald Caplan, *Principles of Preventive Psychiatry* (New York: Basic Books, 1964).

6 Lydia Rapoport, "The State of Crisis: Some Theoretical Considerations," *Crisis intervention: Selected Readings*, ed. Howard J. Parad (New York: Family service association of America, 1965), 25-26.

와 같은 조치들은 인간의 기본적인 생존 욕구인 생리적인 필요, 안전감과 소속감의 필요들을 충분히 위협하는 환경이다. 셋째는 적절한 대처 기제로 반응할 수 없을 때 경험하는 무력감이다. 코로나19 사태로 인해 촉발되는 심리적인 압박감을 얼마나 적절하게 대처할 수 있는지에 대한 적응능력과 관련된다. 매일 보도되는 뉴스를 통해 쏟아져 들어오는 감염자들을 위해 최선을 다해 치료하려 하지만 마치 보이지 않는 거인과 승부 없는 싸움을 하는 것 같다고 고백하는 의료진들의 좌절과 탈진 상태를 어렵지 않게 확인할 수 있다. 또한, 코로나19로 인해 갑작스럽게 가족을 상실하는 사람들이 경험할 수 있는 복합적 감정과 반응 가운데 하나가 이런 무력감이다.

사랑하는 가족이 병원에서 투병하는 동안은 물론 마지막 숨을 거두는 순간에도 가족과 함께할 수 없는 이런 상황은 유가족에게 너무도 잔혹한 현실이다. 가족의 예기치 못한 죽음은 코로나19 사태가 아니어도 유가족에게는 격한 슬픔과 분노, 죄책감과 혼란 그리고 죽음에 대한 불안을 경험하는 고통스러운 상실이자 사건이다. 코로나 시기의 이러한 상실은 인간의 연약함과 한계를 실감 나도록 인식하게 할 뿐 아니라 기존의 대응력마저도 사용할 수 없게 만드는 무기력의 영향력에 그대로 노출하는 위기가 될 수 있다.

2) 코로나19 사태가 제공하는 자극과 반응

코로나19 사태는 한 개인의 위기로 발전할 수 있는 발생요소를 다 갖추고 있다. 그러나 위협적인 상황 그 자체가 위기는 아니다. 위협적인 상황에 대한 개인의 시각, 지난 위기의 경험, 그리고 상황에 적응하는 데 필요한 개인의 내적 외적 자원에 따라 위기로 발전해갈 수도 있고 아니면 적절한 적응과정을 통해 위기를 극복할 수도 있다. 바로 이런 요소들 때문에 코로나19는 개인에 따라 다른 경험과 의미를 가지게 하는 사태가 될 것이다.

케이플란은 이러한 위기 발달 과정을 4단계로 제안한다. 첫째는 위협적인 사건으로 인해 유발되는 불안과 긴장감의 단계이다. 이때 기존에 사용했던 문제 해결의 방식으로 불안과 긴장감을 다스려 보려고 시도한다. 둘째는 기존의 방식이 새로운 위기 상황으로 인해 야기된 불안을 다스릴 수 없음을 깨닫게 되면서 불안감과 긴장감은 증가하게 되며 이로 인해 무력감과 좌절감을 경험하게 된다. 셋째는 '혁대를 단단히 매는 단계'이다. 해결할 수 없는 문제로 인해 상승하는 긴장감은 어느 순간 생각해낼 수 있는 모든 비상수단 방법을 동원하면서 이전보다 위험한 모험을 시도한다. 이때 문제에 대한 새로운 시각과 평가, 이전에 소홀시 했던 문제 해결 방식의 과감한 접근 그리고 위기 상황의 일부를 포기하더라도 해결이 가능한 상황을 분별하고 이에 집중하는 접근 등을 통해 위기 해결을 시도한다. 이때 문제가 해결될 수 있다. 새롭게 발견하게 된 해결 방식은 기존의 대처 기제에 추가되고 통합되면서 좀 더 효율적인 대응 방식의 자원을 확보하는 기회가 된다. 결과적으로 상황에 대해 심리적 안정감을 누리게 된다. 그러나 그 어떤 시도로도 문제를 해결할 수 없다면, 심리적 와해를 경험하게 되는데 이것이 바로 넷째 단계이다. 즉 위협적인 상황이 위기가 되는 단계이다. 문제와 상황에 대해 더 합리적인 반응을 할 수 없을 뿐 아니라 상황에 대한 왜곡된 인식과 생각, 그로 인해 야기되는 충동적이거나 부적절한 행동 또는 극단적인 철회 행동으로 이어지게 된다.[7] 한국의 세월호 참사,

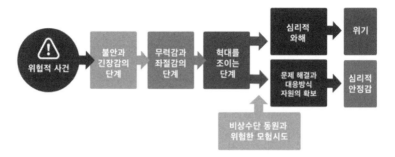

[그림 1] 제럴드 케이플란(Gerald Caplan)의 4단계 위기 발달 과정

미국의 9.11 테러 사태 그리고 허리케인 카트리나와 같은 재해를 직접적으로 또는 간접적으로 경험한 사람, 희생자 가족, 그리고 목격자들 중 일부의 사람들이 외상 후 스트레스 장애를 겪게 되는 경우들이다. 삶의 위기 상황에서 겪는 부정적 스트레스와 고통스러운 반응은 트라우마 사건에 노출되는 시간이 길어질수록 더 강화되며 복합적인 증상으로 발전하게 된다.

코로나19의 위기 사태를 통해 사람들이 즉각적으로 경험하는 단계는 1단계와 2단계이다. 코로나 블루도 바이러스의 광범위하고 강력한 영향력과 높은 사망률 그리고 사태의 불확실성에 의해 촉발된 불안과 공포에 대한 심리적 반응으로 이 단계들에서 경험되는 증상과 관련된다. 중요한 것은 위기 상황이 촉발하는 정상적인 불안과 긴장감의 시기를 문제 해결과 자아 확장의 기회로 만들어나가는 셋째 단계의 작업 과정이다. 그러기 위해, 먼저 코로나19 사태의 위협과 현실을 있는 그대로 바라보고 수용하는 것이 필요하다. 현실적이고 객관적인 시각으로 코로나19 사태와 자신의 상황을 판단할 수 있게 되면 받아들여야

---

7 Caplan. *Principles of Preventive Psychiatry*, 40-41.

할 상황과 그 가운데서 할 수 있는 일들 그리고 도움을 구해야 할 영역들을 구분할 수 있게 된다. 자신이 가지고 있는 영적, 심리적, 관계적 자원들을 효율적으로 어떻게 사용할 것인지에 대한 분별력과 지혜를 가지는 것이다. 이론적으로는 어렵지 않은 과제인 듯이 보이지만, 거절감과 분노, 열등감과 죄책감 그리고 굶주림과 같은 내면의 상처를 가지고 살아가는 많은 사람에게 부적절한 자존감과 왜곡된 자신의 존재적 가치를 또다시 위협할 수 있는 문제와 갈등을 직면하는 것은 힘든 일이다. 그러기에 현실을 부인하거나 아무것도 아닌 것처럼 취소화하거나 아니면 지극히 비현실적인 기대를 가짐으로써 자신의 무력감과 무책임을 정당화해버린다. 이런 이유로 자신과 현실에 대한 바른 인식과 수용 그리고 책임의식을 정신건강 분야에서 중요하게 생각하는 이유이다.

통제할 수 없는 코로나19의 위협적인 현실을 사실대로 인지하고 이해하는 것과 한계를 가진 존재로서의 자신을 있는 그대로 인식하고 수용하는 과정을 거쳐 갈 때, 문제 해결을 위한 자원과 관계에 관한 현실적인 탐구로 이어질 수 있다. 이는 또한 이미 가지고 있었으나 인지하지 못해서 사용하지 못했던 내재화되어 있는 자원과 그의 가치에 대한 새로운 발견과 적용으로 확대될 수 있다. 이때 위기는 성장의 기회가 되며 자아 확장의 현장이 된다. 그리고 외상 후 성장의 기회가 될 수 있다. 코로나19는 분명 개인과 나라 그리고 이 시대의 정치, 경제, 문화와 같은 사회 체계의 기반을 뒤흔드는 위기 상황이자, 많은 사람을 상상할 수 없었던 고통 가운데 처하게 만든 위협이자 외상 사건이다. 그러나 국가와 사회는 물론, 각 개인과 교회 가운데 허락된 기회가 될 수 있다.

의미치료 창시자인 프랭클Viktor Frankl은 강제 수용소의 경험을 통해 입증한 하나의 진리를 제시한다. 즉, "인간에게 모든 것을 빼앗아 갈 수 있어도 단 한 가지, 마지막 남은 인간의 자유, 주어진 환경에서 자신의 태도를 결정하고, 자기 자신의 길을 선택할 수 있는 자유만은 빼앗아갈 수 없다"는 것이다.[8] 수용소에서 매일같이 매시간 결정을 내려야 할 순간들의 경험과 관찰을 통해 그가 내린 결론은 그런 환경에서도 어떤 종류의 사람이 되는가 하는 것은 그 개인의 내면적 선택의 결과이지 수용소라는 환경의 영향이 아니라고 주장한다. 위기 가운데서 선택하는 한 반응이 위기의 결론에 끼치는 영향력을 잘 설명해 주는 글이 있다. 자극과 반응 사이에는 공간이 존재하며, 그 공간에는 반응을 선택할 수 있는 자유와 힘이 있고 그 자유란 어떤 상태로부터의 자유가 아닌, 그 상태에 대한 태도를 선택하는, 즉 의미를 선택하는 자유와 힘으로 그 반응에 따라 인간은 성장하고 행복할 수 있다는 것이다.[9]

스위스 의사이자 영적 사회심리학적 관점에서 인간 이해를 시도했던 투르니에Paul Tournier도 인간의 능력과 통제력을 넘어선 위기와 그것이 인간의 삶 가운데 가져다주는 고통 앞에서 중요한 것은 바로 인간의 반응임을 주장한다. 그는 고통의 현장 즉 사별, 손실, 상실은 창조성과 모종의 관계가 있기에 위기는 하나의 기회, 선한 영향력을 창조해나가는 현장이 될 수 있음을 강조한다. 그에게 고통 그 자체는 "결코 이로운 것이 아니며 늘 싸워야 하는 대상이다. 중요한 것은 사람이 시련 앞에서 어떻게 반응하는가"임을 강조한다.[10] 어떤 반응을 선택하는

---

8 Viktor Emil Frankl, *Man's Search for Meaning*, 빅터 프랭클/이시형 역,『죽음의 수용소에서』(서울: 청아출판사, 2005), 120-121.
9 빅터 프랭클의 글로 알려졌지만 실제 확인되지 않은 인용문이다.

가는 곧 인격적 존재의 문제, 곧 인생과 그 변화에 대한 개인적 태도의 문제이며, 이 선택의 과정에서 중요한 자원은 정말 필요한 도움을 줄 수 있는 의미 있는 관계인 것이다.[11] 가장 근원적인 관계는 하나님과 자신과의 관계이다. 하나님과의 관계를 통해 그리스도인은 자신의 정체성과 존재적 가치 그리고 삶의 목적과 의미를 확인한다. 그러나 관계성은 거기에만 제한되는 것이 아니라 진정한 인간관계, 즉 그 과정을 함께 거쳐 가는 사람들의 진실한 지지와 돌봄을 포함한다. 진정한 인간관계는 자신의 연약함과 상실을 정직하게 발견하고 인식할 수 있는 안전한 장소를 제공해준다. 그리고 이러한 경험은 하나님 앞에서 자신을 있는 그대로 수용할 수 있는 용기를 확인하게 해준다. 자신의 연약함에 대해 그리고 잃어버린 것에 대해 슬픔을 표현할 수 있게 도와준다. 이 과정을 트루니에는 '내적 성숙의 전체적 과정으로서의 애도'라고 표현하는데[12] 그리스도인에게 이 과정은 인간으로서는 이해할 수 없는 상실과 고통에 대한 하나님의 주권과 그분의 선하심 앞에 자발적으로 순복하는 것이라 할 수 있다.

위기의 도전 앞에서 인간에게 작동되는 본능적 반응은 생존과 방어이다. 어떻게 하든지 맞닥뜨린 위협을 해결하고 불확실한 상황을 통제 가능한 현실로 만들어보려는 본능적인 움직임이다. 그러나 통제할 수 없는 상황 앞에서 그런 자신의 실체를 인정하고 수용하는 것은 이런 본능적 움직임을 거슬리는 선택이다. 이러한 과정을 거칠 수 있는 용

---

10 Paul Tournier, *Face a la Souffrance*), 폴 투르니에/오수미 역, 『고통보다 깊은』 (서울: IVP, 2014), 73.

11 투르니에, 『고통보다 깊은』, 65-67, 73.

12 투르니에, 『고통보다 깊은』, 108.

기와 안전한 관계 자원의 중요성을 인식하고 서로가 서로에게 그런 관계성과 자원이 될 수 있는 공동체를 관계 기반으로 누릴 수 있다면 앞으로도 다가올 수 있는 개인적, 사회적, 세계적 차원의 위기는 또 다른 자아 확장과 성장의 기회가 될 수 있을 것이다. 교회는 이런 안전한 애착 관계와 공동체 경험을 공급할 수 있는 곳이자 그런 책임의식을 가져야 하는 세상 속의 기관이다. 그러기 위해 교회는 이에 대한 인식, 그리고 의도적인 사역 비전과 접근을 구축할 필요가 있다. 위기와 스트레스 그리고 트라우마로부터의 회복과 성장의 가능성을 제시해주는 외상 후 성장은 교회 내 영혼 돌봄에 대한 사회과학적 통찰을 제시해줄 수 있는 유익한 개념이다. 이에 대한 통합적인 평가와 더불어 교회 사역적 적용을 제안하고자 한다.

3. 코로나19 팬데믹 상황에서 외상 후 성장

외상 후 성장은 교육학, 심리학 그리고 사회복지학과 같은 분야에서 지속적으로 연구되고 있는 주제이다. 외상 후 성장은 충격적 사건을 겪었음에도 불구하고 외상을 효과적으로 대처하고 극복할 수 있는 능력과 외상 경험 후 긍정적인 심리변화와 성장에 도달하는 능력으로 정의할 수 있다.

1) 외상 후 성장의 자원

외상 후 성장 개념을 최초로 소개한 학자들은 테데시Richard G. Tedeschi와 칼훈Lawrence G. Calhoun이다. 그들은 외상을 겪는 사람이 그 외상 경

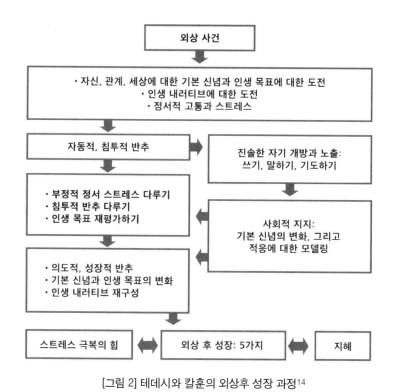

 내부의 텍스트:

외상 사건

· 자신, 관계, 세상에 대한 기본 신념과 인생 목표에 대한 도전
· 인생 내러티브에 대한 도전
· 정서적 고통과 스트레스

자동적, 침투적 반추

진술한 자기 개방과 노출:
쓰기, 말하기, 기도하기

· 부정적 정서 스트레스 다루기
· 침투적 반추 다루기
· 인생 목표 재평가하기

사회적 지지:
기본 신념의 변화, 그리고
적응에 대한 모델링

· 의도적, 성장적 반추
· 기본 신념과 인생 목표의 변화
· 인생 내러티브 재구성

스트레스 극복의 힘

외상 후 성장: 5가지

지혜

[그림 2] 테데시와 칼훈의 외상후 성장 과정[14]

험을 통해 자신의 인생 목표와 세계관에 대해 재평가를 하는 기회를 얻게 될 때, 그 경험은 외상 후 성장에 긍정적으로 작용하게 되는 것을 관찰한다.[13]

외상 발생 시, 대부분의 사람은 도전 앞에 서게 된다. 그 도전이란 자신과 관계 그리고 세상에 대해 가지고 있는 기본적인 신념과 인생

13 Richard G. Tedeschi and Lawrence G. Calhoun, "The Posttraumatic Growth Inventory: Measuring the Positive Legacy of Trauma," *Journal of Traumatic Stress* 9 (1996): 455-471.

14 Richard G. Tedeschi and Lawrence G. Calhoun, "Posttraumatic Growth: Conceptual Foundations and Empirical Evidence," *Psychological Inquiry* 13:1 (2004): 1-18.

목표에 대한 도전이자, 자신의 정체성과 존재적 가치에 뿌리내려 있는 인생 내러티브에 대한 도전이다. 이는 심리적 고통을 동반하며 그 가운데 부정적이자 부적응적인 생각이 자동으로 계속 떠오르게 되는 경험을 하게 되는데, 이를 침습적인 반추intrusive rumination라고 한다. 외상 후 성장을 경험한 사람들은 이런 침습적인 반추의 사이클을 긍정적이고 적응적인 의도적 반추deliberate rumination로 대체해나간다. 이 과정은 외상 후 성장 연구의 가장 강력한 예측 변인으로 나타났고 외상 후 성장에 있어서 주관적이며 왜곡된 사고 처리 작업의 중요성을 확인할 수 있다.15 적응적인 의도적 반추는 외상 경험에 대한 새로운 해석과 의미 과정을 통해 부인하고 싶었던 외상 경험을 삶의 현실로 수용하고 통합시킴으로 외상 경험 이전보다 확대된 인생 내러티브를 구성할 수 있게 한다. 이러한 작업 과정을 거친 사람들에게서 공통으로 관찰되는 것은 외상 후 성장과 더불어 극심한 스트레스를 이겨나간 힘과 지혜이다. 그런데 이 과정은 한 개인이 홀로 감당할 수 없는 성장 과정이다.

침습적 반추에서 의도적 반추로 옮겨갈 수 있기 위해 절대적으로 필요한 전제 조건이 있는데, 이는 바로 자기 노출이며 사회적 지지이다. 극심한 심리적 고통과 지속적으로 침투해오는 부정적이며 부적절한 생각을 일지, 기도 그리고 다른 사람에게 나누는 자기 노출이 전제 조건이다. 진솔한 자기 개방과 노출을 통해 자신과 상황에 대한 바른 인식, 그리고 자기 성찰의 기회를 가질 때, 의도적 반추로 대체할 수 있다는 것이다. 또한, 이 과정을 포기하지 않고 갈 수 있도록 필요한

---

15 Nadia Garnefski, Vivian Kraaij, and Philip Spinhoven, "Negative Life Events, Cognitive Emotion Regulation and Emotional problems," *Personality and Individual Differences* 30 (2001): 1311-1327.

것이 바로 사회적 지지이다. 자신의 연약함과 한계 그리고 고통에 대한 정직한 인식과 수용을 통해 도움을 줄 수 있는 사람에게 도움을 요청하는 행동을 의미한다. 이는 다른 사람의 도움 없이는 스스로 아무것도 할 수 없는 의존적인 상태를 뜻하는 것이 아니라, 자신과 상황에 대한 바른 인식과 수용 그리고 타인이 필요한 도움을 자발적으로 줄 수 있고 또 필요할 때 구할 수 있는 것을 의미한다. 즉 자신과 타인, 그리고 관계에 대한 기본적 신뢰와 안정적 애착 관계의 경험과 관련된 것이다.16

문제는 이러한 관계와 사회적 지지를 가지고 있는 사람이 많지 않다는 것이다. 그러나 그리스도인에게는 올바른 의도적 반추의 작업을 가능케 하는 변치 않는 하나님 말씀이 있고 그 말씀이 성도의 삶 가운데 역사하도록 인도하시는 성령님이 계시다. 또한, 자신의 의로움과 거룩함으로 군림하시는 분이 아니라, 오히려 종의 형태로 우리 가운데 오셔서 인간의 연약함과 수치심까지도 품어주시는 예수 그리스도와 그분의 성품을 본받고자 하는 영적 공동체가 있다. 이것이 바로 사회의 어떤 기관이나 뛰어난 심리 치료사가 결코 제공해 줄 수 없는 교회의 풍요로운 자원이며 고난이 하나님과 자신을 그리고 이웃을 재발견하는 성장의 현장이 되게 해주는 플랫폼이 된다.

2) 외상 후 성장이 가져오는 긍정적 변화

테데시와 칼훈은 외상 후 성장을 경험한 사람들에게서 다섯 가지 공통

---

16 Tedeschi and Calhoun, "Posttraumatic Growth," 1-18.

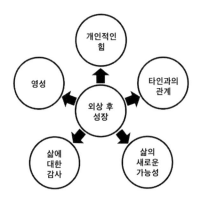

[그림 3] 외상 후 성장의 다섯 가지 요소

된 요소를 관찰한다. 즉 개인적인 힘personal strength, 타인과의 관계 relating to others, 삶의 새로운 가능성new possibilities in life, 삶에 대한 감사appreciation of life 그리고 영성 spirituality이다.

이 다섯 요소를 근거로 세 가지 영역의 변화된 인식을 제안하고 있다.

첫째로 자기 자신에 대한 변화된 인식이다. 통제할 수 없는 위기에 직면하게 되면 두렵고 불안해지지만, 그런 일은 또다시 일어날 수 있다는 생각은 역설적으로 위기에 대처해나갈 능력에 대해 인식을 하게 도와주며, '더 취약한 그러나 더 강해질'(more vulnerable, yet stronger) 기회를 얻게 한다.17 다시 말해 새로운 도전 앞에서 모험하는 신앙을 보이는 사람이 되는 것이다. 자기 자신에 대한 변화된 인식을 가능케 하는 자원은 위에서 나눈 의도적 반추와 인지 재구성이다. 그리스도인에게 의도적 반추와 인지 재구성화의 작업 현장은 말씀 묵상을 통한 자기 성찰 과정일 것이다. 자기 성찰 과정은 부적절한 자기 대화와 고집스럽게 자리 잡은 왜곡된 생각을 발견하고 인식하는 것으로 시작된다. 이는 성령님의 조명 가운데 모든 것을 드러내시는 하나님 말씀의 권위를 인정할 수 있을 때 가능한 변화이다. 또한 "마음을 새롭게 함으

---

17 Richard G. Tedeschi and Lawrence G. Calhoun, *Posttraumatic Growth in Clinical Practice*, 리처드 테데시·로렌스 칼훈/강영신·임정란·장안나·노안영 역, 『외상 후 성장: 상담 및 심리치료에의 적용』 (서울: 학지사, 2015), 29.

로 변화를 받아 하나님의 선하시고 기뻐하시고 온전하신 뜻이 무엇인지 분별하라"(롬 12:2)고 하신 말씀에 대한 절대적인 순종이다. 그러나 고난이 보여주는 민낯의 자신과 마주치는 것, 즉 자신의 내면에 대한 구체적인 인식과 탐구 작업은 만만치 않은 길이다. 그럼에도 불구하고 그리스도인들이 가야 할 길인 것은 환난은 인내를, 인내는 연단을, 연단은 소망을 이룰 것이라는 약속이 있기 때문이다. 그래서 먼저 그 과정을 거쳐간 성숙한 그리스도인들의 구체적인 모델링과 지지가 필요하며 이런 사회적 지지가 있을 때, 용기와 소망을 가지고 갈 수 있는 영적 여정이 되는 것이다.

둘째로 타인과의 관계에서 변화된 인식이다. 삶의 위기는 관계의 질을 검증할 기회가 되며 관계에 대한 분별력을 가지게 해준다. 또한, 위기 극복의 과정은 더 깊고 강한 그리고 의미 있고 중요한 유대 관계를 경험하는 시간이 될 수 있고, 타인의 고통에 대해 공감적 연민을 느끼는 시간이 될 수 있다. 무엇보다 고통을 통과하면서 더 진술하게 자신의 감정과 생각을 신뢰할 수 있는 사람들에게 경계심 없이 표현하는 자기 노출의 사람이 된다.[18] 즉 투명한 사람이 되어간다는 의미이다. 이렇게 자기 노출과 사회적 지지는 대인관계에서 변화된 인식의 자원이다. 그리스도인들에게 자기 노출과 사회적 지지는 자신의 연약함과 가난함 가운데 경험하게 된 하나님의 강하심과 부유하심을 증거하는 통로가 된다. 자신도 상처 입은 한 동료 인간이라는 인식 가운데 자신의 고통과 연약함을 하나님의 선하심과 신실하심을 증거하는 통로로 이웃에게 내어줄 수 있을 때, 방어적인 마음의 무장은 해체되고

---

18 테데시·칼훈, 『외상 후 성장』, 31-32.

서로에 대한 연민과 긍휼은 하나님이 역사하시는 현장이 될 것이다.

셋째로 인생 철학의 변화이다. 인간의 한계와 유한성에 대한 경험은 일상의 중요성과 사소한 순간의 기쁨 그리고 당연시한 타인 관계에 대한 새로운 의미를 발견하게 한다. 위기를 극복해나가는 경험은 인생을 보는 방식과 삶의 우선순위를 재설정하게 해주며 삶에 대한 기본적인 의문이나 실존적 의미를 추구하게 한다.[19] 테데시Tedeschi, 칼훈 Calhoun, 맥밀란Jamie McMillan은 이런 실존적 의문을 종교적 세계관에만 국한하지 않지만, 종교적, 영적 그리고 실존적 영역에 관한 의미를 강조한다. 긍정적 종교성과 영성은 삶을 바라보는 관점, 삶의 의미와 목적 그리고 세상에 대한 보다 성숙한 개념을 제공한다고 보고한 반면, 형식적이고 율법적인 종교성은 외상 사건을 하나님의 심판이나 징벌로 인식하게 하기도 하고 심리적 불안과 우울 증상에 원인을 제공하기도 한다.[20] 이처럼 영적, 종교적 신념은 인간이 삶의 사건을 이해하고 어려운 상황에 대처하는 방법에 큰 영향을 행사한다.

이러한 가능성 앞에서 교회는 고난에 대한 성경적인 관점과 적용을 바르게 교육함으로 방향 제시를 할 필요가 있다. 나아가 성도가 당면하고 있는 위기와 고난에 대해 성경적 지식으로 지성화하거나 서두른 해결 또는 그럴싸한 타협점을 제시함으로 마무리해버리는 것이 아니라 성령의 인도하심 가운데 그 과정을 의미 있게 거쳐 가도록 안내해주는 것이다. 다가온 위기와 고난에만 집중했던 좁아진 시각을 하나님

---

19 테데시·칼훈, 『외상 후 성장』, 35-37.
20 Lawrence G. Calhoun, Arnie Cann, Richard G. Tedeschi, and Jamie McMillan, "Correlational Test of Relationship Between Posttraumatic Growth, Religion and Cognitive Processing," *Journal of Traumatic Stress* 13:3 (2000): 521-527.

나라의 관점에서 재조명하게 되면, 위기와 고난은 하나님 나라로 확대된 내러티브에 근거한 새로운 의미와 목적을 발견할 수 있게 된다.

현대 사회는 위기와 고난 그리고 그로 인해 야기되는 고통을 빠르게 제거하는 것에 초점을 두고 있다. 세속적인 관점에서 볼 때 고통은 불필요한 요소이자 절대 삶의 의미 있는 대목이 아니다. 사회과학 대부분의 접근은 고통을 관리하고 줄이는 것 그리고 고통의 원인을 찾아 없애는 것에 오랜 시간 집중해왔다.[21] 그러나 성경은 고난을 의미 있는 인생의 주제로 바라본다. 고난은 그리스도인들에게 하나님과 자신 그리고 이웃과 세상에 대한 자기중심적이며 주관적인 시각 그리고 자신도 모르게 자리 잡은 왜곡된 관점을 발견하는 기회를 제공한다. 루이스Clive Staples Lewis는 고통을 귀먹은 세상을 불러 깨우는 하나님의 메가폰으로 반항하는 영혼 가운데 진실의 깃발을 꽂으시며 인간의 환상을 깨뜨리시는 하나님의 소리치심이라고 말한다. 만사가 잘 돌아가고 있다는 환상, 원하는 모든 것이 다 내게 있어 더 이상 아무것도 필요치 않다는 환상 그리고 내가 좋아하는 일은 곧 하나님도 바라시는 일이라는 환상을 일깨우는 메가폰이라고 한다.[22]

현재의 코로나19는 그리스도인으로서의 자신 그리고 함께 그리스도의 몸을 이룬 이웃과 교회에 대해 우리가 가지고 있던 환상을 깨뜨리시는 사건이다. 그런 하나님의 소리치심 앞에 겸손히 귀 기울일 수 있는 성도와 교회 공동체가 될 수 있다면 우리는 하나님과 자신, 그리

---

21 고난에 대한 전통적, 세속적, 성경적 관점에 대해 더 알고 싶다면 다음 책을 보라. Timothy Keller, *Walking with God through Pain and Suffering*, 팀 켈러/최종훈 역, 『팀 켈러, 고통에 답하다 – 예수와 함께 통과하는 인생의 풀무불』 (서울: 두란노, 2018).

22 Clive Staples Lewis, *The Problem of Pain*, C.S. 루이스/이종태 역, 『고통의 문제』 (서울: 홍성사, 2018), 141.

고 이웃과 환경에 대한 새로운 통찰과 지혜를 얻게 될 것이다. 또한, 앞으로도 얼마든지 다가올 수 있는 위기 앞에서 자신의 내면을 강건하게 다스려가는 사람으로의 성장을 경험할 수 있다. 무엇보다 자신은 물론 이웃과 교회 공동체를 하나님의 마음으로 품을 수 있는 성숙함에 조금 더 다가갈 수 있을 것이다.

4. 교회 내 영혼 돌봄에 대한 제안

코로나19가 가져다준 기회 앞에서 교회는 영적 공동체로서 미처 포착하지 못하고 있었던 다가올 변화의 필요를 인식함으로 디지털 또는 인공지능의 플랫폼을 통해서도 영과 진리로 예배하는 공동체, 양육 공동체, 사명 공동체 그리고 치유하고 돌보는 회복 공동체를 경험할 수 있도록 준비해야 할 것이다. 무엇보다 사회적 거리와 비대면적인 관계가 요구되고 있는 코로나19 사태 이전부터 이미 사람들로부터 심리적 거리감을 경험하면서 고립되어 있는 성도들을 좀 더 적극적으로 돌보는 방법을 찾아야 한다. 그들의 영적, 사회심리적 필요에 더욱 세심한 관심을 가짐으로 이에 대한 통합적인 돌봄의 통로를 세워나가야 할 것이다.

1) 영혼 돌봄에 대한 새로운 도전

코로나19 이전 교회 공동체는 돌봄이 있어야 하는 성도들을 충분히 돌보았는가를 평가하는 것으로 시작할 수 있다. 비록 위기와 고통 가운데 무너져 있지만, 여전히 그들 가운데 있는 믿음과 소망에 대한 영적 갈망을 확인시켜주고 그들이 하나님 안에서 힘을 얻고 나가야 할 길을 향해 발걸음을 옮길 수 있도록 옆에서 지지해주는 돌봄의 과정을 함께 하는 교회였는가에 대한 평가이다. 하나님의 말씀으로 무장된 경건한 그리스도인으로 살아가고 싶은 진정한 영혼의 갈망을 하고 있으나 혼자서 해결할 수 없는 고난, 그로 인한 염려와 불안에 지배받고 있을 때, 지나간 위기의 기억과 감정들이 홍수처럼 엄습해올 때 그리고 용기를 내어 손을 들고 소리치며 도움을 구해왔을 때, 그들의 손이 닿을 수 있도록 가깝게 존재하는 공동체였는가 하는 것이다.

돌봄이 필요한 상태는 그 자체로 삶에 대한 소극적인 태도를 취하게 만든다. 믿음으로 위기를 극복하지 못했다는 자각이 때론 자신에 대한 정죄감과 죄책감으로 이어지게도 한다. 있는 모습 그대로 받아들일 수 있다는 작은 소망이라도 느끼지 않는다면 자신이 만들어놓은 방어벽을 스스로 찢고 나올 수 없다. 코로나19의 비대면 또는 사회적 거리 두기의 지침 때문에 위협받아 나오지 못하는 것이 아니라 그 이전에 이미 '교회는 나에게 그럴 수 있는 곳은 아니야'라는 주관적 판단이 그들을 나올 수 없게 만드는 것이다. 밝게 웃는 모습으로 주일날 교회에서 분주하게 봉사하는 많은 성도 가운데 가슴에 숨겨진 고통을 말하지도 못하고 해결하지도 못하는 죄책감과 불안감을 가지고 살아가는 사람들은 생각보다 많을 것이다. 이들이 마음을 열 수 있게 해줄 수 있는 것은 바로 교회가 지향하는 가치이며 그로 인해 교회 공동체 내 자리 잡게 되는 분위기이다. 이는 명료하게 설명되지 않기에 더 강력한 암묵적 경험으로 사람의 내면에 저장된다.

돌봄에 대한 교회의 인식은 대부분의 경우 목회자와 교회 리더십의 비전과 연관된다. 교회의 예배와 교육 방침 그리고 사역과 예산이 이를 반영한다. 교회 내 돌봄 사역이 있고 없고의 문제가 아니다. 작은 교회에서 그런 사역을 독립적으로 운영할 수 없다 하더라도 영혼 돌봄에 대한 목회자의 비전이 있다면 예배를 통해, 공동체적 코이노니아를 통해, 말씀 나눔을 통해 증거되고 확인될 것이며 이는 성도의 삶 가운데 그리고 그들 간의 교제 가운데도 영향을 미치게 된다.

다음의 과제는 돌봄의 통로를 어떻게 구축할 것인가이다. 돌봄의 비전이 교회 가운데 있다면 실현될 수 있는 통로가 마련되어야 할 것이다. 많은 가능성이 있지만, 그 가운데서 한 가지를 제안한다면 영혼의 대화가 가능한 소그룹 구성과 리더 양성이다.

2) 영혼의 대화를 가능케 하는 소그룹

외상 후 성장 모델에서 본 것처럼 회복과 성장을 위해 절대적으로 필요한 것은 자기 노출, 인지 재구성과 사회적 지지이다. 소그룹은 그룹 구성원과의 인격적 만남이 이루어질 수 있으므로 이러한 상호작용을 가능케 한다. 고난을 겪은 욥이 위로하는 친구들을 위로는커녕 오히려 '재난을 주는 위로자들'(욥 12:2)이라고 반박한다.

교회에는 참으로 좋은 의도를 가진 열심 있는 성도들이 많이 있다. 그러나 상대의 상황에 대해 잘 알지 못하면서도 지식 창고에 저장되어 있는 말씀으로 빠른 처방을 전하는 성도, 또는 상대에게 도움을 줄 수 있는 자신의 능력과 자원에 관한 관심이 더 우선시되어 있는 성도와의 만남은 회복과 성장의 통로가 되기보다 오히려 도움받고자 하는 마음을 다시 한번 좌절시키는 결과를 초래한다. 그러기에 소그룹 내 회복과 성장은 단순히 소수의 만남이라는 개념을 넘어서야 한다. 서로에 대한 진정한 관심과 배려에 뿌리내린 마음이 그리스도 안에서 서로에 게 이어지고 이러한 연대 관계가 제공하는 안전함이 자리 잡을 때 성 령님의 기름 부으심 가운데 가능해지는 성령님의 역사이다. 외상 후 성장 과정의 자기 노출은 이런 만남에서 가능해진다. 그뿐만 아니라 이런 영적 관계 가운데 나누는 지혜로운 말과 권면은 마음을 새롭게 하시는 성령님의 통로가 될 수 있고 하나님의 선하시고 기뻐하시고 온 전하신 뜻을 분별하는 현장이 될 수 있다.

이를 위해 소그룹의 목적과 의미를 분명히 세우고 진실한 성도의 교제가 가능한 소그룹 체계를 구축할 필요가 있다. 비대면인가 대면인 가는 이차적인 문제일 것이다. 육체를 가진 인간으로서 몸과 몸이 마 주하는 대면적 만남이 돌봄의 현장에서 가지는 의미는 크다. 그렇지만 대면할 수 없기에 돌봄을 희생할 수는 없다. 이 시점에서 비대면이 가 지고 있는 긍정적인 가능성을 적극적으로 활용한다면 두 가지의 통로 를 통해 교회 내 돌봄은 더 많은 자원으로 보강될 수 있다. 그보다는 소그룹이 어떤 의도로 존재해야 하는가 하는 본질적 의미를 분명히 한 다면 형태는 상황에 따라, 성도의 필요에 따라 얼마든지 창조적으로 접근할 수 있다.

하나님과의 친밀한 만남 그리고 성도들과 연결되고자 하는 것은 영 혼의 깊은 갈망이다. 현대사회의 개인주의와 진솔한 소통의 부족 그리 고 약화되어가는 공동체 의식들은 연결에 대한 목마름을 더욱더 깊게 할 것이다. 소그룹 내의 인격적인 만남과 진솔한 나눔의 필요는 점점 더 증가할 것인 만큼 바로 지금이 영혼의 대화가 가능한 소그룹을 심 각하게 고민해야 할 시간이다.

만일 교회의 상황이 허락한다면 구체적인 지지 그룹 형태의 소그룹을 구성할 수 있다. 예를 들어, 가족을 잃은 사별자 애도 지지 그룹, 이혼 또는 결손 가정 지지 그룹, 또는 십 대 부모 지지 그룹들이다. 일반적인 소그룹에서 나누기 힘든 상황, 또는 몇 번 시도해 보지만 오히려 이해받을 수 없었던 경험 때문에 깊은 고립감과 외로움을 오랜 시간 지속하게 되는 성도들을 위한 지지 그룹이다. 이혼처럼 불필요한 상실을 경험하지 않도록 교육하고 도움을 주는 예방 차원의 사역도 중요하지만, 돌이킬 수 없는 상실을 경험한 사람들이 아직 잃어버리지 않은 것을 지키고 또다시 선한 삶에 대한 소망을 가지고 회복될 수 있도록 돕는 사역이 너무도 절실하다. 홀로 감당하기엔 너무도 힘든 상황이지만 함께 해주는 사람이 있다면 충분히 맞설 수 있는 것은 세 겹줄은 쉽게 끊어지지 않기 때문이다(전 4:12).

3) 회복 여정의 동반자로서 소그룹 리더

회복과 성장의 목적 있는 소그룹이 가능하기 위해 필요한 것은 소그룹 리더 훈련이다. 교회가 가지고 있는 너무도 귀중한 자원은 바로 은사 있는 성도들과 하나님 나라를 이루고자 하는 그들의 열심이다. 돌봄이라는 구체적인 목적과 의도 아래 구성되는 소그룹인 만큼, 리더로서 영적인 모델링과 멘토링을 할 수 있는 성숙한 성도로 무엇보다 자신의 위기와 고난에 대한 성경적 이해와 그 여정에 대한 통합적 내러티브를 가지고 있는 사람이어야 한다. 상처 있는 치유자로서 자신의 연약함에 대한 인식 그리고 근원적인 치유자이신 예수 그리스도의 사랑과 은혜에 대한 온전한 고백이 회복의 여정을 함께하는 동반자com-panion의 역할을 바르게 감당할 수 있게 하기 때문이다. 영혼 돌봄에 대한 비전과 열정을 가진 은사 있는 성도들이 인격적 돌봄의 기본적인 태도, 인간 본성에 대한 성경적 지식과 이해 그리고 인생 여정에서 보편적으로 경험하게 되는 고통과 상실 등에 대해 훈련받게 되면 그들은 그리스도의 몸을 세우는 귀한 피플 헬퍼people helper들이 될 수 있다. 무엇보다 소그룹 리더로 헌신하는 성도들은 영혼 돌봄에 대한 참된 의미와 헌신의 소중함을 섬기는 과정을 통해 더 깊게 체험할 뿐 아니라 자신과 가족을 건강하게 돌보는 사람으로 성장해갈 것이다. 즉 담임 목사의 목회적 철학과 비전 가운데 공동체 전체가 서로를 보살피는 관계성과 자원을 가지게 된다.

영혼 돌봄이 필요로 하는 것은 함께 행하는 것doing with 이전에 함께 있는 것being with이다. 코로나19 이전에도 성도들은 자신과 가족관계 가운데 경험하는 많은 위기와 마주하고 있다. 그리고 그 앞에서 좌절할 때마다, 자신의 연약한 믿음과 그리스도인의 삶에 대한 회의를 경험한다. 이러한 경험은 불필요한 것이 아니라 바로 외상 후 성장의 기회이자 시작점이다. 그러나 성도가 자신의 좌절과 실패 앞에서 이러한 인식을 가질 수 있는 교회의 분위기가 허락되지 않는다면 성도는 자신의 현실을 부끄러운 것으로, 숨겨야 할 것으로 취급하게 된다. 바라기는 경건한 삶을 추구하는 갈망과 더불어 그럴 수 없기에 경험하는 좌절감과 이를 방해하는 내면의 문제를 있는 그대로 드러내고 도움을 구할 수 있는 곳이 바로 교회가 될 수 있기 바란다.

5. 나가는 글

코로나19는 개인과 교회 공동체에 많은 도전을 던진다. 그러나 이것은 내일을 향해 나가기 이전 잠시 멈추어 서서 안락한 일상에서 잃어버린 소중한 것을 되찾고 우리 가운데 있는지도 몰랐던 가능성과 새로운 힘을 확인하며 나가는 시기가 될 수 있다. 위기와 고통, 상실과 좌절감까지도 성장을 향해 발돋움할 수 있는 현장으로 만드시는 분이 바로 하나님이시다. 이를 위해 마음이 상한 자를 고치며 포로된 자에게 자유를, 갇힌 자에게 놓임을 선포하며 그들이 의의 나무 곧 여호와께서 심으신 그 영광을 나타낼 자라 일컬음을 받게 하시려는 하나님의 선하심을 증거하기 위해 힘을 다하여 수고하는 영적 공동체로서의 교회가 되어야 할 것이다.

2부

포스트코로나 시대의
신앙과 신학

포스트코로나 시대와 예배
: 주일 성수와 주일 공예배

정요석

1. 서론

코로나19 대감염으로 사회와 신앙생활 전반에 걸쳐 예전에 경험하지 못한 큰 변화가 일어나고 있다. 코로나19 감염 사태가 심각해지면서 각국 정부는 국민에게 이동제한과 집합금지 그리고 교회에 비대면예배 등의 조치를 내리고 있다. 이 글은 정부의 이런 조치들이 방역차원에서 이루어진 합리적인 것으로 전제한 상태에서, 비대면 예배의 영상중계가 신학적으로 적절한지 그리고 참된 예배가 무엇인지에 대하여 웨스트민스터 신앙고백(The Westminster Confession of Faith)에 근거하여 살펴본다.

1643년부터 1648년에 영국 웨스트민스터 사원에서 열린 웨스트민스터 회의는 신앙고백, 대요리문답과 소요리문답, 교회정치와 예배모범(The Directory for the Public Worship of God)을 작성한다.[1] 이것들을

---

1 웨스트민스터 총회의 역사에 대해서는 다음을 참조하라. Robert Letham, *The Westminster Assembly: Reading its theology and in historical context*, 로버트 레담/권태경 역, 『웨스트민스터 총회의 역사』 (서울: 개혁주의신학사, 2014).

[그림 1] 웨스트민스터 총회 모습

합동, 통합, 합신, 고신, 대신, 백석 등과 같은 한국의 대부분 장로교 교단들이 헌법에서 채택하고 있고, 목사와 장로와 집사 임직 시 이것들을 따르겠다는 선서가 아래처럼 이루어진다. 따라서 웨스트민스터 신앙고백과 예배 모범은 장로교 교단들의 기준이 되므로 이것에 근거하여 예배에 대하여 살펴보는 것은 성경의 내용에 따라 중요 사항들을 판단하는 보수적 교인들이 받아들일 수 있는 내용이다. 총 33장으로 이루어진 웨스트민스터 신앙고백은 제21장에서 "종교적 예배와 안식일"(Religious Worship, and the Sabbath Day)을 다루고, 제21장은 총 8항으로 이루어져 있다.[2]

---

2 웨스트민스터 신앙고백 전체에 대한 해설은 다음 책을 참조하라. Robert Shaw, *An Exposition of The Confession of Faith: Westminster Assembly of Divines*, 로버트 쇼/조계광 역, 『웨스트민스터 신앙고백 해설』(서울: 생명의말씀사, 2014).

① 신구약 성경은 하나님의 말씀이요 신앙과 본분에 대하여 정확 무오한 유일의 법칙으로 믿느뇨?

② 본 장로회 신조와 웨스트민스터 신도 개요 및 대소요리 문답은 신구약 성경의 교훈한 도리를 총괄한 것으로 알고 성실한 마음으로 받아 신종하느뇨?

③ 본 장로회 정치와 권징 조례와 예배 모범을 정당한 것으로 승낙하느뇨?[3]

2. 예배의 의의와 대상 그리고 기도

먼저 웨스트민스터 신앙고백 제21장 중 제1항부터 제4항까지를 살펴본다.

① 본성의 빛은 만물에 대한 지배권과 주권을 갖고 계시고, 선하시고 그리고 만물에게 선을 행하시는 하나님께서 존재하신다는 것을 보여주며, 그래서 온 마음과 온 영혼과 온 힘을 다해 하나님을 경외하고, 사랑하고, 찬송하고, 이름을 부르고, 의지하고, 섬겨야 한다는 것을 보여준다. 그러나 참되신 하나님을 예배하는 인정될 만한 방식은 하나님 자신에 의해서 제정되고, 따라서 그 자신의 계시된 뜻으로 제한된다. 이는 하나님께서 사람의 상상이나 고안에 따라서든 또한 사탄의 제안에 따라서든, 눈에 보이는 어떠한 형상으로든 또한 성경에 규정되지 않은 다른 어떠한 방식으로든 예배되지 않도록 함이다.

---

3 이것은 대한예수교장로회 합동 교단의 선서이다.

② 종교적 예배는 성부, 성자, 성령 하나님께 드려야 하고, 오직 그분 께만 드려야 하지, 천사들이든 성인들이든 어떤 다른 피조물이든 안 되고, 타락 이후에는 중보자 없이는 안 되고, 그리스도 한 분을 제외한 다른 어떤 중보로도 안 된다.

③ 감사함으로 드리는 기도는 종교적 예배의 각별한 요소이므로, 하 나님께서 모든 사람에게 요구하신다. 하나님께서 기쁘게 받으시 는 기도가 되려면 성자의 이름으로, 하나님의 영의 도움에 의하여, 하나님의 뜻에 따라서, 이해(지혜), 경외(존경), 겸손, 열정, 믿음, 사랑, 인내로 해야 하고, 소리를 낸다면 알려진 언어로 해야 한다.

④ 기도는 합법적인(lawful) 것들을 위해서, 그리고 살아있거나 앞으 로 살게 될 모든 사람을 위해서 해야지, 죽은 자들을 위해서나 혹은 죽음에 이르는 죄를 지은 것으로 알려진 자들을 위해서는 안 된다 (Prayer is to be made for things lawful, and for all sorts of men living, or that shall live hereafter: but not for the dead, nor for those of whom it may be known, that they have sinned the sin unto death).

제1항은 본성의 빛이 하나님께서 존재하신다는 것을 그리고 사람 들이 하나님께 예배하여야 함을 보여주고, 하나님을 예배하는 방식은 하나님께서 제정하시고 계시하신 뜻(성경)에 따라 제한된다고 말한다. 제2항은 예배는 중보자 그리스도를 통하여 오직 삼위 하나님께 드려 야 한다고 말하고, 제3항과 제4항은 예배의 각별한 요소인 기도에 대 하여 언급한다. 제1항부터 제4항은 신자들이 특별히 교회당에서 공적 집회로 모여 드리는 것만을 예배라고 규정하지 않는다. 일반적으로 많

은 사람이 예배를 신자들이 주일날 교회당에서 모여 목사의 사회와 설교로 이루어지는 공적 집회의 예배로 한정 짓는 경향이 있는데, 웨스트민스터 신앙고백은 제5항~제8항을 통해 알 수 있는 것처럼 공예배만이 아니라, 사적 예배도 동시에 언급하고 있다. 제1항이 말하는 것처럼 온 마음과 영혼과 힘을 다해 하나님을 경외하고, 사랑하고, 찬송하고, 이름을 부르고, 의지하고, 섬기는 것은 공예배만이 아니라, 가정예배와 개인예배와 일상의 삶에서도 이루어져야 한다. 이제 제5항부터 제8항까지 한 항씩 살펴보자.

⑤ 경건한 경외심으로 성경을 읽는 것, 말씀을 바르게 설교하는 것과 하나님께 순종하며 이해와 믿음과 떨림(경외)으로 말씀을 양심적으로 듣는 것, 마음에 은혜를 담아 시편을 찬양하는 것(감사하는 마음으로 시편을 찬양하는 것)은 하나님께 드리는 정규적(正規的) 종교적 예배의 요소들인데, 이는 또한 그리스도에 의해 제정된 성례를 적합하게 시행하는 것과 합당하게 받는 것이 정규적인 종교적 예배의 요소인 것과 같다. 그밖에 종교적 맹세, 서원, 엄숙한 금식, 그리고 여러 경우를 감사하는 것도 있는데, 이것들은 여러 형편과 때에 맞추어 거룩하고 종교적 방식으로 행해져야 한다.

제5항은 정규적인 종교적 예배의 요소들(parts of the ordinary religious worship)에 대하여 말한다. 비로소 제5항이 일상 삶에서의 예배와 개인 예배와 가정예배 같은 사적 예배가 아니라, 신자들이 공적으로 모여 드리는 정규적 공예배에 대하여 언급한다. 제5항이 "정규적ordinary"이라는 단어를 사용하여 성경읽기, 설교, 시편찬양, 성례와 같이 공식 순서들이 있는 공예배에 대하여 언급한다. 따라서 예배라고 하면 공예배와 사적예배 모두를 포함하는 것이지, 공예배만을 언급하는 것이 아니다.

> ⑥ 기도이든 종교적 예배의 다른 어떠한 요소이든 지금 복음하에서는 이것들이 행해지거나 가리키는 어떤 특정 장소에 의해서 매이지도 않고 더 기쁘게 받아지지도 않는다. 하나님께서는 모든 곳에서 영과 진리로 예배되어야 한다. 사적 가정들에서 매일 예배되어야 하고, 은밀한 중에 혼자 각각에 의해 예배되어야 하는 것처럼, 공적 집회들에서도 더 엄숙하게 예배되어야 한다. 하나님께서 자신의 말씀이나 섭리에 의하여 이것들로 부르실 때에 이것들이 부주의나 고의로 무시되거나 버려져서는 안 된다(Neither prayer, nor any other part of religious worship, is now under the gospel, either tied unto, or made more acceptable by any place in which it is performed, or towards which it is directed: but God is to be worshiped every where, in spirit and truth: as in private Families, daily, and in secret, each one by himself; so, more solemnly, in the public Assemblies, which are not carelessly, or willfully to be neglected, or forsaken, when God, by his Word or Providence, calleth thereunto).

제6항은 예배 장소에 대하여 언급한다. 복음하에서는 구약시대와 달리 예배의 어떠한 요소들도 이것들이 행해지거나 가리키는 어떤 특정 장소에 의해서 매이지 않는다. 하나님은 영이시므로 모든 곳에서 영과 진리로 예배하여야 한다(요 4:24). 영과 진리로 사적 가정들이 매

일 예배하여야 하며, 각 개인이 은밀히 예배하여야 하는 것처럼, 공적 집회들도 영과 진리로 더 엄숙하게 예배하여야 한다. 웨스트민스터 신앙고백은 예배를 개인 예배와 가정예배와 공적 집회 예배, 세 가지로 구분하고 있다. 세 예배가 모두 영과 진리로 드려져야 하는데, 공적 집회가 다른 점은 더 엄숙하게 예배하는 것이다. 웨스트민스터 신앙고백은 특별한 언급이 없는 한 예배라는 단어로 세 가지 예배들을 모두 포함한다.

예수께서는 사마리아 여인이 예배하는 장소가 어디냐고 질문할 때에 하나님은 영이시므로 예배하는 자가 영과 진리로 예배하여야 한다고 말씀하셨다(요 4:24). 이것은 하나님께서 영이시라 장소에 갇히거나 영향을 받지 않고 장소를 초월하시므로 신자들이 어디에서나 영과 진리로 하나님께 예배를 드릴 수 있다는 의미이다. 영은 장소에 갇히지 않고, 피조물과 같은 형상을 갖지 않고(신 4:15), 살과 뼈가 없고(눅 24:39), 성정이 없다(행 14:15). 살과 뼈가 없다는 것은 신체가 없다는 것이고, 신체를 이루는 요소들도 없다는 것이며, 신체의 작동과 반응으로 말미암은 지정의(성정, 性情)도 없다는 것이다. 하나님은 영에 맞는 무한한 지정의를 가지지, 절대로 신체에 맞는 지정의를 가지지 않는다. 영이신 하나님은 사람의 존재 형태와 크게 다르고, 사람에게 보이지 아니한다(딤전 1:17). 하나님께서 보이지 않는다는 것은 단지 사람의 물리적 눈만을 언급하는 것이 아니라 사람의 어떠한 인식 방법으로도 관측되지 않는다는 것이다. 너무나 무한하시고 완전하시고 영이신지라 사람의 인식 능력을 넘어서서 존재하시고 활동하신다. 그러므로 사람이 어디에서나 영과 진리로 예배할 때에 하나님께서 그 예배를 받아주신다.

[그림 2] 가정 예배

제6항은 말미에서 하나님께서 자신의 말씀이나 섭리에 의하여 예배들로 부르실 때에 부주의나 고의로 무시되거나 버려져서는 안 된다고 말한다. 이 예배가 공적 집회만을 의미하는 것이라면 제6항은 공예배를 크게 강조하는 것이 되고, 개인 예배와 가정예배도 포함한다면 이 예배들도 공예배와 똑같이 강조되는 것이다. 영어의 마지막 문장의 마지막 단어 "thereunto"가 공적 집회만을 가리키는지 아니면 예배들 모두를 가리키는지에 따라 의미가 달라진다. 여하간 제6항은 예배는 절대로 무시되거나 버려져서는 안 됨을 강조하고 있다.

⑦ 하나님의 예배를 위해 일반적으로 시간의 적절한 분량을 따로 마련하는 것이 바로 본성의 법으로 인한 것이듯, 하나님께서는 바로 자신의 말씀으로 칠 일 중 하루를 안식일로 특별히 지정하시어 자신을 향해 거룩하게 지키도록 하셨는데 모든 시대에 모든 사람을 구속하는 '명문화된, 도덕적인, 영구적인 계명'에 의하여 하신다. 이날은 세상의 처음부터 그리스도의 부활까지 한주의 마지막 날이다. 그리고 그리스도의 부활부터는 한주의 첫째 날로 변하는데, 성경에서 주일이라 부르고 세상 끝날까지 기독교 안식일로 계속되어야 한다.(As it is of the law of nature, that, in general, a due proportion of time be set apart for the worship of God; so,

제7항은 예배 시간에 대하여 언급한다. 하나님은 자신의 말씀으로 '명문화된, 도덕적인, 영구적인 계명'에 의하여 안식일을 거룩하게 지키도록 하신다. 이 안식일이 그리스도의 부활부터는 한주의 첫째 날로 변하는데, 성경에서 주일이라고 부른다. 주일 성수는 세상 끝날까지 기독교 안식일로 계속되어야 한다.

⑧ 이 안식일은 이럴 때 주께 거룩하게 지키는 것이다. 즉 사람들이 자신들의 마음을 적절하게 준비하고 자신들의 일상사를 미리 정돈한 후에, 자신들의 세속적인 직업에 속한 일과 말과 생각으로부터 그리고 오락으로부터 온종일 거룩한 휴식을 지킬 뿐만 아니라, 전체 시간을 하나님의 예배를 공적으로 사적으로 시행하는 것에 그리고 불가피한 일과 긍휼을 행하는 것에 쓸 때이다.

제8항은 안식일을 지키는 방법에 대하여 말한다. 안식일에는 거룩한 휴식을 지켜야 하고, 전체 시간을 공적 예배와 사적 예배와 불가피한 일과 긍휼의 행함에 사용하여야 한다.

3. 주일 성수와 주일 공예배

일부 사람들은 주일에 공적 예배를 드리면 주일 성수를 한 것으로 착각하는 경향이 있다. 하지만 주일 성수를 한다는 것은 공적 예배를 드리는 것 이외에도 남는 시간에 사적 예배와 불가피한 일과 긍휼을 행하는 것에 있다. 공적 예배를 드리면 주일 성수를 한 것으로 여기게 될 때 신자들이 범하는 첫째 오류는 공적 예배 이후에 자신들이 하고 싶은 것들을 마음껏 하는 것이다. 골프를 주일에 칠지라도 가장 이른 시각에 있는 예배를 드린다면 주일 성수를 한 것으로 여기는 경향이 있다. 주일에 공적 예배를 드리고 골프를 치려는 그 태도에 기특한 면이 있지만, 그럼에도 이것은 부분적인 주일 성수이지 온전한 주일 성수가 아니다. 주일 성수와 주일 공예배는 같지 않고, 주일 성수는 주일 공예배보다 더 넓은 개념이다. 주일에 공예배에 참석한 것으로 할 바를 다 했다 여겨 나머지 시간에 자신이 하고 싶은 일들을 마음껏 해서는 안 된다.

둘째 오류는 주일 공예배를 어떠한 상황에서도 꼭 드려야 하는 것으로 여기는 것이다. 한국에서 제7항에 있는 "a positive, moral, and perpetual commandment"의 "positive"를 번역할 때에 대부분의 번역문이 "적극적"으로 번역하였고, 일부가 "엄숙한", "분명한", "절대적" 등으로 번역하였다. 하지만 이 단어가 법(law or commandment)과 연관되면 실정법實定法의 뜻을 갖는다. 특히 제7항의 앞 문장에 "본성의 법the law of nature"이란 단어가 나오므로, "a positive commandment"는 이와 대조되는 개념으로 "실정법"(명문화된 법)이 된다.

주일 성수를 주일 공예배와 같게 여기는 이들이, "a positive commandment"를 "절대적인 법"으로 번역하게 되면 "주일 공예배는 절대적이고 도덕적이고 영원한 계명이다"라는 명제가 형성된다. 이 명제를 받아들이는 신자들은 주일 공예배는 절대적인 것이므로 어떠한 상황에서도 드리는 것으로 생각하기 쉽다. 전염병과 전쟁과 같은 불가피한 상황에서도 주일 공예배는 빠뜨릴 수 없는 절대적인 사항이 되는 것이다.

하지만 제8항이 말하는 것처럼 주일 성수는 단지 공예배만을 의미하지 않는다. 전쟁과 폭동과 태풍과 장마와 전염병과 같은 상황을 인하여 정부가 외부 이동을 금지할 때에 공예배를 드릴 수 있는 현실적 방법이 없기 때문에, 신자들은 공예배를 가정예배와 개인 예배로 대신할 수 있다. 사적 예배에 정규적 예배의 요소들이(parts of the ordinary worship) 최대한 포함되도록 노력하면서 예배하여야 한다. 일반 성도가 가정예배와 개인 예배를 드릴 때 설교 말씀을 직접 들을 수 없으므로, 교회는 설교문을 주중에 직접 심방이나 팩스나 이메일이나 카카오톡 등을 통하여 전달하고, 신자들은 사적 예배 시 가장이 그 설교문을 낭독하는 것은 한 방법이 될 수 있다. 여하간 주일 예배는 주일 성수라는 측면에서도 매우 중요하고, 특히 공예배는 더욱 엄숙하게 드려야 하고, 공예배에 사적 예배에 포함되지 않는 말씀 선포와 성례 시행이 있으므로 교회와 신자들은 주일에 공예배가 이루어지도록 최대한 노력해야 하고, 부득이한 사정으로 공예배를 드릴 수 없을 때 사적 예배로나마 꼭 예배하여야 한다.

4. 비대면 예배의 영상 중계

지금 한국이나 미국에서는 스마트폰, 유튜브, 페이스북, 네이버 밴드 등을 통한 영상 중계가 어렵지 않게 이루어지고 있다. 교회가 비대면 예배를 영상으로 실시간 중계하고, 그것을 교인들이 자신들의 처소에서 시청하는 일이 기술적으로 그리고 기기의 보급률 등에서 큰 어려

[그림 3] 개인 경건

움이 없다. 나이 든 성도들일수록 영상 예배에 익숙하지 않아 현장 예배와 같은 은혜와 감동을 못 받는 경향이 있고, 일부 작은 교회들이 영상 중계와 시청에 기술적인 어려움이 다소 있을지 몰라도, 기술적인 측면에서 영상예배의 중계와 시청이 크게 어렵지 않다.

따라서 비대면 예배의 가능 여부는 기술적인 면보다 전쟁과 태풍과 전염병 창궐과 같은 불가피한 경우에 비대면 예배가 성경적으로 옳으냐 하는 신학적 측면에 있다. 제6항은 예배가 복음하에 어떤 특정 장소에 의해 매이지 않는다며 가정예배와 개인 예배와 공적 집회 예배가 존재한다고 말한다. 하나님은 영이시므로 예배자가 영과 진리로 예배하여야 한다는 성경 말씀(요 4:24)에 근거하여 하나님께서는 모든 곳에서 영과 진리로 예배 되어야 한다고 말한다. 그러므로 이동의 제한으로 공예배가 불가능한 불가피한 상황 동안에는 가정예배와 개인 예배를 각자의 처소에서 드려야 한다. 하나님께서는 사람과 같이 육체를 갖지 않으시며 시간과 공간의 제한을 받지 않으시는 영이시므로 신자들이 가정의 마루나 개인의 골방에서 드리는 예배도 기쁘게 받으신다.

하물며 건강한 소수가 예배당에서 공예배를 드리며 이를 실시간으로 중계하고, 성도들이 처소에서 그 영상예배를 기기들을 통하여 시청하면서 경건한 복장과 자세로 참여한다면 그 예배를 하나님께서 기쁘게 받으시지 않겠는가. 물론 성도들이 직접 예배당에서 공예배에 참석하는 것과 다르겠지만, 당분간 비대면 예배의 영상 중계는 불가피한 상황에서 채택할 수 있는 공예배의 한 방법이 될 수 있다. 전쟁과 태풍과 전염병과 같은 불가피한 상황에서 신자들이 공예배 현장에 참여할 수 없다면 비대면 예배의 영상 중계는 웨스트민스터 신앙고백에 의하면 교회와 신자들이 채택할 수 있다. 과거에는 생각할 수 없었던 실시간 예배의 중계와 시청이 과학의 발달로 가능해졌으니 신자들은 이를 편리한 도구로 받아들여 공예배에 활용할 수 있다.

영상예배는 코로나19 사태로 처음 드러난 현상이 아니다. 코로나19 사태 이전에도 많은 교회가 이미 예배를 녹화나 실시간으로 영상을 송출한 바 있다. 기독교 방송국들도 정규적 예배 전부가 아니라 설교를 중심으로 영상을 송출하고 있다. 이처럼 비대면 예배의 설교 영상 송출과 시청은 이미 보편화되어 있다. 비대면 예배가 코로나19 감염 사태가 심각한 지역에 있는 교회들 모두에게 적용되며 신자들의 첨예한 관심 사항이 되었고, 일부 교회들이 정부의 비대면 예배 지침에 동의하지 않고 현장 예배를 강조하다가 언론의 보도와 비판을 받으며 신학적 이슈가 되고 있다.

신자들이 평상시 주일날 공예배만 아니라 가정예배와 개인 예배도 드리고, 성도들과 풍성하게 교제를 나누며 어려움을 서로 돕고 기쁨을 배가시켜왔다면 코로나19 대감염 아래에서 비대면 예배를 넉넉하게 수용할 수 있다. 면대면의 주일 공예배만이 줄 수 있는 은혜와 유익이 분명히 크지만, 평상시 온전한 주일 성수와 가정예배와 개인 예배를 통해 하나님을 깊이 만나 풍성한 은혜를 받고 있다면 비대면 예배의 영상 중계에서도 경건히 참여하여 은혜를 받을 수 있고, 아예 전염병이 심해 비대면 예배마저 이루어지지 않을지라도 넉넉하게 견딜 수 있다. 신자들은 주일 비대면 예배가 몇 달 되더라도 온전한 주일 성수를 통하여 경건을 유지하도록 노력하여야 한다.

비대면 예배가 이루어지는 상황에서는 가정예배의 중요성이 더욱 커진다. 가족 구성원들로 이루어지는 가정예배는 가족 구성원들 간에 이루어지는 면대면 예배이다. 가정 부모의 권위와 책임감이 중요하다. 부모는 가정에서 선지자와 제사장과 왕의 역할을 맡는다. 이동의 제한으로 교회의 사역자들이 이 역할을 충분히 하지 못할 때 부모가 이 역할을 해야 한다. 실제로 각 가정이 비대면 예배를 영상으로 참여하면서 온 가족이 같이 예배에 참여하고 말씀을 공유하며 하나가 되는 경험을 했다고 많은 가정이 말한다. 그간 주일이 되면 뿔뿔이 흩어져 교회당에서 대면 예배를 드렸지만, 정작 가족 구성원들은 서로가 비대면 예배를 드린 셈이었다. 자녀가 성장할수록 다른 교회들을 다니기도 하고, 큰 교회를 다닐수록 주일에 가족 구성원들이 각자의 나이와 시간에 맞는 예배에 참여하며 가족이 뿔뿔이 흩어진다. 이것이 비대면 예배를 인하여 가정에서 대면 예배로 회복된 것이다. 이동제한으로 가정에 머무는 시간이 많아지면서 부모가 자녀들에게 영향을 미칠 여건이 형성된다. 이때 평상시 가정예배가 활성화되어 있다면 가족의 신앙이 군건하게 형성되는 기회로 선용할 수 있다. 이런 면에서 포스트코로나 시대는 인생살이와 신앙생활에서 본질과 핵심이 무엇인지 알려주고 있다. 가정이 얼마나 중요한 것인가를 알려주고, 교회 생활 중 폐지하거나 축소해야 할 것이 무엇인지를 알려준다.

5. 포스트코로나 시대의 예배

포스트코로나 시대의 예배에서는 성도들이 비말이 전파되지 않도록 교회당에서 적당한 거리 간격으로 앉고, 마스크를 착용하고, 큰 소리의 찬양과 통성기도를 절제하고, 많은 성도가 참여하는 행사를 하지 않는다. 코로나19 감염 사태가 심각해질수록 비말이 전파되기 쉬운 찬양대와 통성 기도와 성찬과 단체 행사는 축소되거나 폐지되고 있다. 이러다 보니 예배 요소들이 매우 간단해지고 설교가 무엇보다 중요해지고 있다.

줌zoom이나 구글 미트Google Meet를 통하여 성경공부나 당회나 제직회나 구역모임 등이 실제로 이루어지고 헌금도 온라인 이체를 통하여 이루어지고 있다. 이에 대한 효과와 만족도는 교인들이 이런 것들에 얼마나 익숙해 있느냐에 따라 다양하다. 중요한 점은 온라인을 통하여 예배와 성경공부와 회의와 심방과 구역모임과 헌금이 가능하고 실제로 대체되고 있다는 것이다. 따라서 포스트코로나 시대에 중요한 점은 온라인을 통한 비대면으로 극복할 수 없는 것이 무엇인지를 파악하는 것이다.

서로 사랑하는 부부가 직장을 인하여 서울과 부산에서 주중에 생활한다고 하자. 이들이 주중에 화상 통화 등으로 긴밀하게 소통하고 있다고 하여 주말에 직접 만나지 않는가. 화상 통화를 통해 서로가 화면과 목소리와 정보와 돈을 공유하지만, 그렇다고 하여 직접 얼굴을 마주 보아야 가능한 일들까지 공유하는 것은 아니다. 부부는 신체 접촉을 즐거워하고 자녀들과 함께 대화와 식사와 휴가와 애경사를 공유하며 한 가족을 깊게 이뤄간다. 같은 공간에 같이 있어야만 가능한 일들과 기쁨이 부부와 가족 간에 얼마나 많은지 모른다.

코로나19 사태에서 공예배는 비대면 예배의 영상 중계를 통하여 상당히 대체가 가능하다. 대체되지 않는 것은 성도들 간의 면대면의 접촉과 섬김과 희로애락의 공유이다. 성도들이 공예배 후에 같이 식사하면서 얼마나 풍성한 교제를 나누고 서로에게서 배우는지 모른다. 자신의 은사에 따라 교회의 여러 일들을 섬기며 기쁨과 소속감과 존재감을 느낀다. 교회의 여러 일에 참여하면서 교인들의 사정을 파악하여 격려와 위로를 할 수 있고 교회에 대한 이해가 깊어지면서 더 왕성하게 교회의 일에 참여하게 된다.

교회는 주일 공예배만으로 이루어지지 않는다. 다른 여러 요소가 있다. 포스트코로나 시대에 우리는 교회를 세우는 데 필요한 여러 요소에도 관심을 가져야 한다. 교회당에서의 주일 공예배를 신앙생활의 전부로 여기거나 하나님의 절대적인 명령으로 여겨 반드시 드려야 한다고 생각하면 안 된다. 전쟁과 태풍과 전염병과 같은 특수 상황에서 주일 공예배의 일시적인 폐지나 비대면 예배의 영상 중계는 웨스트민스터 신앙고백의 제21장에 따르면 충분히 가능하다. 공예배가 주일 성수의 핵심이지만 전부는 아니다. 평상시에 가정 예배와 개인 예배와 긍휼의 행함을 통해 거룩한 쉼을 꾸준히 실천한 성도들은 코로나19 사태를 인하여 공예배가 일시적으로 폐지되거나 축소되어도 신앙 생활을 할 수 있고 신앙생활을 하여야만 한다.

로마서 12장 1, 2절은 이렇게 말한다. "그러므로 형제들아 내가 하나님의 모든 자비하심으로 너희를 권하노니 너희 몸을 하나님이 기뻐하시는 거룩한 산 제물로 드리라 이는 너희가 드릴 영적 예배니라 너희는 이 세대를 본받지 말고 오직 마음을 새롭게 함으로 변화를 받아 하나님의 선하시고 기뻐하시고 온전하신 뜻이 무엇인지 분별하도록 하라." 교회당의 주일 공예배도 중요하지만, 성경은 우리 몸을 산 제물로 드리는 영적 예배가 중요하다고 말한다. 이것은 이 세대를 본받지 않고, 마음을 새롭게 함으로 변화를 받아 하나님의 선하시고 기뻐하시고 온전하신 뜻이 무엇인지 분별하는 것을 통해 크게 드러난다.

한국의 일부 교회들과 목사들이 코로나19를 확산시키는 데에 악영향을 미친 것으로 요사이 사회의 비판을 받고 있다. 개신교에 대한 이미지가 코로나19 이후에 나빠지고 있다. 한국에서 코로나19 사태는 신천지의 존재를 널리 드러낸다. 개신교에서 확진자들이 많이 나온 교회들이 대부분 성경적으로 옳지 않은 신앙생활을 하는 곳들이다. 코로나19 사태는 본질이 무엇인지, 없어지거나 축소되어도 괜찮은 것들이 무엇인지, 어떤 교회들이 잘못된 것인지를 드러내고 있다. 공예배에서 사라져도 되는 요소들이 무엇이고, 중요하게 여겨야 하는 요소들이 무엇인지 드러내고 있고, 일상생활에서 우리 몸을 산 제물로 드리는 영적 예배가 중요함을 깨우쳐주고 있다.

하나님은 영이시다. 솔로몬은 하늘의 하늘이라도 하나님을 모실 수 없는데 자신이 지은 성전이 어찌 하나님을 모시겠느냐고 성전 건축 때 말한다. 영이신 하나님은 이 세상을 말씀으로 창조하시고 지금도 붙들고 계시며 통치하신다. 광대하시고 영원하신 하나님께서 신자들에게 바라시는 것은 하나님의 말씀과 사랑으로 영적 예배를 드리는 것이다. 교회들이 주일날 교회당에 모여 예배를 드리니 마니 하는 문제로 언론의 비판을 받고 주민들에게 심적 불편함과 위생적 불안과 위험을 주면 안 된다. 넉넉하고 견실한 믿음을 가져야 한다. 공적 예배와 사적 예배와 긍휼의 행함이라는 주일 성수의 넓은 마음으로 코로나19 대감염 속에서 비대면 예배를 넉넉하게 받아들일 줄 알아야 한다. 더구나 과거와 달리 비대면 예배의 영상 중계라는 과학의 이기를 활용할 수 있으니 신자들은 비대면 예배의 불편함과 궁색함을 영이신 하나님의 존재와 통치로 넉넉하게 이길 줄 알아야 한다. 대면 예배가 회복될 때에 더욱 경건하고 감사한 마음으로 공예배를 마음과 목숨과 힘을 다하여 드려야 한다.

사도 바울은 "모든 것이 가하나 모든 것이 유익한 것은 아니요 모든 것이 가하나 모든 것이 덕을 세우는 것은 아니니 누구든지 자기의 유익을 구하지 말고 남의 유익을 구하라"(고전 10:23, 24)고 말한다. 정부가 비대면 예배만을 허용할 때에 굳이 교회당에서 대면 예배를 드리는 것도 가능할 수 있다. 하지만 그러한 행위는 감염의 불안과 전파로 이웃과 사회에 유익이 되지 못하고 덕을 세우지 못한다. 신자들은 자기의 유익이 아니라 이웃의 유익을 구해야 한다. 평상시 교회당에서의 공예배만이 아니라 가정과 개인 예배를 드린 신자들일수록, 그리고 주일만이 아니라 매일, 교회당만이 아니라 자신이 있는 모든 곳에서 하나님께 영적 예배를 드린 신자들일수록 비대면 예배를 받아들일 수 있고, 교회당에서의 모임이 감염 전파가 되지 않도록 노력할 수 있다.

하나님은 광대하시고 영원하신 영이시지 않는가. 그 광대하신 하나님을 교회당에 가둬서는 안 되고, 그 영원하신 하나님을 일주일에 하루, 주일에 만나는 것으로 한정해서는 안 된다. 광대하시다는 것은 공간을 초월하시어 모든 공간에 충만한 실체로서 계신다는 것이고, 영원하시다는 것은 시간을 초월하시어 모든 시간에 충만한 실체로서 계신다는 것이다.4 그러므로 신자들은 영적 예배를 매일 어디에서나 드려야 한다. 광대하시고 영원하신 하나님은 주일 공예배에서만 신자들을 만나 은혜를 주시지 않고, 어디에서나 늘 하나님의 뜻대로 사는 신자들에게 큰 은혜를 주신다. 우리는 뒷산에 한정된 산신령이나 바다에 한정된 용왕을 믿는 것이 아니라, 광대하시고 영원하신 하나님을 믿는 것이기 때문에 어디에서나 늘 하나님을 만나고 즐거워할 수 있지 않은가. 포스트코로나 시대를 맞이하여 우리는 하나님의 광대성과 영원성을 더욱 믿고 즐거워하는 자들이 되자. 그럴 때 우리는 코로나19 사태로 각박해진 사회에 여유와 평안과 활력이란 맑은 물을 흘려보내게 되고, 비신자들로부터도 칭송을 받아 전도의 문이 넓게 열릴 것이다. 하나님의 존재와 속성을 성경이 말하는 대로 인식하고 누리는 자가 코로나19 대감염이 주는 단점을 최소화하고 장점을 최대화하면서, 항상 기뻐하고 쉬지 않고 기도하고, 범사에 감사할 수 있다. 이것이 포스트코로나 시대에 우리를 향하신 하나님의 뜻이다(살전 5:16-18).

---

4 하나님의 존재와 속성에 대해서는 다음 책을 참조하라. Richard A. Muller, *The Divine Essence and Attributes*, 리처드 밀러/김용훈 역, 『하나님의 본질과 속성』 (서울: 부흥과개혁사, 2014); Stephen Charnock, *The Existence and Attributes of God* 1, 2, 스테판 차녹/송용자 역, 『하나님의 존재와 속성』 (서울: 부흥과개혁사, 2015).

포스트코로나 시대와 선교
: 팬데믹 시대의 선교적 항해를 위한 사역 패러다임

이상훈

1. 들어가는 말

21세기를 살아가는 우리에게 코로나19와 함께 위기가 찾아왔다. 역사상 단 한 번도 경험해 보지 못한 위기가 찾아왔다고 말한다. 물론 직접적 상황은 바이러스라는 인간의 능력 밖에서 발생한 사건처럼 보이지만 실상은 우리 시대의 부산물임을 부인할 수 없다. 사회학자 벡 Ulrich Beck이 이미 경고했던 것처럼 과거 인류가 경험했던 여러 위험과 달리 현대사회가 직면한 현실은 생태적 위험과 고도기술의 위험, 즉 근대의 산업적 과잉과 깊이 연관되어 있다.[1] 인류가 그토록 자랑해 왔던 모든 발전의 집합이 코로나바이러스라는 괴물을 낳지 않았는가.

번영과 행복을 추구하며 불멸의 삶을 향해 지식과 과학의 역량을 극대화하고 있던 인류가[2] 지극히 미세한 바이러스로 인해 두려움에

---

1 Ulrich Beck, *Risikogesellschaft*, 울리히 벡/홍성태 역, 『위험사회 – 새로운 근대(성)을 향하여』 (서울: 새물결, 1997), 55-56.

2 Yuval Noah Harari, *Homo Deus*, 유발 하라리/김명주 역, 『호모데우스 – 미래의 역사』 (서울: 김영사, 2017). 이 책에서 저자는 불멸을 추구하는 인간의 모습을 호모 데우스(신이 된 인간)로

떨고 있는 모습이 아이러니하기만 하다. 순식간에 덮친 팬데믹 상황이 혼란과 혼돈 속으로 인류를 밀어 넣었다. 교회도 마찬가지다. 코로나19와 함께 시작된 비대면 예배가 언제 끝날지, 또 그 끝이 온다 해도 회복력은 얼마나 될지 가늠하기가 어렵다. 미국보다 훨씬 대처를 잘했던 한국의 상황을 봐도 미래가 어둡기는 마찬가지다. 과거처럼 모든 회중이 한자리에 모이는 것 자체가 불가능하고 그사이 출석과 헌금이 가파르게 줄어들었다. 약한 교회들은 존립 자체가 흔들리고, 규모 있는 교회들조차 어렵사리 빚을 내 지었던 예배당으로 인해 앞길이 막막하다.

교회가 경제적으로 어려워지면 가장 큰 타격을 받는 곳이 선교사와 선교지이다. IMF 때만 해도 본국 교회의 재정 감소가 일어나자 선교사들이 줄소환을 당했다. 코로나 사태 이후에 이 같은 패턴이 반복되리란 예상으로 선교사들조차 불안해하고 있다.

코로나19가 모든 것을 멈춰 세웠다. 교회도 전도도 사역도 멈춰 세운 위기의 시대에 선교의 미래는 어떻게 될 것인가. 그대로 서 있을 것인가. 아니면 성경과 역사를 통해 나타난 증거처럼 위기를 통해 일하시는 하나님을 볼 것인가. 본 장에서는 모두가 위기라고 말하는 이 시대 역시 하나님의 위대한 구원 계획 속에 있으며 동시에 교회를 변혁하고 성도를 변화시켜 새로운 패러다임으로 하나님의 선교에 참여할 기회가 됨을 밝히고자 한다. 나아가 변화된 시대에 적합한 본질적이고 창의적인 선교의 모습과 방향성을 모색해 보고자 한다.

지칭하면서 새로운 차원의 삶과 행복을 향해 질문을 던지고 있다.

2. 위기와 함께하는 하나님의 선교

모두가 위기를 외치는 이때, 교회는 이 위기를 어떻게 맞이해야 할까. 그 시작은 기독교의 출발지점에서 찾아야 한다. 기독교는 본질상 위기의 종교이다. 하나님의 선교는 위기 상황에서 시작되었고 위기 속에서 길을 찾았다. 어쩌면 그 속에는 하나님의 철저한 의도가 숨겨져 있었는지도 모른다. 구원의 파노라마 속에서 첫 선교사로 부름을 받은 아브라함의 부르심을 보라. 하나님은 의도적으로 그를 위험으로 초대하셨다. "너는 본토 친척 아비 집을 떠나 내가 네게 지시할 땅으로 가라"(창 12:1). 이 명령 속에는 그동안 그를 보호해 왔던 모든 것으로부터 떨어져 불확실과 두려움이 가득한 모험으로의 부르심이 담겨 있다. 이후 아브라함의 길을 따라 믿음의 여정을 걷고자 했던 사람들 역시 유사한 길을 걸어야 했다. 요셉, 다니엘, 다윗, 예레미야, 이사야 등 셀 수 없이 많은 믿음의 영웅들이 위기를 통해 하나님을 만나고 그분의 도구가 됐다.

그러나 이 모든 것의 하이라이트는 그분 자신에게서 드러났다. 생명을 건 모험에 예수를 내놓았기 때문이다. 하나님의 본체이시며 아들이신 예수께서는 인류를 구원하시기 위해 하늘 보좌를 버리고 가장 연약한 생명으로 태어나 가난하고 힘겨운 삶을 살다가 마침내 십자가 위에서 자신을 드리는 모험을 감행하셨다. 죽음을 이기시고 부활하신 예수께서 제자들을 향해 이렇게 말씀하셨다. "아버지께서 나를 보내신 것 같이 나도 너희를 보내노라"(요 20:21).

하나님의 구원 계획은 이렇듯 예수의 부활을 목격한 제자들에게 위임되었고 그 부름에 응답해 모험에 뛰어든 제자들의 삶을 통해 복음은 확장되었다. 그것이 하나님의 방식이다. 하나님은 위기를 통해 교회 공동체를 새롭게 하며 사명을 자각하게 하고 본질을 살아 낼 수 있도록 초청하신다. 이러한 사건은 끊임없이 반복되어 왔는데, 가장 극적인 예 중의 하나가 바로 근대 중국 기독교 역사에서 발견된다.

1950년 중국에서는 "그리스도인 선언"(Christian Manifesto)이 발표되면서 거대한 핍박이 시작되었다. 당시 중국 공산당은 외국 세력의 영향을 받지 않는 자치 교회를 표방하며 정부의 통제를 받는 삼자 교회만을 인정했다. 이를 거부하는 모든 목회자와 사역자들을 감옥에 투옥했고 외국 선교사와 목사들은 본국으로 추방했다. 끔찍한 고문과 핍박, 살해 등이 자행됐다. 교회의 모든 집회 또한 정지되었다.

1960년대와 70년대에 이어진 문화혁명은 그나마 남아있던 지식인들과 정치인들, 종교 지도자까지도 말살시키려 했다. 엄청난 수난과 유혈극이 이어졌다. 몰래 숨어 명맥을 유지하고 있던 기독교도 치명적인 상처를 받았다. 종교 서적과 상징물은 물론 종교 건물까지도 파괴되었다.

1980년대가 되자 중국은 개방정책을 펼치며 조심스럽게 문을 열었다. 당연히 30년간의 철통같은 핍박 속에서 교회가 살아남았으리라는 기대를 한 사람은 아무도 없었다. 그러나 믿을 수 없는 일이 발생했다. 교회와 성도가 전멸했을 것이라는 예상과 달리 그곳에는 600만 명에 이르는 그리스도인이 남아있었다. 1949년 당시 중국 그리스도인 수가 430만 명이었다는 것을 고려하면 교회는 핍박 가운데서도 굴하지 않고 지속적인 성장을 이뤘다. 로잔 운동(Lausanne Movement)의 분석에 따르면 오늘날 중국의 기독교 인구는 최소 1억 명에서 1억 2천 명 정도에 이른다.3 과연 이러한 현상을 어떻게 설명할 수 있을까. 성령의 개입

없이는 설명이 안 된다. 이에 대해 허쉬Alan Hirsch는 다음과 같이 기술했다.

> 돌아보면 초대교회와 다를 바 없다. 이들도 성경을 가진 자가 매우 드물고 전문 성직자도 없고 공적인 지도 시스템도 없으며 중앙 조직도 없고 대형 집회도 없는데, 그럼에도 거의 미친 듯이 숫자가 증가한다. 어떻게 이런 일이 가능한가. 그들은 그것을 어떻게 이루었는가. 그것에서 우리가 배울 점은 무엇인가.[4]

성경은 예루살렘 교회에 핍박이 와서 모든 성도가 뿔뿔이 흩어지게 되었을 때, 복음이 아시아와 유럽으로 확장되었던 것을 증거한다. 교회는 위기를 통해 복음을 증명하는 공동체임을 역사는 보여준다. 그렇다. 역사 속에서 맞이하게 되는 위기는 교회를 전멸시킬 위험 요소가 아니라 그 속에서 일하시는 하나님의 손길을 느끼고 교회의 본질을 새롭게 하며 선교 사명에 참여하는 기회임이 분명하다.

3. 패러다임 전환 이론

위기를 통해 선교로 초청하시는 하나님은 언제나 변화된 상황에 맞는 새로운 사고와 관점을 통해 일하신다. 토마스 쿤Thomas Kuhn은 이것을 과학에 적용해 설명하면서 패러다임의 개념을 사용했다. 그에 따르

---

3 Lausanne Movement, "Number of Christian in China and India", https://www.lausanne.org/lgc-transfer/number-of-christians-in-china-and -india-2.

4 Alan Hirsch, *The Forgotten Ways*, 앨런 허쉬/오찬규 역, 『잊혀진 교회의 길 – 선교적 교회 운동의 근본 개념 교과서』 (서울: 아르카, 2020), 56.

면 새로운 과학 패러다임은 축적된 이론과 정보로 인해 발생하는 것이 아닌 '혁명들'을 통해 발전한다. 그 배후에는 기존의 패러다임으로는 새로운 문제를 해결할 수 없다는 문제의식을 느낀 창조적 소수가 존재한다. 거센 비판과 저항이 있지만 결국은 새로운 이론과 방식이 낡은 패러다임을 대체하게 된다. 이러한 전환은 과학뿐 아니라 삶의 모든 영역에 적용된다. 인식의 체계도 마찬가지다. 역사를 보면 300년에서 500년 주기로 인식 체계의 거대한 패러다임 전환이 일어났음을 알게 된다.[5] 현대 선교학을 집대성한 보쉬David Bosch는 본 이론을 선교 신학 분야에 적용했다. 특별히 그는 한스 큉Hans Küng의 이론에 기초해 기독교 선교 신학의 패러다임을 다음의 여섯 가지로 나누어 분석했다.

① 초대 기독교의 묵시적인 패러다임
② 교부시대의 헬레니즘 패러다임
③ 중세의 로마 가톨릭 패러다임
④ 개신교의 종교개혁 패러다임
⑤ 현대의 계몽주의 패러다임
⑥ 부상하는 에큐메니칼 패러다임[6]

이 같은 관점에서 보면 지금은 새로운 패러다임이 요구되는 시대라 할 수 있다. 코로나19는 수 세기 동안 유지되고 받아들여 왔던 전형적인 선교 형태에 의문을 제기하고 도전적인 질문을 던진다. 놀랍게도

---

5 David Jacobus Bosch, *Transforming Mission*, 데이비드 보쉬/김병길·장훈태 역, 『변화하는 선교 - 선교신학의 패러다임 전환』 (서울: CLC, 2000), 291-293.
6 보쉬, 『변화하는 선교』, 288.

그 발판은 미시오 데이(Missio Dei)와 삼위일체 하나님의 선교로부터 이미 주어졌고 움직여 왔다. 코로나19가 본격적 전환에 도화선이 된 것이다.

4. 선교의 옛 패러다임

선교학자 봉크Jonathan J. Bonk는 그의 책 *Missions and Money*에서 "그리스도인의 청지기 직은 우리가 어떤 것을 하느냐가 아니라 무엇이 되느냐에 있다. 기술이 아니라 삶의 방식이다"라고 말했다.[7] 안타깝게도 한국교회의 선교는 존재론적 성찰보다 보이는 결과에 몰두해 왔다. 이제까지 교회가 자랑해 왔던 것들을 생각해보자. 세계 10대 교회의 과반수가 한국에 있고, 개신교 선교의 양대 산맥이라 할 수 있는 세계복음주의연맹WEA과 세계교회협의회WCC에 주도권을 가지고 있으며, 170개국에 2만 6000명 이상을 파송한 세계 2위의 선교 대국이라는 양적 지표들에 교회는 자부심을 느껴 왔다. 2005년도에는 우리 시대에 세계 선교를 마무리하겠다는 포부를 가지고 2020년까지 100만 명의 자비량 선교사를 파송하고 2030년까지 선교 장병 10만 명을 양성하겠다는 야심 찬 계획도 발표했다.[8] 물론 이러한 비전과 성과를 폄하할 의도는 없다. 그러나 화려한 슬로건 아래 감추어져 있는 어두운 질적 측면 역시 깊이 고민해 보아야 한다.

---

7 Jonathan Bonk, *Missions and Money: Affluence as a Western Missionary Problem* (Maryknoll, NY: Orbis Books, 2001), 131.

8 이현주, "2020년까지 자비량선교사 100만 명 파송한다", 「아이굿뉴스」 2005년 9월 5일. http://www.igoodnews.net/news/articleView.html?idxno=10469.

선교 전문가들은 한결같이 서구교회가 지난 200여 년의 근대 선교 기간을 되돌아보면서 통렬히 반성했던 잘못된 관행들을 한국교회가 답습하고 있음을 비평한다. 물량주의, 성장과 성과주의, 돈과 권력, 과시적 선교 등은 한국 선교를 평가할 때 여지없이 등장하는 표현들이다. 문제는 출구가 잘 보이지 않는다는 데 있다. 복음을 전하기 위해서는 언어와 문화를 배우고 관계를 형성하며 신뢰와 믿음 형성이 이뤄져야 하지만, 빠른 성과를 원하는 파송 기관과 선교 당사자들에게는 얼마나 많은 가시적 성과를 거뒀는지가 중요한 관심사다. 가장 쉬운 방법은 돈과 힘을 통한 선교다. 물질로 현지인을 고용하고 통제하며, 자금을 모아 교회를 세우는 공격적 선교를 한다. 그러다 보니 우월주의에 기초한 가부장적 선교paternalism, 제국주의 선교imperialism, 식민주의 선교colonialism 등과 같은 무시무시한 말들이 한국교회 선교를 평가하는 데 사용되곤 한다.

문화적 우월주의는 토착적indigenous이며 상황화된contextualized 사역을 방해한다. 선교지 문화를 고려치 않고 한국교회의 특성을 그대로 이식하려는 시도가 대표적인 예다. 문제는 건강한 영적 유산뿐 아니라 잘못된 관행까지도 이식되는 어이없는 일들이 발생한다는 점이다. 예를 들면 성장 중심의 개교회주의가 선교지에서도 반복된다. 현지인 교회가 선교사가 속한 교단과 교회로 나뉘다 보니 연합과 일치가 되지 못하는 구조적 문제가 발생한다. 물론 내부 반성도 있다. 15년 전 필자가 박사학위 논문을 쓰기 위해 주요 교단의 선교 총무를 만나 인터뷰할 때였다. 당시 가장 뜨거운 이슈는 선교사 재배치와 관련된 내용이었다. 여러 교단과 단체가 각기 선교사를 파송하다 보니 지역과 사역이 많이 중복되었다. 선교의 효율성을 위해 전략적으로 선교사를 재배

치해야 한다는 요구가 높아졌다. 한결같이 교단과 단체를 책임지고 있던 분들의 입에서 이 같은 필요가 제기되었지만 지금까지 별반 달라진 것이 없다. 팀 선교와 연합 선교를 부르짖어도 내놓을 만한 예도 많지 않다. 상황이 이렇다 보니 현지인들 사이에서도 한국 선교를 향해 비판하는 소리가 높아졌다. 중국이나 아프리카 케냐 같은 국가에서는 선교의 모라토리엄mission moratorium을 요청하기도 했고, 어떤 국제 선교 대회에서는 돈과 힘으로 하는 한국 선교를 공개 비판하면서 이제 그만 본국으로 돌아가 달라는 호소를 하기도 했다.

문제는 또 있다. 복음을 받아들인 교회는 복음을 전한 단체(mother mission organization)의 영향을 받게 되어 있다. 초기부터 한국교회가 자립적이며 선교하는 교회로 자리매김하게 된 데에는 네비우스 정책(Nevius Mission Plan)의 영향이 컸다. 사실 네비우스John Nevius가 제시했던 선교 원리는 영국 CMS(Church Missionary Society)의 벤Henry Venn(1796~1873)과 미국 ABCFM(American Board of Commissioners for Foreign Missions)의 앤더슨Rufus Anderson(1796~1880)이 주창한 토착교회 설립 이론을 계승한 것이다. 이들은 영국과 미국을 대표하는 선교단체의 총무로 30년 이상 섬기면서 당시 선교의 가장 큰 과제가 선교사를 의존하지 않는 토착 교회 설립이라는 것을 발견했다. 그들은 약속이라도 한 듯이 교회의 자치self-governance, 자립self-support, 자전self-propagation을 주창했는데 이것이 바로 토착교회 이론의 근간인 '삼자 원리Three Self Principle'의 핵심이다.

한국교회는 네비우스 정책을 초기부터 철저하게 적용했다. 그 결과 그토록 가난하고 어려운 환경 속에서도 선교사를 의존하지 않고 스스로 자립을 이루며 선교하는 교회가 되었다. 그러나 오늘날 선교지에서

이 원리는 사실상 와해 되었다. 한편으로는 현지인들의 힘겨운 삶을 외면할 수 없기 때문이기도 하고, 다른 한편에서는 현지 교회를 통제하기 쉬운 수단을 포기할 수 없었기 때문이기도 하다. 선교사 의존도가 높을수록 현지인 리더는 세워지기 어렵다. 당연히 건강한 리더십 이양은 불가능하다.

선교의 열정과 대비되는 비평적 내용을 보면 왜 이런 일이 발생했을까 하는 질문이 든다. 그것은 오래전부터 굳어진 선교에 대해 왜곡된 이해로부터 기인한다. 생각해보자. 선교에 대한 보편적 정의는 무엇인가. 전통적 관점에서 선교는 특별한 소수에 의해 수행되는 특수한 사역으로 이해되어왔다. 특별히 다른 나라에 가되 가급적 더 가난하고 미개한 사람들에게 자선을 베풀고 교육을 통해 개화시켜 복음을 전하는 방식이 익숙하다. 선교는 해외 선교에 부담을 가진 소수의 사람이 전담하며, 일반 성도들은 기도와 후원을 통해 참여하는 형식으로 진행됐다. 많은 교회에서 실시해 왔던 '단기선교'의 열풍 역시 엄밀한 의미에서는 선교를 체험하고 이해하는 차원의 단발적 이벤트에 가까운 것이 사실이다.

5. 선교의 뉴 패러다임

현대 선교의 뉴 패러다임은 20세기 후반부터 시작된 '선교적 교회 missional church' 운동과 맥을 같이한다. 선교적 교회는 선교가 특별한 소수에 의해 특정 국가에서 행해지는 특수 사역이라는 개념을 거부한다. 이 운동은 예수의 제자로 부름을 받은 모든 성도가 부름을 받은 선교사들이며 자기 삶의 현장에서 그 사명을 실천해야 한다고 믿는다. 오래된 그러나 잊혀 왔던 성도의 본분에 대한 이러한 자각이 21세기 교회를 흔들고 있다. 먼저 이러한 인식론적 전환이 일어나게 된 배경을 살펴보자.

1) 마침내 벗어난 크리스텐덤(Christendom)의 그림자

역사적으로 기독교는 4세기 이후 로마의 국교로 공인되었다. 이 사건은 교회 역사의 성격을 뒤바꾸어 놓았다. 그동안 변방의 소수자로서 핍박받는 위치에 있었던 그리스도인들이 제국의 중심부로 들어가 종교, 정치, 경제, 교육, 군사, 문화 모든 면에서 영향을 미치는 위치가 되었다. 크리스텐덤은 이같이 교회와 국가가 결합한 후 교회가 사회의 중심 역할을 하게 된 현상을 가리키는 용어인데, 이 기간이 서구에서는 천 년 이상 지속하였다. 역사상 가장 영광스러운 승리의 음성으로 들리는 이 단어가 다른 한 편에서는 기독교의 핵심과 본질을 잃어버리는 계기가 되었다는 사실을 주목하게 된 것은 그리 오래된 이야기가 아니다. 초대교회로부터 크리스텐덤으로 전이되는 과정을 심층적으로 연구했던 바이올라Frank Viola는 본 변화를 다음과 같이 묘사했다. "초대교회는 그들을 세상을 뒤집어엎은, 그리스도를 따르는 제자들을 길러냈다. 오늘날에도 우리는 그리스도 안에서 성장하려면 어떻게 살아야 하는지를 1세기 그리스도인들에게서 많이 배워야 한다."9 그런데 교회가 공인되는 순간 기독교 신앙은 종교와 제도가 되었고, "제도

---

9 Frank Viola and George Barna, *Pagan Christianity?*, 프랭크 바이올라·조지 바나/이남하 역, 『이교에 물든 기독교 – 현대 교회에서 행하는 관습의 뿌리를 찾아서』(대전: 대장간, 2011), 322.

권 교회는 지난 2천 년 동안 구부러진 길로 들어섰다."[10] 기독교 공인
이 외적으로는 교회의 승리처럼 보일 수도 있지만, 실상은 본질을 벗
어난 항해의 시작이었다고 그는 비평했다. 허쉬는 초대교회와 크리스
텐덤 시대에 나타난 변화를 〈표 1〉의 내용으로 설명했다.

〈표 1〉 사도적 교회와 크리스텐덤 시대의 교회 [11]

	사도적 그리고 후사도적 모드 (AD 32에서 313)	크리스텐덤 모드 (313에서 현재)		사도적 그리고 후사도적 모드 (AD 32에서 313)	크리스텐덤 모드 (313에서 현재)
모이는 곳	봉헌한 신성한 건물 없음. 종종 지하에서 박해받음. 주로 가정을 이용함	건물이 교회라는 개념과 활동의 중심이 됨. 건물을 결국 교회라고 부름	성례전 모드 (은혜의 방편)	가정에서 공동 식사 형태로 성찬 집례, 일반 신자에 의한 세례식	은혜의 방편인 성례전을 오직 '교회 안에서' 사제만 집례하도록 점점 더 제도화함 (예배당이 곧 교회)
리더십 정신	에베소서 4장과 사도행전에서 최소 5중의 사역을 위한 직임으로 리더십이 운영됨(사도, 선지자, 전도자, 목사, 교사)	리더십을 안수받은 성직자만 가지며, 주로 목양과 교사 모드로 제한한 전문인 총회 출현	사회적 지위	교회는 사회의 소외 계층, 불법, 주로 지하운동	교회는 사회의 중심이며, 문화를 주도하면, 유일한 합법 종교임
조직적 구조(들)	민중, 지방분권, 관계망 사역, 세포 조직, 운동적.	제도화한 형태, 리더십의 계급(하향식) 개념, 중앙집권식 구조	선교적 모드	선교사, 성육적 변화를 꾀함, 보내는 교회	끌어모으는 식('출교자'는 선교적 환경에 해당하는 m1 밖으로 몰아냄) 종교적 질서 유지, 방어적.

모이는 곳에서부터 리더십, 조직, 성례전, 사회적 지위와 선교에 이
르기까지 성격과 내용이 완전히 달라졌다. 신앙의 자유가 없고 핍박받

---

10 바이올라·바나, 『이교에 물든 기독교』, 326.
11 허쉬, 『잊혀진 교회의 길』, 129. 도표를 수정 편집하였음. 도표에서 'm1'은 기독교 신앙을 지닌
   동일 문화권을 지칭함(Ralph D. Winter).

던 시절 교회는 제도로서의 종교가 아닌 신앙인들의 공동체였다. 구조는 단순하고, 체질은 유기적이며, 사역은 선교적이었다. 그러나 기독교가 정치적 힘을 얻게 되면서 구조는 복잡해졌고, 체질은 제도적인 것이 되었으며 사역은 제의와 형식에 갇히게 되었다. 선교적 교회 운동가 록스버그Alan Roxburgh는 현대 교회의 특성인 기능적 합리주의, 통제와 관리, 교회 중심주의, 성직자 중심주의의 성격이 크리스텐덤의 유산이라고 보았다.[12]

20세기 후반부터 일기 시작한 선교적 교회는 바로 이 점에 도전장을 내밀었다. 제도화되고 형식화된 교회로서 체제를 유지하는 교회에서 역동적이고 살아있는 생명체가 되자는 것이다. 오랫동안 잊고 있었던 교회의 고유한 본질과 선교적 사명을 회복하려는 노력을 통해 마침내 크리스텐덤의 그림자에서 벗어날 기회가 온 것이다.

2) 선교하시는 하나님(Missio Dei)

개혁은 언제나 말씀으로부터 시작된다. 교회의 본질을 이해하기 위해 선교적 교회 운동의 초기 주창자들은 사유와 사역을 규정하는 전통과 틀, 특정 신학의 굴레에서 벗어나 성경으로 돌아갈 것을 주장했다. 그들이 성경을 다시 읽기 시작했을 때, 거기서 발견된 하나님은 선교하시는 하나님이셨다. 구더Darell L. Guder의 표현처럼 하나님 그분은 스스로 보내시는 하나님(Sending God)이시며 모든 선교의 시작이 되신

---

12 Alan J. Roxburgh, *Joining God, Remaking Church, Changing the World*, 알란 락스버러 /김재영 역, 『교회 너머의 교회 – 하나님께 참여하고 교회를 재편하며 세상을 바꾸다』 (서울: IVP, 2018), 67-82.

다. 선교는 하나님의 본성에서부터 유래하는 것이다. 즉 성부 하나님은 선교의 근원이며 주체가 되시고, 성자 예수는 선교의 근거와 정체성을 제공하시며 모델이 되시고, 성령 하나님은 선교의 감독자이시고 전략가이심을 발견하게 되었다.

선교가 교회의 것이 아닌 하나님 자신의 것이며, 그분이 주체가 되신다는 사실은 이제까지 교회가 해왔던 모든 사역의 순서와 가치를 뒤흔든다. 보쉬의 설명을 들어보자.

> 성부 하나님이 성자를 보내고, 성부와 성자가 성령을 보내는 것으로써의 하나님의 선교에 대한 고전적인 교리는 또 다른 '운동'을 포함하기 위해 확대되었다. 성부와 성자와 성령이 교회를 세상에 파송하는 것, 선교사상에 관한 삼위일체론과의 이 연결은 중요한 혁신을 이루었다.[13]

선교는 하나님의 것이다. 따라서 "교회의 증언은 부차적인 것"이라는 뉴비긴Lesslie Newbigin의 주장은 옳다. "교회는 성령의 인도하는 대로 따라가는 한에서 증인"이 되는 것이다.[14]

6. 교회의 선교적 본질

삼위일체 하나님의 본성이 선교의 하나님이라는 사실과 예수 그리스도께서 선교사로 오셨고, 성령께서 교회를 부르시고 보내신다는 역

---

13 보쉬, 『변화하는 선교』, 578.
14 Lesslie Newbigin, *The Open Secret*, 레슬리 뉴비긴/홍병룡 역, 『오픈 시크릿 – 마침내 드러난 하나님의 비밀·선교』(서울: 복있는사람, 2012), 118.

學dynamic은 교회의 선교적 본질을 새롭게 각인시킨다. 즉 선교는 더이상 소수 사람의 전유물이나 교회의 특수 사역이 아니라 모든 성도의 것임이 명확해진 것이다. 선교적 교회는 단순하지만 본질적인 몇 가지 쟁점 사항을 진지하게 묻는다.

첫째로 선교사가 누구인가라는 질문이다. 앞서 말한 것처럼 이제는 모든 성도가 선교사라는 것을 알게 되었다. 중세 종교개혁을 통해 '만인 제사장'론이 제시되었다면 선교적 교회는 모든 성도가 선교적 사명을 받고 보냄받은 자라는 '만인 선교사'론을 발전시켰다.

선교적 해석학의 눈으로 성경을 보면 창세기로부터 요한계시록 전체를 하나님의 선교적 숨결이 흐르는 것을 확인하게 된다. 특별히 사복음서를 보면 선교적 사명이 누구에게 위임되었는지가 더욱 분명히 나온다. 구조적으로 사복음서의 결론 부분에 이르면 이 질문이 명확해진다. 즉 전통적으로 선교의 증거 본문으로 사용된 마태복음 28장 19-20절, "그러므로 너희는 가서 모든 민족을 제자로 삼아 아버지와 아들과 성령의 이름으로 세례를 베풀고 내가 너희에게 분부한 모든 것을 가르쳐 지키게 하라 볼지어다 내가 세상 끝날까지 너희와 항상 함께 있으리라 하시니라"는 말씀뿐 아니라 마가복음 16장 15-16절, 누가복음 24장 45-50절(행 1:8), 요한복음 20장 21-23절에 보면 각각의 선교 명령이 기록되어 있다. 이 말씀을 근거로 보쉬는 "제자들은 처음부터 선교사가 되도록 부름을 받았다"라고 해석했다. 그렇다면 언제부터 선교하는 그리스도인으로 살아야 하는가. 아이오그Jeff Iorg는 놀랍게도 그 대답은 "당신이 회심한 바로 그 순간 모든 것이 시작된다"[15]

---

15 Jeff Iorg, *Live Like a Missionary*, 제프 아이오그/손정훈 역, 『선교사처럼 살라』(서울: 토기장

라고 말했다. 복음을 알고 받아들인 그리스도인은 누구나 제자의 길을 가야 한다. 그런데 그 제자의 길은 선교적 사명이 수행될 때 더욱 명확해진다.

둘째로 선교지가 어디인지를 재정립하는 문제다. 근대 이후 세상의 질서는 완전히 달라졌다. 과학과 기술의 발전은 인간을 끊임없는 변화의 장으로 이끌었고 삶의 자리 역시 도시를 넘어 가상공간으로까지 확장되었다. 도시화urbanization와 세계화globalization는 공간의 장벽을 무너뜨렸다. 이로 인해 각기 다른 국적과 문화, 언어를 가진 사람들이 함께 살 수 있는 환경이 조성되었다. 절대적 가치가 무너지고 상대주의적 사고와 문화가 보편화되면서 선교지에 대한 개념도 바뀌어야 한다. 이제는 모든 곳이 선교지가 된 것이다. 더 이상 태어나면서 자동적으로 세례를 받고 기독교인이 되어 평생 기독교 문화 속에서 살아가는 '기독교 국가'의 삶은 존재하지 않는다. 지금은 같은 가정 공간에 살면서도 신앙 계승을 장담할 수 없는 시대가 되었다. 물리적으로도 그렇다. 옆집에 무슬림과 힌두교, 불교도가 살고 무신론자가 거하는 일이 허다하다. 해외에 가지 않아도 복음을 들어야 할 민족이 같은 지역 공동체에 살고 있고, 그들을 통해 복음이 바다 건너로 전해질 수 있는 가능성이 열린 새로운 시대가 도래했다.

셋째로 이런 맥락에서 교회론에 대한 관점도 바뀌게 되었다. 핼버슨Richard Halverson이 남긴 유명한 경구, "그리스인들은 복음을 받았을 때 그것을 철학으로 바꾸었고, 로마인들은 정치로, 유럽인들은 문화로, 미국인들은 사업으로 바꾸었다."[16] 이 말은 교회가 얼마나 복음의

이, 2013), 18.

정수로부터 멀어져 있는가를 생각하게 만든다. 성장의 신화에 휩싸여 많은 사람을 끌어들이는 일에 몰두해 왔던 교회는 내면에 심겨진 유전 자DNA를 오랫동안 망각해왔다. 앞서 언급한 것처럼, 선교가 하나님의 본성으로부터 발생하는 행위라면, 선교는 교회의 최우선적인 활동이 되어야 한다.[17] 교회가 선교를 만든 것이 아니라 그리스도의 선교가 교회를 창조한 것이다.[18] 교회는 세상으로부터 부름을 받은 하나님 나라 백성들의 공동체이며 동시에 세상의 구속을 위해 보냄 받은 사명 공동체이다. 교회는 하나님을 예배하고 그분의 임재 속에서 기쁨과 평안을 성도들의 공동체 안에서 누리지만 거기서 머물지 않고 세상으로 나아가 하나님의 통치와 다스리심을 증거하고 보여주는 사명을 감당해야 한다. 이를 위해 교회는 지역교회의 차원을 벗어나 우주적 교회의 개념을 품고 하나님 나라의 가치를 추구하며, 개인주의와 소비주의

〈표 2〉 제도적 교회와 선교적 교회 [19]

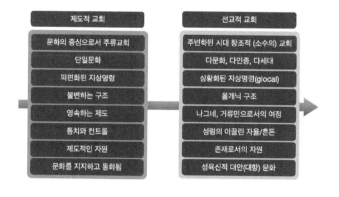

제도적 교회	선교적 교회
문화의 중심으로서 주류교회	주변화된 시대 창조적 (소수의) 교회
단일문화	다문화, 다인종, 다세대
파편화된 지상명령	상황화된 지상명령(glocal)
불변하는 구조	올개닉 구조
영속하는 제도	나그네, 거류민으로서의 여정
통치와 컨트롤	성령의 이끌린 자율/혼돈
제도적인 자원	존재로서의 자원
문화를 지지하고 동화됨	성육신적 대안(대항) 문화

---

16 George R. Hunsberger and Graig Van Gelder, ed., *The Church Between Gospel and Culture* (Grand Rapids, Mich.: Eerdmans, 1996), 149. 각주 15번 참조.
17 Michael Moynagh, *Church for Every Context* (London: SCM Press, 2012), 121.
18 Jürgen Moltmann, *The Church in the Power of the Spirit* (London: SCM, 1977), 10.

에 몰입되어 있는 세상 문화에 반하되(contrast society) 세상 속에 들어가 관계를 맺고 존재하며 세상의 대안이 되는(alternative community) 사도적 복음 공동체(apostolic gospel community)가 되어야 한다.

크리스텐덤적 사고에 젖어 있던 교회에서 선교적 교회의 DNA를 회복한 교회는 세상과 선교를 바라보는 안목과 태도가 바뀐다. 예수께서 주신 선교적 사명을 공동체의 존재 이유로 받아들이고 성도들을 훈련하고 무장하여 세상 속에 침투시키고, 그곳에서 그리스도의 사랑을 통해 사람들과 관계를 맺고 신뢰를 형성하며 대안적 삶을 살아냄으로 복된 소식을 전한다.

이제 선교는 교회 전체, 성도 모두의 사명이 되었다. 우리가 존재하는 곳에서부터 시작하여 세상 끝까지 전파하는 "예루살렘과 온 유대와 사마리아와 땅끝까지"의 사역이 모든 성도에 의해 동시다발적으로 발생하는 사건이 된 것이다. 바야흐로 선교 패러다임의 대 전환이 발생했다.

7. 포스트코로나 시대의 선교

20세기 후반 발생한 선교적 교회 운동은 포스트코로나 시대를 위해 준비된 하나님의 전략이다. 코로나19는 삶의 모든 방식을 일순간에 바꿔놓았다. 가장 보수적인 기관이라 할 수 있는 정부와 학교도 변화하는 상황 속에서 교회 역시 예외가 될 수는 없다.[20] 그동안 교회를

---

19 Ed Stetzer and David Putman, *Breaking the Missional Code* (Nashville, Tenn.: B&H Publishing Group, 2006), 48.

20 Alvin Toffler, *Revolutionary Wealth*, 엘빈 토플러/김중웅 역,『부의 미래 - 엘빈 토플러』(서울: 청림출판, 2006), 66-68.

규정해왔던 핵심 가치와 사역 방식들, 예를 들면 건물, 예배, 프로그램과 행사 등 모든 것이 바뀌어야 한다.

선교의 영역도 마찬가지다. 과거와 결별하고 새롭고 창의적인 방식이 필요하다. 그러나 분명한 점은 하나님은 세상을 창조하신 분이시며 시대마다 새롭고 창의적인 방식으로 자신의 선교를 진행해오셨다는 사실이다. 물론 교회도 그러한 하나님의 뜻에 맞게 끊임없이 시대 문화를 해석하고 적응하려는 노력을 기울여왔다. 지금은 새롭고 창의적 사고와 전략이 요구되는 시기다. 몇 가지 핵심 사항들을 살펴보자.

먼저, 이제는 해외에 가서 행하는 직접적인 대면 선교가 더욱 어려워지게 됐다. 어떻게 보면 선교의 거대한 장벽이 세워진 것처럼 보인다. 이때 필요한 개념이 'Here and Now'의 방식이다. 앞서 살펴본 것처럼, 모든 곳이 선교지가 된 지금 우리 주변엔 이미 와 있는 사람들로 가득 차 있다. 사실, 미국 같은 나라에는 모든 종족의 사람들이 한 지역에 거하고 있다. 한국도 예외는 아니어서 얼마나 많은 외국인이 살고 있는지 모른다. 그중에는 복음을 직접적으로 전하기 어려운 창의적 접근지역에서 온 사람들도 많다. 그들이 곧 선교 대상자들이다. 어려운 시기를 통과하고 있는 외국인 근로자와 유학생, 이민자, 외국 동포 등을 돌아보라. 누가 이 시대에 강도 만난 사마리아 사람의 이웃이 되어 줄 것인가. 바로 교회가 그 사명을 감당해야 한다. 이것이 바로 존재be-ing로서 행하는 선교 방식이다.

둘째로 사람에 집중하는 선교를 회복해야 한다. 프로젝트와 이벤트 중심의 선교, 프로그램과 서비스로 많은 사람을 건물 안으로 끌어모으는 방식은 이제 끝이 났다. 콜Neil Cole은 처음 동기가 선했다 할지라도 이런 사역은 결국 수동적 소비자를 양산해 낼 수밖에 없다고 말했다.[21]

이제 다시 예수의 사역으로 돌아가야 한다. 공생애 동안 철저하게 소수의 사람에게 집중하셨고 자신의 모든 것을 바쳐 그들을 제자로 세우셨던 주님의 길을 따라야 한다.

미래는 더욱더 믿을 수 있는 소수의 사람이 긴밀히 연결되어 살아가는 시대가 될 것이다. 믿고 신뢰할 수 있는 관계성이 더욱 중요해질 것이다. 사람을 대중과 객체로 여기지 않고 함께 살아가는 존재로 인정하며 신뢰의 관계를 쌓고 복음을 전하는 일이야말로 가장 중요한 선교 방법이다. 누군가를 제자로 삼기 원한다면 깊은 동행과 현존의 삶을 살아야 한다. 삶을 통해 복음을 살아내고 보여주고 증명하는 제자가 또 다른 제자를 만들 수 있다. 제자가 제자를 삼고, 그 제자가 또 다른 사람을 제자 삼는 사역은 세계 선교를 가능케 하는 원동력이 될 것이다.

셋째는 공동체적 선교의 중요성이다. 선교적 교회 운동의 가장 큰 특징 중 하나는 성도들이 일상의 삶을 함께 살아가면서 세상의 대안 공동체가 되어 복음을 전하는 삶을 산다는 것이다. 이것은 그동안 교회가 주일 중심의 사역을 하면서 성도들을 교회 안으로 끌어들이던 방식에서 세상으로 보내는 사역을 하는 과정에서 형성된 특징이다. 선교적 공동체Missional Community로 불리는 이 방식은 성도들끼리 믿음의 식탁과 교제를 나눌 뿐 아니라 세상을 섬기는 사역으로까지 이어진다. 함께 가난하고 약한 자들을 찾아가고 그들의 필요를 채워주고, 지역사회의 일원으로서 책임감 있는 삶을 살면서 복음으로 초청한다. 세상에

---

21 Neil Cole, *Rising Tides: Finding a Future-Proof Faith in an Age of Exponential Change* (Carol Stream, Ill.: Cornelius Cole, 2018), 64.

서 볼 수 없는 독특한 사랑의 공동체를 통해 사람들은 감동하고 모임에 참여하며 복음을 받아들이게 된다. 이렇듯 세상 속에 거하는 성도들이 공동체적 현존과 실천을 통해 복음을 경험할 수 있는 언어로 전달하는 것이 중요하다.

넷째는 선교사 중심에서 현지인 중심으로 중심축을 이동하는 것이다. 선교적 교회가 성직자 중심에서 평신도 중심의 사역을 강조하는 것처럼, 선교는 특정 능력과 지위를 가진 소수의 전유물이 아니라 일반 성도들이 중심이 되어 일어나는 운동이 되어야 한다. 물론, 선교 이론과 전략적 관점에서 리더십 이양(leadership transition)은 선교학의 오랜 연구 주제였다. 그러나 이것을 성공적으로 이루기는 결코 쉽지 않다. 사람을 키우고 리더십을 이양하는 일이 가능하기 위해서는 절대적으로 성령님을 의지하는 신앙이 필요하다.

사람 자체만 보면 리더십을 이양하는 것이 어렵다. 오직 성령을 의지할 때만 가능하다. 예수께서는 십자가에 달리시기 전, 부활하신 이후, 그리고 하늘로 승천하기 바로 직전에 반복적으로 "성령을 받으라"고 당부하셨다. 함께 모여 기도하던 제자들이 성령을 받고 난 후 놀랍게도 그들의 삶이 복음을 증거하는 모습으로 변화되었다. 오늘날 갱신과 부흥이 일어나고 있는 현장에서도 동일한 사건이 발생한다. 성령을 받은 성도들은 이전과 전혀 다른 삶을 살며 전도자가 되고 선교적 공동체의 리더가 된다. 그것이 성령이 하시는 일이다. 만약 우리의 선교가 성령께서 이끄시는 것이라면 담대히 그 주도권을 성령께 드리고 사역을 위임할 수 있을 것이다. 비대면 사회가 될수록 선교사의 물리적 역할은 줄어들 수밖에 없다. 일상의 삶에서 신뢰할 수 있는 사람이 복음의 전달자가 되어야 한다. 이 사역을 위해 목회자와 선교사는 현지인들을 훈련하고 그들이 주체가 되어 복음을 전하는 사명을 감당할 수 있도록 역할을 조정해야 한다.

다섯째는 온라인 선교의 가능성과 중요성을 인식하고 선교적 도구로 활용하는 일이다. 코로나바이러스로 인해 언택트untact 문화가 빠르게 자리를 잡았다. 일반 기업과 비즈니스들은 빠른 디지털 트랜스포메이션digital transformation을 통해 새로운 기회와 이익을 창출하고 있다. 이들은 이미 비대면, 비접촉 문화가 올 것을 예상하고 있었다. 단지 코로나가 이 기간을 빠르게 단축했을 뿐이다. 그러나 이에 대응하는 교회는 다르다. 이제까지 교회는 대면과 접촉을 통해 존재해왔다. 새로운 환경에 적응하는 게 쉽지 않다. 어쩔 수 없이 선택한 온라인 예배와 사역이 만족스러울 수 없다. 그러나 시대의 변화를 보면 온라인과 디지털 사역은 선택이 아니라 필수임을 알게 된다. 전 세계는 이미 인터넷으로 연결되어 있고, 어린아이부터 노인에 이르기까지 유튜브와 게임, 온라인 뉴스로 여가를 보낸다. 이제는 모든 사람이 세대와 문화를 넘어, 공간과 언어를 초월해 인터넷에 모여 살고 있다. 온라인 사역이 왜 필요한가. 그곳에 선교의 기회가 가장 많이 존재하고 있기 때문이다. 그런 면에서 본다면 오늘날 교회가 맞이한 위기는 체질을 변화시키고 온라인 사역을 정비하는 기회가 된다. 하나님께서 교회를 흔드셔서 만든 위기가 실상은 새로운 선교의 기회가 되고 있는 것이다.

온라인과 디지털 사역은 선교의 새로운 기회를 제공한다. 다양한 소셜 네트워크와 온라인 채널을 통해 복음을 전할 수 있고 언제든 누구와 연결할 수 있으며 일대일, 소그룹, 대그룹 사역이 가능하다. 코로나바이러스로 인해 불안과 공포가 확산되자 많은 사람이 신을 찾고, 성경을 읽고, 기도하기 시작했다. 실제로 미국에서는 이 기간에 성경의 판매가 수십 퍼센트 성장했고, 선교 단체와 교회의 웹사이트에는 기도 요청이 크게 늘었다는 보고가 있다. 놀라운 사실은 그들 가운데 이슬람교도들이 많았다는 점이다. 그들이 복음을 듣고 회심하며 그리스도의 제자가 된 일은 결코 우연이 아니다. 하나님은 온라인을 선교의 도구로 사용하고 계신다.

여기서 기억해야 할 중요한 원리가 있다. 디지털은 상상한 만큼 확장된다는 것이다. 모두가 문제와 어려움을 호소하는 이때 우리는 창의적 상상력을 통해 영역의 경계를 무너뜨려야 한다. 그리고 그 무너뜨린 장벽을 복음으로 연결해야 한다. 만약 종교의 자유가 허락된 곳이라면 복음을 받아들인 사람들이 선교적 자원이 될 수 있도록 훈련과 교육을 진행하고, 선교적 공동체를 형성할 수 있도록 도와야 한다. 만약 종교의 자유가 허락되지 않거나 제약이 많은 곳이라면 그들의 문화와 상황에 맞는 콘텐츠를 개발하여 전달할 수 있는 채널을 만들어야 한다. 복음은 그 어떤 상황 속에서도 살아있는 능력이기에 씨를 뿌리고 물을 주는 역할을 멈춰서는 안 된다.

마지막으로는 네트워크를 통한 선교다. 하나님 나라는 네트워크를 통해 이루어진다. 모든 지역교회가 우주적 교회의 지체와 부분이듯이, 사람과 사람, 공동체와 공동체, 교회와 교회가 이어질 때 하나님 나라는 더욱 아름답고 강력하게 세워질 수 있다. 선교의 궁극적 목적은 잃어버린 영혼이 주께 돌아오며 이 땅에 하나님의 통치가 회복되는 것이다. 우리는 모두 그 사명을 위해 부름을 받았다. 그러나 그 일은 혼자서 이룰 수 없다. 아무리 크고 많은 사람이 모인 교회라 해도 그 일은 한 교회의 과업이 될 수 없다. 함께 연결되어 그 길을 가야 한다. 크고 힘 있는 교회들이 작고 연약한 교회를 돌보고, 성도 한 사람 한 사람이 자신의 자원을 통해 하나님의 선교에 참여할 수 있는 문화가 이루어질 때 선교는 확장된다. 그것이 네트워크의 힘이고 능력이다. 한국교회는 그런 측면에서 연합과 협력에 대한 새로운 기준을 제시해야 한다. 경쟁과 반목의 문화를 버리고 함께 상생하며 선교적 협업을 할 수 있는 생태계를 만들어야 한다. 그것을 위해 하나님은 우리 모두를 한 가족으로 부르셨고 같은 과업을 주신 것이다.

8. 나가는 말

선교학자 쉥크Wilbert R. Shenk는 그의 책『선교의 새로운 영역』(*Changing Frontiers of Mission*)에서 기독교 선교는 미래 지향적이라고 말했다. "비록 미래는 언제나 불투명할지라도 교회는 과거에서 하나님의 섭리를 분별하기에 확실한 소망을 품고 앞으로 나갈 수 있다." 이를 위해 리더가 잊지 말아야 할 사항이 있다. 첫째로 역사 속에서 일하신 하나님의 손길을 지속적으로 확인하는 일이며 둘째로 분별력을 가지고 시대의 흐름을 간파하는 것이다.[22] 이러한 과정을 따르다 보면 선교의 미래가 어둡지 않음을 알게 될 것이다. 분명한 점은 하나님은 오늘도 살아계시고 우리보다 앞서 행하시고 계신다는 사실이다. 그 하나님이 우리를 향해 손을 흔드시며 선교의 현장으로 초청하고 계신다. 물론 여기에는 용기가 필요하다. T. S. 엘리엇Thomas. S. Eliot이 이야기한 것처럼, 모험의 궁극적인 결과는 우리를 누구도 가보지 못한 '최초의 위치'로 이끌

---

22 Willbert R. Shenk, *Changing Frontiers of Mission*), 윌버트 쉥크/장훈태 역, 『선교의 새로운 영역』(서울: CLC, 2001), 291.

며 그곳을 보게 하는 것일 수도 있기 때문이다. 그러기 때문에 하나님 나라를 향해 가는 여정에는 모험 혹은 죽음adventure-or-die의 태도가 요청되기도 한다.23 그럼에도 불구하고 우리는 우리보다 크시고 신실하신 하나님을 믿는다. 오늘 우리의 관점과 고민이 바뀌었으면 좋겠다. 교회가 생존을 넘어 더 본질적인 소명에 민감할 수 있기를 바란다. 하나님의 나라를 위한 모험의 초대에 믿음으로 반응하며 믿음의 항해를 기꺼이 감당하는 한국교회가 될 수 있기를 간절히 소원해 본다.

---

23 Tod Bolsinger, *Canoeing the Mountains* (Downers Grove, Ill.: IVP, 2015), 210.

포스트코로나 시대와 신앙교육
: 언택트와 인택트의 듀얼 교육 패러다임

박성호(아모스 박)

1. 들어가는 글

세상이 바뀌었다. 더는 조명Lights, 카메라Camera, 액션Action이 아니다. 조명Lights, 카메라Camera, 마스크Mask가 되었다. 무엇이 세상을 바꾸었는가. 공룡이나 코끼리처럼 대단하고 큰 것이 바꾼 게 아니다. 미세한 바이러스가 온 세상을 바꿔놓았다. 2020년이 시작되면서 우리는 코로나바이러스COVID-19라 하는, 눈에 보이지도 않는 바이러스가 정치, 경제, 사회, 교육, 의료, 종교, 예술 그리고 사소한 일상까지 바꾸어 놓은 것을 경험했다. 식당은 음식을 주문하고 픽업해 가는 장소로 바뀌었고 무엇을 사려면 밖에서 줄 서 기다려야 한다. 방역의 표준으로 사회적 거리두기와 마스크 착용은 자연스러운 일상이 되었고 재택근무로 인해 그동안 익숙해 있던 직장 문화가 송두리째 날아가 버렸다.

문명을 읽는 공학자로 알려진 교수 최재봉은 스마트폰을 손에 든 신인류 '포노 사피엔스Phono Sapiens'의[1] 등장으로 수십 년 동안 유지되

---

1 '지혜 있는 인간'이라는 의미의 '호모 사피엔스(Homo Sapiens)에 빗대어 '지혜가 있는 폰을

던 일상의 모습들이 하루아침에 다음과 같이 달라졌다 말한다. "미국의 대형 백화점은 문을 닫았고 100년 전통의「타임」도 파산 후 인수되었다. 우리나라의 한국씨티은행은 무려 90개 지점을 폐쇄했다. 이제 사람들은 물건을 사러 마트나 백화점을 가지 않고, 종이신문을 보지 않으며, 돈을 입금하기 위해 은행에 가지 않는다."[2]

그렇다. 코로나바이러스로 인해 4차 산업혁명 시대가 너무 빠른 속도로 눈앞에 다가왔다. 준비할 겨를도 없었다. 이제는 강한 자가 아니라 적응하는 자가 살아남는 뉴노멀New Normal 시대가 되었다. 전 세계 교회들은 이 같은 상황에 당황했고 준비할 겨를 없이 적응해야 했다. 이전에 익숙해져 있던 세상은 지나가고 있음을 우린 인식하고 있다. 많은 미래 학자들이 지난날로 되돌아가는 것은 불가능하다고 말한다.

이런 가운데 자녀들의 신앙교육에 위기가 왔다. 자녀들의 신앙을 책임지는 교회학교Sunday School는 아무 준비 없이 이런 상황을 맞이하게 되었다. 우리 자녀와 2세들을 위한 신앙교육은 그렇지 않아도 많은 문제가 있었다. 한국의 경우, 교세 현황 중 주일학교의 감소 현상은 앞으로 주일학교 해제의 심각성을 고스란히 담고 있음을 알 수 있다. 필자가 사는 남가주 이민 한인교회들의 경우를 보면, 한인 2세 청소년 90퍼센트가 대학 이후에 교회 떠나는 것을 경험하면서 많은 사람이 의아해했다. 하지만 그동안 자녀들의 신앙교육 패턴을 보면 그것은 그리 놀랄 일은 아니다. 부모들은 자녀들의 신앙교육을 교회 주일학교에 대부분 의지해 왔고, 교회는 영어만 하고 아직 준비되지 않은 2세 전도

쓰는 인간'이란 의미로 디지털 문명을 이용하는 신인류를 가리켜 '포노 사피엔스'(Phono Sapiens)라고 부르는 용어가 생겨났다.

2 최재붕, 『스마트폰이 낳은 신인류: 포노 사피엔스』 (서울: 쌤앤파커스, 2020), 24.

사들에게 자녀들의 신앙교육을 맡겨야 했다. 이것이 지난 40여 년 동안 남가주 이민 한인교회들의 현실이다. 더 안타까운 것은 교회학교에 대한 문제를 제대로 진단한 연구가 별로 없다는 것이다. 이 같은 문제는 한국교회도 마찬가지다. 한국의 장신대 기독교교육학 교수 박상진은 한국교회에 대해 언급하면서 "오늘의 교회학교의 현실에 대한 제대로 된 진단연구가 이루어지고 있지 않다"[3]고 말했다.

교회학교 상황은 그렇다 치고, 다음 세대인 우리 자녀들의 상황은 어떤가. 다음 세대인 우리 자녀들은 완전히 다른 세상에 살고 있다. 생각도 다르고, 행동도 다르고, 문화도 다르다. X세대(1965~1980)년생에 속하는 필자는 Z세대(1997년 이후)에 태어난 자녀를 두고 있다. 딸이 사물을 바라보는 각도도 다르고 정보를 습득하는 방법도 현저히 다르다. 그렇다면 필자의 전 세대인 베이비부머 세대와 그 전 세대와는 말할 것도 없다. 모든 것이 너무 빨리 변한 가운데 세대 차이는 그 어느 때보다 많이 벌어졌고 더욱 심각해졌다.

제4차 산업혁명 시대를 문턱에 두고 접한 포스트코로나 시대post- coronavirus era에 신앙교육의 대전환이 한국교회에 예상된다. 이 글은 교육의 대전환에 대한 성찰과 이에 대한 대비를 위해 첫째로 다른 세대들과 함께 Z세대에 관한 내용을 담는다. 이들의 특징과 함께 이들의 독특한 성향을 간단히 설명한다. 둘째로 포스트코로나 시대 속에 Z세대를 위한 하이브리드 교육hybrid education의 필요성과 듀얼 교육 패러다임 dual education paradigm의 중요성을 다룬다. 셋째로 기성세대가 돌아봐야

---

3 제19회 바른교회아카데미 연구위원회 세미나 "다음 세대 교회교육, 새틀 짜기" 한국 교회교육의 위기 진단과 대안의 방향, 16.

할 사항들을 정리하면서 이 모든 것을 통해 포스트코로나 시대 속에 가능한 적용점을 찾아본다.

이를 위해 다음 몇 가지 미리 말해 두어야 할 것이 있다. 첫째로 지면상 신앙교육을 교회학교 주일학교 관점에서만 다루고, 대면과 비대면 교육의 효율성에 대한 비교나 성찰은 피하며, 대신 대면과 비대면 두 가지 모두의 필요성에 대해서만 언급한다. 둘째로 듀얼 교육 패러다임을 제시하는 데 있어 양자택일either/or만을 논한 것이 아니라, 블렌디드blended: both/and 모델임을 밝힌다. 한쪽을 다른 쪽과 비교도 하지만 그 방향성에 있어서 균형이 필요함 또한 제시한다. 셋째로 인용 문구에 대해서는 특정 저자의 삶이나 철학에 대해 필자가 동의한다는 의미가 아니며 그가 밝힌 내용에만 국한해 인용했음을 밝힌다.

2. 세대 구분(분류)과 Z세대

세대 구분에 대해서는 여러 이견이 존재한다. 미국 조사연구기관 퓨리서치센터Pew Research Center는 다음과 같이 세대를 구분한다: 사일런트 세대, 베이비붐 세대, X세대, 밀레니얼 세대, Z세대. 통상적으로

〈표 1〉 미국 조사연구기관 퓨리서치센터 세대 구분

세대	출생연도
사일런트 세대	~1945 년생
베이비붐 세대	1946~1964 년생
X세대	1965~1980 년생
밀레니얼 세대	1981~1996 년생
Z세대	1997 년생~

베이비붐 세대의 자식 세대가 밀레니얼 세대이고, X세대의 자녀 세대는 Z세대로 구분하면 이해가 쉽다.

다음은 대한민국 세대 구분으로 각 세대가 경험한 역사적 사건들과 함께 분류한 표다.

〈표 2〉 대한민국 세대 구분

세대	출생연도	경험한 역사적 사건
산업화 세대	1940~1954년생	한국전쟁, 베트남 전쟁
베이비부머 세대	1955~1963년생	5.16 군사정변, 새마을 운동
386세대	1960~1969년생	6.10 항쟁, 민주화 운동
X세대	1970~1980년생	성수대교, 삼풍백화점 붕괴
밀레니얼 세대	1981~1996년생	월드컵, 외환위기, 금융위기
Z세대	1997년~	금융위기, 정보기술(IT) 붐

다음 표는 우리나라의 세대별 특징을 베이비붐 세대, X세대 그리고 밀레니얼 세대로 나누어 설명한 내용이다.

〈표 3〉 우리나라의 세대별 특징 [4]

베이비부머 세대	X세대	밀레니얼 세대
1955년-1963년 사이 (한국전쟁 이후) 출생	1960년대 중반 - 1970년대 후반 출생	1980년대 초반 - 2000년대 초반 출생
·국민 소득 100달러 이하의 시대적 상황 ·대다수가 성장 과정에서 빈곤, 군사문화, 분단과 냉전을 경험 ·마지막 주산 세대, 컴맹 1세대 ·현재 우리 사회 상위 리더 계층 ·2019년부터 은퇴가 본격화하면서 경제활동 인구가 줄어드는 추세	·청소년기에 6.10민주화 항쟁을 경험, 민주화 시기에 성장 ·물질적, 경제적 풍요 속에 성장 ·1990년대 오렌지족으로 불리는 독특한 문화 형성 ·1993년 아모레화장품의 '트윈엑스' 광고로 'X세대=신세대'로 널리 사용됨	·대부분 베이비붐 세대의 자녀들 ·IT에 능통하고 대학 진학률이 높음 ·청소년기부터 인터넷을 접해 모바일과 SNS 이용에 매우 능숙함 ·고용 감소, 일자리 질 저하 등 악조건 속 사회 진출 ·결혼과 내 집 마련을 포기하거나 미루는 경향

다음 내용에서는 위의 〈표 3〉에서 구분해 놓은 세대들을 중심으로
이들의 특징을 먼저 간단히 살펴본 후, 〈표 1〉과 〈표 2〉에 나온 Z세대
를 살펴보겠다.

1) 베이비부머 세대(Baby Boomer Generation)

한국의 베이비부머는 한국전쟁 이후 태어난 세대를 뜻하지만, 미국
의 경우 2차 세계대전 종전 이후 출생한 이들이다. 한국에서는 새마을
운동과 함께 고도의 경제성장을 경험한 세대이고, 미국에서는 성 해방
과 함께 히피Hippie문화와 록Rock음악 외에도 여러 다양한 사회적, 문화
적 운동을 주도한 세대로 알려져 있다. 한국의 경우 어느 한 베이비부
머의 독백에서 '주산을 마지막으로 사용한 세대', '컴맹 제1세대', '부모
와 권위의 인물에게 절대 순종했던 마지막 세대', '자녀들을 혼내지 않
고 키운 세대'로 설명되었다.[5]

2) X세대(Generation X)

1970년과 1980년 사이에 태어난 X세대는 '사람을 의식하지 않는
세대'로 분석이 되었고, 따라서 X세대의 'X'는 '잘 모름', '정의할 수 없
음'을 의미했다. 한국 경제성장과 함께 물질의 풍요로움을 경험한 세
대로 새로 선보인 여러 디지털 기기들(워크맨, 삐삐pager 외)을 처음 사
용하기 시작했다.

---

5 https://www.hankyung.com/economy/article/2018101267181.

3) 밀레니얼 세대(Millennials/Generation Y)

1981~1996년 사이에 태어난 자녀를 '밀레니얼 세대'라 부르는데, 이들은 베이비부머(1946~1964년생)의 자녀들이다. 「타임Time」지에서는 이들 세대를 'Me Generation'이라 표현했는데 그 이유는 '자기 중심적인 사고의 틀을 가지고 행동하는 세대'이기 때문이다.6 X세대의 다음 세대란 이유로 Y세대로 불리기도 하는 이들의 다음 세 가지 특성이 있다. 첫째로 대학 진학률이 높고, 둘째로 소셜네트워크서비스social networking service(SNS)를 능숙하게 사용하며, 셋째로 자기표현 욕구가 강하다. 학업에 관한 관심과 함께 SNS에 대한 관심이 많은 이유는 결국 자기 위주로 생각하고 행동하고자 하는 욕구에서 나온 것이라고 볼 수 있다.

4) Z세대(Generation Z[Gen Z])

좀 더 관심을 갖고 자세히 살펴보고자 하는 세대는 바로 Z세대다. Z세대는 X세대의 자녀들로 20세기 말 21세 초에 태어난 세대이다. 인터넷을 접하면서 태어났기 때문에 '디지털 네이티브digital native'라고도 불린다. 유년 시절은 초반 정보기술IT 붐과 함께 성장했고, 2000년 중반이 되어 출범한 유튜브가 익숙하여 '유튜브 세대YouTube Generation'로도 불린다. 이들은 문자보다 이미지나 동영상을, TV보다는 스마트폰을 선호한

---

6 고재연 한국경제신문 산업부 기자 yeon@hankyung.com [온라인 자료]
  https://www.hankyung.com/economy/article/2018101267181, 2020년 9월 2일자.

다. 이들은 또한 안정성과 실용성을 추구하는 특징이 있는데, 그 이유는 그들의 부모 세대인 X세대가 2000년대 말 금융위기로 인한 경제적 어려움을 보고 성장했기 때문이다.[7]

최근 20대 사이에서 유행하는 '칭찬방'이 있다. 참여자가 어떤 말을 하면 무조건 칭찬을 해 주는 그룹 카톡방인데 참여도가 높고 인기도 많다. 이 같은 요즘 20대 문화를 이해하기 위해 Z세대 트렌드 키워드를 알아본다. 다음은 〈대학내일20대연구소〉에서 발표한 '밀레니얼~Z세대 다섯 가지 트렌드' 글에서[8] 발췌하여 요약한 내용이다.

(1) 다양한 삶을 만나는 것을 추구하는 세대

Z세대는 다양한 만남과 경험을 추구한다. 물론 다른 세대도 그 같은 가치관을 갖고 있지만, 이들의 개념은 조금 더 색다르다. 취미 생활을 즐기는 다양한 부류의 사람들을 SNS을 통해 접하면서 이들은 다양한 라이프 스타일을 경험하고 있다. 선호하는 취미생활이 다를 뿐, 무엇이 좋고 무엇이 나쁘다는 개념은 없다. 나 혼자 알고 경험하던 세상에 비해서 자신이 경험하지 않은 라이프 스타일이 너무 많기에 온라인을 통해 새로운 경험들을 즐긴다. 다음은 '밀레니얼~Z세대 다섯 가지 트렌드'를 정리한 분의 표현이다.

갑자기 뜨개질을 시작하거나 프리다이빙을 취미로 갖는 것에서부터 퇴사하

---

7 고재연 한국경제신문 산업부 기자 yeon@hankyung.com [온라인 자료]
  https://www.hankyung.com/economy/article/2018101267181, 2020년 9월 2일자.
8 "Z세대 트렌드 키워드", "https://www.hellodigital.kr/blog/2030-five-trend-keyword/

고 타투를 공부하고 영화를 토론하는 모임에 나가기 시작하기까지 정말로 다양한 삶을 만납니다. 색다른 경험과 자극을 찾고 이를 SNS에 수집하고 전시합니다. 다양한 경험을 쌓으면 쌓을수록 나의 삶이 다채롭고 의미 있다고 느낀 겁니다. 그 무엇도 틀린 것은 없습니다. 다만 나와 다른 것이 너무 많을 뿐이죠. 나와 다른 사람, 지금처럼 평생을 산다면 절대 말도 섞을 일이 없는 사람들과 어울리기 위한 기회를 찾고 색다른 경험이라면 나중으로 미루지 않고 당장 해봅니다. 나중엔 또 다른 다양한 경험을 쌓아야죠. 기회는 기다리지 않고 시간은 멈추지 않으니까요.

(2) 후렌드는 Who(누구) + Friend(친구)

'후렌드'는 누구와도 친구가 될 수 있는 트렌드를 나타내는 말이다. Z세대는 어느 누구와 거리낌없이 특히 온라인에서 사람들을 만나는 것으로 나타났다. 이 같은 만남은 케주얼한 만남으로 부담 느끼지 않으면서 필요를 위해 만나고 필요한 만큼 만난다. 온라인 상으로 전혀 모르는 사람들과 만나 원하는 이벤트를 하고 헤어진다.

이제 더는 친구들에게 같이 무언가 하자고 조르고, 같이 할 친구들이 없다는 이유로 하고 싶은 것을 포기하지 않습니다. 언제 어디서든 함께할 수 있는 사람들이 있으니까요. 정기 러닝 오픈톡방도 마찬가지입니다. 모르는 사람들끼리 만나서 달리기만 하고 헤어지는, 정말 달리기'만'하는 모임입니다. … 온라인에서 오프라인으로의 만남은 점점 더 자연스러워지고 있습니다.

(3) 선취력: 먼저 선(先) 또는 착할 선(善) + 취하는 + 능력

먼저 행동해 긍정적인 변화를 이끌어내는 능력이란 뜻이다. Z세대
는 남과 비교하지 않는 기질에 걸맞게 '남보다 나은 나'가 아닌, '어제의
나보다 나은 나'를 추구한다. 사회참여에 긍정적인 성향을 갖고 있는
이 세대는 사회에 대한 특별한 관심과 함께 사회에 관련된 이벤트에
적극적으로 참여한다.

(4) '판플레이': 판(놀 거리의 집합) + Play(놀다)의 합성어

Z세대는 펀fun이라고 하는 콘텐츠를 찾는다. 재미있는 콘텐츠와 함
께 놀거리를 늘 찾고, 놀이문화를 적극적으로 만들어 간다. 소비를 넘
어 깊숙이 참여하면서 더 깊은 차원의 재미를 느낀다.

> 어디에서 재밌는 콘텐츠를 찾을 수 있을지, 어디에서 콘텐츠를 만들어야 판
> 플레이를 선점할 수 있을지를 적극적으로 찾아 나서는 겁니다. 콘텐츠를 만
> 들어 마케팅하는 주체로서는 '고객과 함께'가 아닌 '고객에 의해' 만들어지는
> 시장에 집중해야 할 필요성이 생겨났습니다.

(5) 클라우드소비

Z세대의 마지막 키워드는 '클라우드소비'이다. 저장해 놓은 것을
꺼내 쓰는 컴퓨터의 '클라우드'처럼 필요할 때 자신이 원하는 것을 소
비하는 성향을 드러내는 말이다. 특별한 사항은 이 같은 것을 '소유'가

아닌 '공유'를 통해 필요할 때 빌려 쓴다는 점이다. 그렇게 하는 이유는 이들이 원하는 것은 소유가 아니라 경험이기 때문이다.

> 우리는 결국 소유가 아닌 '사용'과 '경험'을 원합니다. 그렇기에 렌탈하고, 구독합니다. … 다소 유목민적인 라이프스타일입니다. 더 이상 렌탈의 영역은 정수기나 자동차에만 머무르지 않습니다. 서비스를 렌탈하는 방법이 생긴 이상, 우리는 언제나 그랬듯이 방법을 찾을 것이니까요.

위의 내용을 중심으로 Z세대의 성향을 정리해 보면 다음과 같다.

- 다양한 삶을 추구하며 여러 부류의 사람들을 만나는 이들은 삶을 통한 경험의 가능성을 확장해 나간다.
- 온라인을 통해 SNS를 사용하는 전 인류를 친구의 대상으로 삼는다.
- 사회참여 의식이 강한 이들은 선한 변화를 끌어내기 위한 행동파들이다.
- 추구하는 삶의 의미를 위해 장을 만들고 스스로 참여한다.
- 소유 개념보다는 공유 개념의 신념을 갖고 현실성에 맞는 생활을 한다.

3. Z세대를 위한 하이브리드 교육의 필요성과 듀얼 교육 패러다임의 중요성

코로나19로 인해 '코로나 사피엔스'가 사는 시대가 열렸고 그와 함께 '포노 사피엔스'가 리드하는 시대가 되어버렸다. 이런 가운데 세상에 모든 것이 온라인으로 돌아가는 것처럼 보이지만 여전히 오프라인의 라이프 생태계는 계속되고 있다. 이 같은 '온오프라인 세상on-offline world' 가운데 아무도 경험하지 못한 코로나 시대 속에서 요구되는 신앙교육의 모습은 무엇이고, 교육 패러다임은 어떻게 바뀌어야 하는가. 필자는 Z세대를 위한 '하이브리드hybrid 교육의 필요성'과 '듀얼dual 교육 패러다임'의 중요성을 정리해본다.

1) 하이브리드 교육의 필요성

공교육도 그렇지만 교회교육은 이전까지 오프라인 플랫폼을 통해 대면교육으로 진행되어 왔다. 하지만 코로나19로 인한 거리두기와 재택명령으로 인해 온라인 교육은 이제 뉴노멀이 되었다. 이런 가운데 포스트코로나 시대의 수업 모델 모습은 어떻게 바뀌게 될까. 미주장로회신학교 교수 38명을 대상으로 한 설문조사에 의하면 66.7%가 미래 수업 모델로 온라인과 오프라인 병행의 하이브리드 방법을 선호한 것으로 나타났다.9 코로나19 이전까지만 해도 교회교육은 아날로그 방식이었지만 코로나19 이후는 디지털 방식으로 갈 것은 당연하다. 특히 팬데믹 상황에서는 온라인 디지털 플랫폼을 중심으로 한 온라인 원격 교육distance education이 필수일 것으로 보인다. 태어날 때부터 디지털이 익숙한 Z세대는 스마트폰을 뇌의 일부로 인식하고 있으니 과연 포노 사피엔스에게는 포노 사피엔스에게 맞는 온라인과 오프라인 교육의 하이브리드 수업 모델의 필요성과 효율성은 더욱 긍정적으로 검토되어야 할 사항이라 생각한다.

---

9 기간: 2020년 9월 3일~9월 8일, 대상: 현재 본교에서 지속적으로 강의 활동을 하고 있는 교수와 본교 직원 교수 38명, 조사방법: e-survey 제작 후, 이메일 배포 및 무기명 수집, 응답: 24명.

2) 듀얼 교육 패러다임의 중요성

온라인-오프라인 하이브리드 교육의 필요성과 함께 듀얼 교육 패러다임의 중요성을 언급해야 할 것 같다. 늘 그랬듯 진정한 교육은 항상 듀얼 패러다임을 동반했다. 모든 교육에는 금지사항과 행동사항이 있다. 교육심리학에서는 이론과 실천이라는 두 가지 주요 측면이 있고, 기독교교육에서는 무엇을 하지 말아야 하는지(what not to do)와 무엇을 해야 하는지(what to do)를 가르친다. 그 어느 때보다 '세상 속in the world'에 살고 있는 다음 세대가 '세상화of the world'되지 않게 하기 위한 몇 가지 듀얼 신앙교육 패러다임을 논해 본다. 듀얼 신앙교육 패러다임을 '언택트untact'와 '인택트intact'라는 키워드를 중심으로 설명하고자 한다. '접촉하지 않음'의 의미가 있는 '언택트untact'는 '비대면'을 설명하는 신조어로 미래학자들 사이에서 사용되는데, 이 글에서는 '멀리한다', 또는 '지양한다'는 의미로 사용할 것이다. '손상되지 않음, 온전함'의 의미가 있는 intact는 '가까이한다', '지향한다'는 의미로 사용할 것이다.

(1) 세상과의 '언택트', 하나님과의 '인택트'
   : 세상과 멀어지고, 하나님과 가까워지기

이미 언급된 대로 다양한 삶을 추구하며 여러 부류의 사람들을 만나는 Z세대는 삶을 통한 경험의 가능성을 계속해서 확장해 나가고 있다. 이들은 온라인을 통해 SNS를 사용하는 전 인류를 친구의 대상으로 삼으면서 그 어느 세대보다도 세상과 가까이 접촉하며 삶을 영위해

가고 있다. 따라서 세상과 절제된 접촉(언택트untact)을 하면서 동시에 하나님과 충분한 접촉(인택트intact)을 하는 신앙교육이 필요하다. 이미 설명한 대로 '접촉하지 않는다'의 의미를 가진 언택트는 '비대면'을 설명하는 신조어다. 예를 들어, 판매원이 소비자와 대면하지 않고 기계나 키오스크kiosk를 통해 상품이나 서비스를 제공하는 사례를 들 수 있다. 마찬가지로 신앙인들은 세상에 동요되지 않으면서 동시에 세상과의 절제된 접촉점을 찾아야 한다. 그뿐만 아니라, 하나님과는 충분한 접촉을 하는 영적 형성spiritual formation을 위한 교육 환경이 필요하다.

크리스천이 세상과의 접촉점을 찾는 것은 당연한 일이다. 하지만 세상과 함께한다는 명분으로 세상화되면 안 된다. '글로벌화global-ization'는 바람직하지만 '세상화secularization'는 안 된다. '세상에 살지만 세상에 속하면 안 된다'(In the world, but not of the world)는 것은 삼척동자도 다 아는 기독교 진리다. 홍수처럼 쏟아져 나오는 온라인 콘텐츠로 인해 포노 사피엔스는 어느 시대 사람들보다 많은 것을 알고 많은 것을 접하고 있다. 이런 상황 속에서 온라인이든 오프라인이든 세상화되지 않을 수 있도록 세상과의 언택트와 함께 하나님과의 인택트를 위한 기독교교육 패러다임이 더욱 절실하다.

필자가 미국에 이민 온 당시 80년대 이민 한인교회들은 이런 환경을 충분히 만들어 주었다. 주일에는 아침 11시 예배, 주일 오후 예배, 그리고 주일 저녁 예배, 이렇게 세 번 예배를 드렸다. 주중에는 수요예배와 금요예배 그리고 철야기도회가 있었다. 로컬교회들과 함께 몇몇 청소년 선교 단체들이 주말에 청소년들을 모아 하나님을 경험할 수 있는 장을 만들어 주었다. 이에 비해 현재 이민 한인교회 청소년 사역의 모습은 주일예배 외에 깊이 있는 성경공부 교육은 많이 부족한 상황이고, 소그룹 모임도 비슷한 또래가 대화 나눠주는 정도의 콘텐츠 외에는 하나님을 깊이 경험하는 장을 제공해 주기에는 많이 부족해 보인다. 세상의 풍조가 아닌, 하나님의 사랑에 관심을 두게 하기 위한 건전한 신앙공동체를 만들어 주고, 새로운 시대 속에 사는 Z세대가 관심을 가질 수 있는 탄탄한 성경적 크리스천 콘텐츠contents와 함께 하나님을 인격적으로 경험할 수 있는 환경적 콘텍스트context가 필요하다.

(2) 개교회 중심으로부터의 '언택드', 협력교회로의 '인택트'
　　: 덜 경쟁적이고, 더 협력적이기

Z세대는 소유의 개념보다는 공유의 개념이 강하다. 현실성에 맞는 생활을 하는 세대다. 따라서 이들에게는 본인이 속해 있는 신앙공동체의 색깔을 지키면서도 동시에 함께 더불어 공존하는 것에 대한 불편함은 이전 세대보다는 덜하다고 말할 수 있다. 남가주 이민 1세들이 이루어 놓은 이민교회 문화는 좋은 점도 많지만, 개교회 중심의 모습이 아직도 계속되고 있다. 포스트코로나 시대를 맞이해 기대되는 것은 교회들 간의 연합이다. 제일침례교회First Baptist Church 하워드Barry Howard 목사는 "코로나 이후에 다가올 교회의 12가지 트렌드"에 관한 칼럼에서 다음과 같은 내용을 나누었다.

> 놀라운 파트너십이 형성될 것이다. 지역교회는 더 협력적이고 덜 경쟁적이게 될 것이다. 그러므로 많은 교회는 그들이 '혼자서 할 필요가 없다'는 사실을 발견하게 될 것이다. 교회 간의 파트너십은 아이디어, 자원, 과제를 공유하는 네트워크로 진화할 수 있으며, 경우에 따라서는 직원이나 캠퍼스 공간

도 공유할 수 있다.

Z세대는 덜 경쟁적이고 더 협력적인 지역교회 분위기 속에서 함께 공전하는 장을 만들고 스스로 의미 있는 일에 참여할 가능성이 많은 세대다. 이를 위해 교회들끼리 협력하는 모습을 보여주고, 함께 더불어 하는 기독교 콘텐츠의 행사들을 만들어 줌으로 지역교회 간의 시너지 효과를 기대해 본다. 이윤석은 "우리 그리스도인들은 호모 데우스 네트워크를 이길 수 있는 강력한 교회 플랫폼을 만들어나갈 필요가 있다"[10]고 했다. 그리스도인들은 이미 예수를 머리로 하는 그리스도의 몸 된 교회라 하는 연합 네트워크를 갖고 있다. 안타깝게도 개신교 안에서 지역교회 연합 사업은 많이 아쉬운 면이 있다. 이윤석은 이스라엘의 역사학 교수 유발 하라리Yuval Harari가 주장하는 '신이 된 인간들', 즉 '호모 데우스Homo Deus들'의 네트워크와 크리스천 연합 네트워크 간에 치열한 플랫폼 경쟁이 예상된다고 말한다. 이 같은 점에 대비하기 위해 그리스도인들은 영적 연합은 물론, 유형적이고 유기적인 교회 연합에 더욱 힘을 써야 할 것이다.

(3) 교회 내부 사역으로부터의 '언택트', 세상밖으로의 '인택트': 교회 안을 위한 영향력에서, 사회와 세상을 향한 선한 영향력 끼치기

네덜란드의 개혁주의 신학자이자 정치가였던 아브라함 카이퍼Abraham Kuyper에 의하면 이 세계는 다 하나님의 것이다. 그뿐만 아니라

---

10 이윤석, 『4차 산업 혁명과 그리스도인의 삶』 (서울: 기독교문서선교회, 2018), 139.

그리스도의 것이며 그리스도를 믿는 우리 크리스천들의 것이다. 중요한 것은 그 모든 영역을 회복함에 있어 하나님은 우리 인간을 도구로 사용하신다는 것이다. 그런데 교회들이 교회 내부 사역에만 관심을 둘 경우, 세상에서는 선한 영향력을 행사하지 못하는 경우가 생긴다. 그뿐만 아니라 교회 내부 사역에만 관심을 계속 두다 보면 어느 순간 개교회 중심이 되는 것을 목격한다.

교회들이 개교회 중심일 경우, 성도들의 영향력이 교회 안의 사역을 위해 집중되어 있는 경우가 많이 생긴다. 아이러니하게 세계 선교를 위해서는 많은 여행비용을 들여 선교지에 다녀오면서, 교회 부근 이웃의 지역 복음화를 위해서는 덜 관심을 갖게 되는 경우가 있다. Z세대는 사회참여 의식이 강하다. 이들은 선한 변화를 끌어내기 원하고, 이것을 위해 행동을 주저하지 않는다. 이 같은 Z세대의 성향은 교회 내부적으로는 물론, 교회 외부적인 사역을 위해 긍정적으로 사용될 수 있는 부분이다. 특히, Z세대는 SNS를 통해 교회가 아닌 다른 여러 플랫폼에 이미 참여하고 있고, 다양한 삶의 경험을 추구하면서 여러 부류의 사람들을 만나고 있다. 세상 밖으로의 인택트 문화를 만들어나가기에 적합하다. 참고해야 할 사항은 이 같은 플랫폼에 참여할 때 "그 플랫폼이 교회에 대하여 우호적이거나 아니면 최소한 중립적인 입장을 갖도록 적극적으로 영향력을 행사할 필요가 있다"는 것이다.[11]

---

11 이윤석, 『4차 산업 혁명과 그리스도인의 삶』, 138.

(4) 오프라인으로부터의 '언택트', 온라인으로의 '인택트'
  : 교회시설에서 디지털 플랫폼에 투자하기

다음 세대에 희망이 있으려면 신앙교육의 대상인 Z세대에게 필요한 교육 환경은 무엇이고, 이 시대에 맞는 교육 내용은 무엇인지를 알아야 한다. 2007년에 아이폰이 탄생하고 난 후, 아이폰은 온 세상을 180도 뒤집어 놓는 혁명 디바이스device가 되었다. 학습의 방식이 전환되었고 뇌가 지식을 찾는 방법이 바뀌게 된 것이다. 학습의 방식은 이제 텍스트 위주에서 동영상으로 전환했고 텍스트 기반 학습은 영상을 기반으로 한 학습으로 교육 문명이 체인지되었다. Z세대는 지식을 쌓기 위해 선생이나 부모와 같은 권위의 인물을 찾지 않는다. 이들은 지식 검색을 위해 구글을 사용하고 유튜브를 본다. 뇌가 지식 찾는 방법이 바뀐 것이다.[12]

스마트폰 안에 사람들의 생활공간이 마련된 시대에 살고 있다. 스마트폰 안에 백화점도 있고, 영화관도 있고, 은행도 있다. 따라서 점점 더 많은 사람이 오프라인보다는 온라인을 통해 쇼핑도 하고, 영화도 보고, 돈 입금을 한다. 앞으로 제이, 제삼의 코로나 사태가 도래해도 이 같은 언택트 생활 생태계는 자연스럽게 비대면으로 삶이 돌아갈 수 있도록 도와준다. 따라서 앞으로 또 다른 팬데믹 쓰나미가 올 경우, 원격근무를 비롯해 원격수업을 할 줄 알아야 하고, 직장과 학교는 편안히 일할 수 있는 재택근무 환경과 교육을 제대로 받을 수 있는 탄탄한 온라인 콘텐츠를 구축해야 한다.[13]

---

12 최재붕, 『스마트폰이 낳은 신인류』, 114-115.

사실 코로나19 사태로 대부분 학교는 온라인 수업을 이미 진행하고 있다. 현재 교회들은 예배에 포커스를 두고 온라인 영상예배 제작에 신경을 쓰고 있는데, 성경공부도 온라인 플랫폼으로 빨리 바뀌어야 한다. 온라인 플랫폼이 만들어져도 문제는 성경공부를 가르치는 주일학교 교사들의 인력 부족과 자질이다. 소형교회나 대형교회나 할 것 없이 주일학교 학생들을 가르칠 교사 확보는 늘 어려움이 있다. 하지만 온라인 성경공부 플랫폼이 마련될 경우, 주일학교 교사 확보 문제는 부분적으로 해결될 수 있다. 다음 몇 가지 상황이 가능하기 때문이다. 탁월한 주일학교 교사들을 확보하고 훈련해 온라인 주일학교 사이트를 제공하면 여러 교회 학생들이 함께 와서 검증된 교사로부터 성경을 배울 수 있다. 배리 하워드 목사가 쓴 "코로나 이후에 다가올 교회의 12가지 트렌드"에 관한 칼럼을 보면 다음과 같은 내용이 나온다.

혼합적(hybrid) 참여 모델이 계속 등장할 것이다. 실제 모임과 가상 모임 둘 다 유지될 것이다. 예배, 소그룹 모임, 위원회 모임 등은 현장 참여와 가상공간이라는 선택지를 제공하게 될 것이다. 많은 교회는 다른 공동체의 회원이면서 동시에, 가상공간에서는 예배와 사명으로 연결된 온라인 멤버들을 갖게 될 것이다.[14]

현재 지역교회 중심의 생각 구조에서는 상상하기 힘든 이야기다.

---

13 최재천 외, 『코로나 사피엔스 – 문명의 대전환, 대한민국 대표 석학 6인이 신인류의 미래를 말한다』 (서울: 인플루엔셜, 2020), 77.

14 하워드(Barry Howard), "코로나 이후에 다가올 교회의 12가지 트렌드", www.christiantoday.co.kr/news/334224.

박성호_ 포스트코로나 시대와 신앙교육 | 277

하지만 뉴노멀 시대 속에서 소, 중, 대형교회들이 공존하기 위해서 온라인 크리스천 인택트 문화를 함께 만들어 간다면 가능하지 않을까. 한 가지 생각해보고 싶은 게 더 있다. 이같이 학습 생태계가 바뀐 상황에서 교육 내용을 다음 세대에게 효율적으로 전할 책임이 우리에게 있다. 그런데 그 내용을 효과적으로 전달하기 위해서는 이전 주입식 교육으로는 모자란다. 유발 하라리는 자녀들에게 전수해야 할 교육 내용에 대해 말하면서 정보를 주입하는 데만 집중하는 현대 교육에 대해 고발한다. 구글서치Google Search만 하면 정보를 얻을 수 있는 자녀들에게 전수해야 할 교육 내용에 대해 그는 이렇게 말한다.

> 이런 세상에서 교사가 학생들에게 전수해야 할 교육 내용과 가장 거리가 먼 것이 바로 '더 많은 정보'다. 정보는 이미 학생들에게 차고 넘친다. 그보다 더 필요한 것은 정보를 이해하는 능력이고, 중요한 것과 중요하지 않은 것의 차이를 식별하는 능력이며, 무엇보다 수많은 정보 조각들을 조합해서 세상에 관한 큰 그림을 그릴 수 있는 능력이다.15

사실 이것은 '교육 내용'이라기보다 '교육 철학'으로 보는 것이 맞을 것 같다. 교육 내용은 변하지 않지만, 그 내용 즉 정보를 습득하게 하고, 이해하게 하고, 분별하게 하고, 조합할 수 있도록 교육해야 한다는 것이다.

정보를 이해comprehension하는 능력, 정보를 분별discernment할 수 있는

---

15 Yuval Noah Harari, *21 Lessons for the 21st Century*, 유발 하라리/전병근 역, 『21세기를 위한 21가지 제언 – 더 나은 오늘은 어떻게 가능한가』 (서울: 김영사, 2018), 391.

능력, 정보를 조합collaboration할 수 있는 능력은 비단 세상 교육만이 아니라 신앙교육에서도 적용할 수 있는 기독교 교육 철학이다. 오랫동안 교회는 주입식 교육으로 요리 문답의 교재를 사용해 외우게 하고 교육했다. 그렇게 하여 이해가 되면 다행이다. 하지만 주입된 내용이 이해가 되지 않을 경우, 이해되지 않은 정보를 가지고 다른 정보를 분별할 수는 없을 것이다. 그뿐만 아니라 넘치는 정보를 조합할 수 있는 능력을 부여해 주기는 더욱더 쉽지 않다. Z세대를 위해 학습만이 아니라 학습된 내용을 분별하고 조합하는 능력을 키우는 새로운 러닝new learning을 위해 고민하고 연구해야 할 필요성을 느낀다.

4. 기성세대가 돌아봐야 하는 것들

문명의 진화가 무서운 것은 절대로 과거로 돌아갈 수 없다는 것이다. 2007년 아이폰의 탄생과 함께 포노 사피엔스라고 하는 새 인류가 생겨났고 이들은 삶의 생태계를 꾸준히 바꾸어 왔다. 그 결과, 이제는 기성세대가 도무지 이해할 수 없는 문명의 변화가 시작된 것이다. 그렇다면 다음 시대를 준비하고 다음 세대를 품기 위해서 기성세대는 무엇을 해야 하는가.

먼저, 기성세대가 새롭게 열리는 디지털 세상에 대한 긍정적이고 열린 자세가 요구된다. 미래 학자들은 디지털 문명의 특성은 새로운 소비 문명의 급속한 확장이라고 언급하면서 그렇기 때문에 열심히 학습해야 한다고 말한다. 결국 "소비자가 남기는 데이터를 통해 과거를 읽어내고 미래를 예측"[16]해야 한다는 것이다. 기성세대는 새로운 문명을 학습하는 연습을 더욱 해야 할 것이다. 최재붕은 스마트폰의 탄생과 함께 새로운 문명의 시대에 대해 언급하면서, 스마트폰을 사용하는 전 세계 50퍼센트의 인구가 선택한 문명이라면 "억울하고 안타까운 마음을 내려놓고 새로운 문명을 즐겁게 학습해야 한다"[17]고 말한다.

둘째로, 스마트폰 사용에 대한 새 관점이 필요하다. 이제 스마트폰은 아이나 어른이나 할 것 없이 필수품이 되어버렸다. 이미 우리는 스마트폰을 기반으로 하는 문명 속에 살고 있다. 이 같은 새로운 삶의 생태계에서 우리 자녀들이 생존하게 하기 위해서는 스마트폰 사용에 대한 기성세대의 관점을 바꿔야 한다. 이때까지 우리는 일류 대학에 자녀들이 들어가게 하려고 스마트폰과 SNS 사용의 자제를 요구했다. 이제 앞으로 변한 세계 문명에 잘 적응하는 자녀가 되게 하려고 다음과 같이 이야기해야 한다고 최재붕은 말한다.

> 스마트폰은 앞으로 필수니까 적절하게 잘 사용할 줄 알아야 한다. SNS는 이제 기본 커뮤니케이션 수단이니 어려서부터 활발하게 잘 쓸 줄 알아야 한다. 유튜브는 검색뿐 아니라 직접 방송도 해보고 경험을 많이 쌓아야 한다. 이제 게임은 하나의 스포츠란다. 어려서부터 인기 있는 게임을 좀 배워두고 방송도 볼 줄 알아야 한다.[18]

마지막으로, 기성 신앙세대가 놓치지 말아야 하는 것이 있다. 뉴노멀 가운데 이렇게 변해가는 과정에 따라 우리 상식도 변해야 한다고 세상은 도전하고 있다. 따라서 이전 상식들을 다시 돌아보고, 검토하

---

16 최재붕, 『스마트폰이 낳은 신인류』, 150.
17 최재붕, 『스마트폰이 낳은 신인류』, 92.
18 최재붕, 『스마트폰이 낳은 신인류』, 112.

고, 살펴보면서 코로나 사피엔스 시대에도 유효한 것인지 끊임없이 묻고 재정의하라는 것이다. 여기에 기성 신앙 세대의 현명한 판단과 분별력이 요구된다. 물론 시대의 변화와 함께 그 시대에 맞는 새 문화와 상식 기준들이 세워질 것이다. 하지만 우리 신앙인에게는 변하지 않는 성경적 진리가 있다. 시대적 정신에 부합하면서 동시에 성경적 진리를 고수하는 균형과 지혜가 요구된다.

비그리스도인들이 말하는 4차 산업혁명 시대에 대한 이들의 관점은 유물론적이다. 아무리 많고 정확한 데이터를 갖고 있다 해도 미래학자들은 눈에 보였던 세상, 눈에 보이는 세상, 그리고 눈에 보일 세상밖에는 볼 수 있는 안목이 없다. 이 점에 대해 이윤석은 다음과 같이 말한다.

> ··· 비그리스도인들이 4차 산업혁명 시대에 대하여 갖고 있는 종말론은 기본적으로 유물론적 관점에 입각해 있다. 이들의 사고에는 성경이 말하는 하나님의 나라, 부활, 천국 등의 개념이 없다. 따라서 그리스도인들은 4차 산업혁명이 가져오는 강력한 기술 중심적 종말관을 접할 때 충격과 갈등을 경험할 수 있다. 그래서 더욱더 그리스도인들은 성경이 말하는 종말관이 무엇인지 잘 알고 종말에 대한 해석을 할 수 있어야 한다.[19]

---

19 이윤석, 『스마트폰이 낳은 신인류』, 145.

5. 나가는 글

: Already, Not Yet / Same, But Different / New, But Old

Already, not yet. 포스트코로나 시대는 이미 임했고 앞으로 더욱 임할 것이다. Same, but different. 포스트코로나 시대 속의 신앙교육은 같아야 하고 동시에 달라야 한다. 크리스천 교육의 목표와 내용은 변하지 않지만, 그 방법은 시대에 맞게 달라져야 하기 때문이다. New, But Old. 뉴노멀 시대는 새로운 시대임이 틀림없다. 그러나 해 아래 새것은 없다는 것이 성경의 가르침이다.

> 이미 있던 것이 후에 다시 있겠고 이미 한 일을 후에 다시 할지라 해 아래에
> 는 새것이 없나니 무엇을 가리켜 이르기를 보라 이것이 새것이라 할 것이
> 있으랴 우리가 있기 오래전 세대들에게도 이미 있었느니라(전 1:9-10).

포스트코로나 시대는 이렇게 모든 것이 불분명한 가운데 같으면서도 다르고, 새로우면서도 새롭지 않은, 이미 임한 가운데 앞으로 더욱 임할 두렵고 불안한 시대다. 한 가지 분명한 것은 디지털 혁명의 시대를 맞이해 혁신의 기회가 우리 모두에게 주어졌다는 것이다. 이 같은 새 시대를 맞이해 적응만 하기에는 버거울 수 있고 의미가 없을 수 있다. 하지만 이 같은 역사의 변곡점이라 부를 수 있는 포스트코로나 시기를 살면서 예수를 더욱 닮아가는 변화와 성숙을 경험하는 것이 목적이 된다면 21세기 크리스천들은 새 시대, 새 문명을 두 팔 벌려 환영할 수 있을 것이다. 달라진 문명 속에서도 답은 여전히 하나님이기 때문이다.

포스트코로나 시대를 열기 위한 열두 가지 기도 제목을[20] 나누고 싶다. 시대가 바뀌어도 여전히 기도가 최고의 방법임을 믿기 때문이다. 그리고 기도를 들으시는 하나님이 최고의 답이라 확신하기 때문이다. 문명은 달라져도 하나님은 어제나 오늘이나 영원토록 변함없으신 사실을 믿는다.

- 데이터를 읽는 힘과 능력을 주소서.
- 포노 사피엔스 시대에 재정립되는 사람 사이의 관계가 성경적으로 정립되게 하소서.
- 답은 사람에게 있지 않고 하나님에게 있음을 알게 하소서.
- 복음을 효과적으로 전하기 위해 공감 능력을 키우고 다양한 관계망으로 사람들이 좋아하는 것을 찾아내 그 감각을 잘 익히게 하소서.
- 디지털 문명 시대의 새로운 경험을 두려워하지 않게 하소서.
- 데이터를 기반으로 달라지는 문화 트렌드를 적극 학습하고 필요한 전문 지식을 빠르게 학습하게 하소서.
- 신문명이 만드는 새로운 언어 체계도 적극 학습하면서 디지털 문명 세계에서 얻을 수 있는 많은 것들을 얻게 하소서.
- 이런 모든 습득 과정에서 생기는 부작용들을 잘 감수하게 하소서.
- 부작용에 얽매이지 않고 새로운 문명을 힘껏 활용하게 하소서.
- 부작용에서 '부'를 떼어내어 혁신의 순작용을 찾아내어 새 문명이 선사하는 어마어마한 기회를 선물로 받게 하소서.
- 무한한 가능성을 제공하는 디지털 문명의 삶 공간을 누리기 위해 분별하며 날아오를 준비를 하게 하소서.

---

20 열두 가지 기도 제목들은 최재붕의『스마트폰이 낳은 신인류: 포노 사피엔스』의 내용들을 사용, 발췌하고 요약하여 만든 기도 내용들이다.

■ 혁명의 시대만 맞이하는 것이 아니라, 혁신의 기회로 삼을 뿐만 아니라, 주님을 더욱 닮아가는 변화와 성숙을 경험하는 시대가 되게 하소서.

포스트코로나 시대와 영성
: 소박함의 영성

강준민

1. 들어가는 말: 포스트코로나 시대의 영성은 본질을 추구하는 영성이다

나는 목회자다. 목회자 차원에서 늘 영성을 추구하고 있다. 그런 면에서 이 글도 목회적 차원에서 쓴다고 하는 사실을 전제하고 싶다. 코로나19의 도래와 함께 치열한 이민 목회의 현장에서 추구하는 영성을 나누고 싶다. 코로나19는 신비롭게도 더욱 본질을 추구하는 영성으로 우리를 이끌고 있다.

코로나19가 찾아오면서 가장 소중한 것이 생명이 되었다. 생존하는 것이 되었다. 생존을 위해 많은 것을 내려놓고 있다. 비우고 또 비우고 있다. 마치 사도 바울을 태우고 가던 배가 유라굴로 광풍을 만났을 때 처음에는 짐을 바다에 풀어버렸다. 나중에는 배의 기구를 내버렸다. 그리고 그들이 타고 가던 배까지도 버렸다. 그들은 오직 생존에 집중했다. 본질에 집중했다.

코로나19가 만들어낸 문화는 언컨택트uncontact다. 김용섭은 그의 책『언컨택트Uncontact — 더 많은 연결을 위한 새로운 시대 진화 코드』에서 "우린 컨택트 사회에서 언컨택트 사회로 이동하는 중이다"라고 말한다.[1] 그는 언컨택트를 미래를 바꾸는 가장 강력한 메가트렌드meg-atrends 중 하나라고 말한다.[2]

나는 코로나19가 오기 전까지 성도들에게 접속만 하지 말고 접촉하라는 부탁을 하곤 했다. 이제는 코로나 때문에 접촉하지 말고 접속하라고 거꾸로 권면하게 되었다. 접속이 곧 접촉으로 인정받게 된 것이다. 접촉할 수 없는 언컨택트uncontact 시대에는 접속을 통해 온컨텍트oncontact를 해야 한다고 강조하게 되었다. 엄청난 변화다. 이제는 온컨텍트, 즉 인터넷상의 접촉을 강조하는 시대가 되었다.

목회자들은 코로나19가 오기 전에 온라인 예배는 진정한 예배가 될 수 없다고 말했다. 그런데 이제는 온라인 예배를 통해 얼마든지 하나님의 임재를 경험할 수 있다고 말하고 있다. 마치 유다 민족이 바벨론에 포로로 끌려갔을 때 그들은 성전에서 예배를 드릴 수 없었다. 그들은 바벨론에서 하나님의 임재를 경험하며 예배를 드렸다. 성전 예배만이 전부라고 생각했던 그들의 삶 속에 큰 변화가 임했던 것이다. 다니엘은 소년의 때에 바벨론에 포로로 사로잡혀 왔다. 하지만 그는 하나님께 사로잡힌 삶을 살았다. 그는 골방에서 성심을 다해 예배를 드렸다. 그의 예배는 성전이라는 장소를 초월한 신령과 진리로 드린 예배였다. 포스트코로나 시대는 온라인으로 드리는 비대면 예배와 예배당에서 드리는 대면 예배가 공존할 수밖에 없는 상황이다.

---

1 김용섭,『언컨택트(Uncontact) — 더 많은 연결을 위한 새로운 시대 진화 코드』(서울: 퍼블리온, 2020), 8.
2 김용섭,『언컨택트』, 8.

코로나19는 멈춤과 함께 우리를 격리시켰다. 코로나 확진자는 격리해야 한다. 격리해야 하는 이유는 치유를 위해서다. 또한 다른 사람들을 코로나로부터 보호하기 위해서다. 코로나19 확진자와 접촉한 사람도 스스로 자가 격리를 해야 한다. 격리가 강요되고 있고, 스스로 격리를 선택하고 있다. 여기서 우리는 역설적으로 멈춤과 격리의 축복을 찾아내야 한다. 왜냐하면, 하나님은 우리의 고통을 낭비하지 않는 분이시기 때문이다.

코로나19는 수많은 실업자를 낳았다. 경제적으로 많이 어려워졌다. 소비가 미덕이 될 만큼 풍요로웠던 사회가 갑자기 소비가 미덕이 될 수 없게 되었다. 교회의 재정도 아주 힘들어졌다. 헌금은 줄었고 생존 모드로 들어갔다. 예배에 집중하게 되었다. 장소를 초월한 신령과 진리로 드리는 예배에 집중하게 되었다. 나는 본질을 추구하는 영성의 모범으로 사도 바울의 영성을 중심으로 이 글을 쓰려고 한다. 바울의 영성은 그리스도를 닮은 영성이다. 그러므로 우리는 바울의 영성과 함께 그리스도의 영성을 배우게 된다.

2. 분별의 영성

포스트코로나 시대에 필요한 영성은 분별의 영성이다. 코로나19가 불러온 변화는 혼돈과 불안과 두려움을 불러왔다. 하지만 전염병의 역사는 기나긴 역사다. 전염병으로 인한 멈춤과 격리는 지금 우리 시대에만 있었던 것은 아니다. 영적인 리더들에게 필요한 것은 올바른 분별력이다. 예수는 하나님의 뜻을 분별하는 것과 하나님의 때를 분별하는 것을 아주 중요하게 여기셨다. 우리는 하나님의 뜻과 함께 하나님의 때를 올바로 분별해야 한다. 하나님의 때를 분별하는 것은 시대를 분별하는 것과 관련이 있다.

우리가 직면한 코로나19 후의 때를 분별하기 위해서는 과거 역사를 살필 줄 알아야 한다. 과거를 돌아볼 줄 아는 사람만이 현실을 분별할 수 있고, 미래를 잘 준비할 수 있다. 역사적으로 전염병이 찾아오면 모든 것을 멈추게 했다. 또한, 전염병이 지나간 후에는 엄청난 변화가 찾아왔다. 해 아래 새것이 없다.

> 무엇을 가리켜 이르기를 보라 이것이 새것이라 할 것이 있으랴 우리가 있기 오래전 세대들에도 이미 있었느니라(전 1:10).

분별력은 곧 통찰력이다. 통찰력은 모든 문제의 근원을 살피는 것이다. 통찰력은 본질과 핵심을 간파하는 것이다. 더욱 중요한 것은 통찰력을 통해 일어나고 있는 사건들의 관계를 살펴보는 것이다. 나우웬 Henri J.M. Nouwen은 그의 책 『분별력』(*Discernment: Reading the Signs of Daily Life*)에서 영적 통찰 훈련에 대해 다음과 같이 기록하고 있다.

> 우리는 영적 통찰 훈련을 함으로써, 일어나는 일들 사이의 신비한 상호연계성을 더 분명하게 보고 더 깊이 듣게 된다. 사막 교부들은 이것을 '테오리아 피지케'(theoria physike)라고 불렀는데, 이는 이런저런 일이 어떻게 연결되는지 꿰뚫는 통찰력을 가리킨다. 분별은 겉으로 드러난 현상을 보고서 현상 너머에 있는 더 깊은 의미를 '간파'하는 것이다.[3]

---

3 Henri J.M. Nouwen, *Discernment: Reading the Signs of Daily Life*, 헨리 나우웬/이은진 역, 『분별력』(서울: 포이에마, 2016), 40.

분별을 잘하기 위해서는 성령 충만을 받아야 한다. 성령님은 모든 신령한 지혜와 총명에 이르는 하나님의 뜻을 아는 것으로 채워주신다 (골 1:9). 분별은 무엇보다 하나님의 안목을 갖는 것이다. 하나님의 안목은 하나님의 관점이다. 하나님의 관점으로 시대를 읽어내고 분별하는 것이 중요하다. 시대를 읽는다는 것은 하나님의 눈으로 시대의 흐름과 그 사상의 흐름을 읽어내는 것이다. 나우웬은 "하나님의 눈으로 보는 것, 이것이 바로 영성 신학이다"라고 말한다.[4] 거대한 흐름을 막을 수 없다. 단지 분별하고 대처할 뿐이다.

하나님이 바벨론을 들어서 유다를 심판할 때 그 흐름은 거대한 흐름이었다. 그 흐름은 하나님이 주도하신 흐름이었고, 하나님의 섭리 아래 있었던 흐름이었다. 그 흐름을 막을 수는 없었다. 단지 그 흐름을 분별하고 그 흐름에 순종한 사람들은 살아남았다. 분별을 잘하는 법은 하나님의 시선으로 지켜보는 것이다. 성급하게 판단하지 말고 흐름을 지켜보는 것이다. 중요한 것은 이전의 고정 관념에 사로잡히지 않는 것이다. 자신의 경험이나 명철을 절대화하지 않는 것이다. 새로운 방식으로 볼 수 있어야 한다. 나우웬은 이 점을 강조한다.

분별은 새로운 방식으로 보는 것이고, 하나님 앞에 속속들이 드러나는 것이다. 이를 통해 우리는 하나님이 계시하시고 가리키시는 방향이 어디인지 알게 된다. 이런 마음의 지식이 생길 때 우리는 비로소 부르심에 합당한 삶을 살아갈 수 있다(엡 4:1).[5]

분별을 잘하기 위해서는 거시적 안목에서 사건을 바라보아야 한다.

---

4 나우웬, 『분별력』, 45.
5 나우웬, 『분별력』, 43.

하나님의 거대한 구속 드라마의 관점에서 바라보아야 한다. 영혼의 시각에서 바라보아야 한다.

3. 멈춤의 영성

코로나19는 모든 것을 갑자기 멈추게 했다. 한국만이 아니라 전 세계를 멈추게 했다. 또한 '자가격리'라는 이름으로 자신을 다른 사람들과 격리케 했다. 바울이 빌립보서를 쓸 때 그는 로마 옥중에 있었다. 그는 수동태가 되었다. 그는 잠시 멈춤의 때를 맞이했다. 그는 격리되어 있었다. 갇혀 있었다. 코로나19는 우리에게 잠시 멈춤과 자가 격리의 시간을 갖게 했다. 마치 바울과 같은 경험을 하고 있다.

하나님은 멈춤을 통해 더욱 깊은 영성을 추구하게 하신다. 우리는 늘 분주하게 살아간다. 우리는 멈춤을 두려워한다. 끝없이 성공과 성취를 향해 질주한다. 우리는 속도가 강조되는 시대 속에 살고 있다. '더 많이 더 빨리 더 멀리'가 강조되는 시대 속에 살고 있다. 하지만 더 많이, 더 빨리, 더 멀리가 강조될 때 우리 영혼은 혼돈스럽게 된다. 영혼은 너무 빠른 속도를 불안해한다. 왜냐하면 영혼은 고요한 것을 좋아하도록 만들어진 까닭이다. 포스트코로나 시대의 영성은 멈춤의 영성이다. 멈춤의 영성을 긍정적으로 추구하게 될 때 멈춤은 축복이 된다.

멈추면 보게 된다. 빠르게 움직이면 보지 못하는 것들도 멈추면 보게 된다. 빠르게 지나가면 볼 수 없는 아름다운 풍경을 속도를 줄이고 멈추면 보게 된다. 멈출 때 우리는 이전에 보지 못하던 것을 보게 된다. 이전에 음미하지 못했던 것을 음미하게 된다. 진정한 맛과 멋을 경험하게 된다.

멈추면 듣게 된다. 하나님은 늘 우리에게 말씀하신다. 또한, 우리와 교제하길 원하신다. 하지만 우리가 너무 분주하게 움직이면 하나님의 음성을 들을 수 없다. 하나님의 음성은 세미한 음성이다(왕상 19:12). 그래서 멈추어 경청하지 않으면 잘 들을 수가 없다. 하나님께 문제 있는 것이 아니라 우리에게 문제가 있다. 그래서 하나님은 우리를 멈추게 하심으로 듣게 하신다. 들을 때 살게 된다(요 5:25). 하나님의 음성을 듣게 될 때 좋은 것을 먹게 되고, 기름진 것으로 즐거움을 얻게 된다(사 55:2-3). 예레미야가 시위대 뜰 즉 감옥에 갇혔을 때 그는 격리되었다. 그는 수동태가 되었다. 그는 멈출 수밖에 없었다. 그때 그는 하나님의 음성을 듣게 된다(렘 33:1-3).

멈추면 맑아진다. 거센 폭풍우가 몰아치는 호수는 탁하다. 반면에 거센 폭풍우가 멈춘 고요한 호수는 맑다. 호수에 거센 물결이 치면 하늘을 담을 수가 없다. 반면에 호수가 고요해지면 하늘을 담게 된다. 밤에는 달과 별을 담는다. 우리 영혼도 멈추면 고요해지고 맑아진다. 맑음은 마음의 청결함이다. 마음이 청결할 때 하나님을 보게 된다.

마음이 청결한 자는 복이 있나니 그들이 하나님을 볼 것임이요(마 5:8).

영혼이 맑을 때 하나님을 안을 수 있고, 우리가 하나님께 안기게 된다. 영혼은 고요함 속에서 평강을 누리도록 만들어졌다. 고요함과 맑음과 평강은 함께 동행한다. 맑음은 유쾌함이다. 고요한 평강을 누리고 싶다면 멈추는 시간을 가져야 한다.

멈추면 우리 자신을 만나게 된다. 우리가 가장 만나기 싫어하는 대상이 있다면 자기 자신일 수 있다. 우리 자신을 대면한다는 것은 고통스럽다. 왜냐하면, 우리 실상을 직면해야 하기 때문이다. 하지만 우리가 정말 만나야 할 대상은 우리 자신이다. 우리가 정작 돌보아야 할 대상은 우리 영혼이다. 우리 자신을 진실하게 대면할 때 우리 자신을 바로 잡을 수 있고, 잘못된 길에서 돌이킬 수 있게 된다. 자신의 영혼이 행복할 때 우리는 다른 사람의 영혼을 행복하게 만들 수 있다.

멈추면 하나님을 만나게 된다. 우리 자신을 만나는 것보다 더 중요한 것은 하나님을 만나는 것이다. 하나님은 인격자이시기에 만남이나 교제를 강요하는 분이 아니시다. 하지만 하나님은 우리와 친밀한 교제를 나누길 원하신다. 성도가 누리는 가장 큰 축복은 성삼위 하나님께서 우리를 성삼위 하나님의 교제 가운데로 초청해주셨다는 것이다. 우리가 멈출 때 우리 자신만 만나는 것이 아니라 성삼위 하나님을 만나게 된다. 멈춤은 친밀한 교제의 시간이다. 친밀한 교제에서 중요한 것은 충분한 시간이다. 멈춤을 통해 우리는 하나님과의 친밀한 교제의 시간을 충분히 갖게 된다.

멈추면 안식하게 된다. 멈춤의 영성은 안식의 영성이다. 많은 사람이 피곤함에 찌들어 있다. 지쳐 있다. 탈진 상태다. 에너지가 고갈되어 있다. 멈추어 쉬지 않으면 영원한 멈춤 속으로 들어갈 수 있다. 멈출 때 우리의 피곤한 육체가 쉬게 된다. 멈출 때 우리는 자게 된다. 멈출 때 우리는 누리게 되고 놀게 된다. 그때 우리는 새 힘을 얻게 된다. 멈춤은 그냥 쉬는 것이 아니다. 하나님을 예배하면서 하나님이 공급해주신 새 힘을 얻는 시간이 멈춤의 시간이다. 멈춤을 두려워하지 말라. 멈춤은 축복이다. 멈춤은 음악의 쉼표와 같다. 쉼표가 없는 음악은 음악이 아니다. 진정한 음악의 아름다움은 멈춤을 통해 주어진다.

멈출 때 위로부터 부어주시는 능력을 받게 된다. 멈춤은 기다림이다. 멈춤은 받음이다. 움직이면 받지 못한다. 성령 충만을 받고, 은혜를 받고, 사랑을 받고, 능력을 받으려면 멈추어야 한다. 은혜의 소낙비가 오면 멈추어 마음을 열고 그릇을 준비하고 은혜를 받아야 한다. 예수는 제자들에게 성령 충만을 받기 위해 기다리라고 명하셨다. 움직이지 말고 한곳에 모여 머물라고 말씀하셨다.

> 사도와 함께 모이사 그들에게 분부하여 이르시되 예루살렘을 떠나지 말고 내게서 들은바 아버지께서 약속하신 것을 기다리라(행 1:4).

> … 너희는 위로부터 능력으로 입혀질 때까지 이 성에 머물라 하시니라(눅 24:49하).

> 오직 성령이 너희에게 임하시면 너희가 권능을 받고 예루살렘과 온 유대와 사마리아와 땅끝까지 이르러 내 증인이 되리라 하시니라(행 1:8).

마가의 다락방에 모여 성령을 기다렸던 120명은 모두 성령 충만을 받았다. 성령의 능력을 받았다. 우리는 먼저 받아야 한다. 먼저 받은 것을 나누어야 한다. 잘 받고, 많이 받고, 충만히 받은 사람이 잘 나눌 수 있다. 우리가 받지도 않은 것을 주려고 할 때 힘이 든다. 성령의 능력을 받아야 한다. 성령의 기름 부으심을 받아야 한다. 등불은 기름을 태워야 빛을 발한다. 심지를 태우면 연기만 가득 차게 된다. 사역자들이 낙심하고 지치는 이유는 기름이 아니라 심지를 태우기 때문이다. 육의 힘으로 하나님의 사역을 하면 힘이 들고 소란스럽기만 하다. 열매를 맺지 못한다. 오직 성령의 능력으로 사역할 때 풍성한 열매를 맺게 된다.

육의 힘으로만 하나님의 사역을 감당할 수 없다. 성령의 능력으로 하나님의 사역을 감당할 수 있다. 모세가 육신의 힘으로 할 수 있었던 것은 애굽 사람을 쳐죽인 것이다. 하지만 그가 떨기나무 불꽃 사이에 나타나신 하나님을 만나고 성령의 불을 체험했을 때 초자연적인 능력으로 사명을 완수하게 된다. 바로의 손에서 히브리 노예들을 건져내고, 하나님의 백성들의 목자가 되어 그들을 가나안 땅으로 인도하게 된다.

비행기도 자동차도 정기적으로 멈추어 가스_gas를 넣고 점검하는 시간을 갖는다. 사람은 기계처럼 튼튼하지 않다. 그렇다면 서로를 잘 돌보아주어야 한다. 진정한 환대는 여백을 주는 것이다.

4. 격리의 영성

하나님의 은혜 가운데 고립의 은혜가 있다. 우리가 별로 좋아하지 않는 은혜다. 고립의 은혜는 격리의 은혜다. 바울은 로마 옥중에 격리되어 있었다. 그는 갇혀 있었다. 그는 능동태의 삶에서 수동태의 삶으로 바뀌었다.

우리가 경험한 것처럼 격리에 대한 첫째 반응은 두려움이다. 소외됨이다. 외로움이다. 격리되면 답답하다. 격리는 자유를 상실한 느낌이다. 격리는 단절감이다. 격리는 잊혀진 느낌이다. 집에서 자가 격리만 해도 고통스러운데 하나님의 사람 중에는 감옥에 격리된 사람들이 있었다. 어두운 굴에 갇혀 있었던 사람도 있었다. 격리는 고통스럽지만, 격리 속에 하나님의 섭리를 발견한 사람은 격리를 축복으로 여기게 된다.

격리를 통해 치유를 경험하게 된다. 코로나19 환자들을 격리하는 것은 치유를 위해서다. 하나님은 격리를 통해 우리를 치유하신다. 하나님은 구약에서 불결한 것과 접촉한 사람들에게 일정 기간 격리하도록 명하셨다. 접촉이 소중하지만, 접촉을 통해 병이 감염될 수 있다. 접촉을 통해 감염된 병을 치료하기 위해서는 일정한 기간 격리해야 한다. 격리는 우리를 괴롭히기 위함이 아니라 치유하기 위함이다. 어떤 접촉은 나쁜 접촉이 있다. 폭력에 가까운 접촉이 있다. 우리 육체와 감정과 영혼에 깊은 상처를 주는 접촉이 있다. 우리를 괴롭히는 접촉이 있다. 때로 하나님은 그런 접촉을 시도하는 사람들로부터 우리를 격리해 주심으로 우리를 치유하신다.

격리를 통해 하이콘택트highcontact를 경험하게 된다. 언컨택트uncontact 시대에 필요한 것은 하이콘택트다. 온컨택트oncontact보다 더 중요한 것이 하이콘택트다. 우리에게 필요한 것은 하나님과의 접촉이다. 나이스비트John Naisbitt는 『하이테크 하이터치』(*High Tech, High Touch*)라는 책을 썼다.6 하이테크 시대에 오히려 필요한 것은 하이터치라는 것을 강조하기 위해 쓴 책이다. 하이테크 시대에 사람들이 갈망하는 것은 하이터치다.

우리가 격리하게 되면 사람들과의 접촉이 단절된다. 그때 우리가 경험하는 것은 하나님과의 접촉 즉 하이터치다. 예레미야가 시위대 뜰에 갇혀 있을 때 그는 격리 중에 있었다(렘 33:1). 사방이 다 막혀 있었

---

6 John Naisbitt, *High Tech, High Touch*, 존 나이스비트/안진환 역, 『하이테크 하이터치』 (서울: 한국경제신문, 2000).

다. 하지만 하늘이 열려 있었다. 하늘 문이 열려 있었다. 그는 기도를 통해 하이터치를 경험했다. 하나님과의 접촉을 통해 놀라운 계시의 말씀을 받았다.

격리를 통해 미래를 잘 준비하게 된다. 하나님의 쓰신 인물들은 대부분 일정한 기간 격리하는 시간을 가졌다. 격리하게 되면 홀로 있게 된다. 홀로 있는 시간에 우리는 무엇인가를 집중할 수 있게 된다. 집중해서 준비하게 된다. 격리의 시간을 낭비하는 것은 어리석은 일이다. 격리의 시간은 학습하는 시간이다.

요셉의 경우에 보디발의 집과 감옥에 있는 동안 그는 고립을 경험했다. 요셉이 사랑하는 아버지와 친동생 베냐민 그리고 그를 미워하는 형제들로부터 격리되었을 때 그는 고난을 낭비하지 않았다. 그는 자신을 애굽에 팔아넘긴 형제들을 미워하고 그들을 향해 복수심을 품는 데 에너지를 쏟지 않았다. 그는 그가 머무는 곳에서 최선을 다하는 삶을 살았다. 그는 고립의 시간을 배움의 기회로 여겼다. 애굽의 언어와 문화와 정치를 배웠다. 그는 격리 중에도 고통 중에 있는 사람들을 섬겼다. 그가 감옥에 있을 때 함께 갇혀 있던 술 맡은 관원과 떡 맡은 관원을 잘 섬겼다(창 40:4). 그들은 그 당시에 장관들이었다. 그는 그들을 섬기는 중에 정치를 배웠다. 바로 왕이 어떤 사람인지를 배웠다.

격리를 통해 놀라운 작품이 탄생한다. 인생은 역설로 가득 차 있다. 하나님의 은혜는 역설의 은혜다. 가장 고통스러운 순간에 가장 놀라운 작품을 만들어내신다. 격리를 통해 우리에게 가장 큰 축복을 가져다준 사람은 사도 바울이다. 바울은 로마 옥중에서 옥중서신을 썼다. 에베소서, 빌립보서, 골로새서 그리고 빌레몬서는 복음의 정수를 보여주는 보배다. 그는 옥중에 격리되어 있는 동안 절망하지 않았다. 원망하거나 불평하지 않았다. 오히려 주님 안에서 기뻐했다. 오히려 감사했다. 오히려 감옥을 복음 전파의 거룩한 장소로 만들었다. 그는 감옥 생활을 낭비하지 않았다. 그는 감옥에서 성도들을 위해 중보기도를 드렸다. 그들을 위해 옥중에서 양육 편지를 썼다.

바울은 옥중에서 하나님의 계시를 받았다. 하나님의 계시는 조용한 곳에 임한다. 하나님 앞에 홀로 있을 때 임한다. 인간의 지식을 초월한 하나님의 계시는 고립의 때에 받게 되는 은혜다. 그의 몸은 옥중에 있었지만, 그의 영혼은 시간과 공간을 초월했다. 그는 옥중에서 하나님의 놀라운 경륜을 깨달았다. 창세 전부터 영원에 이르는 하나님의 창조와 구속의 드라마를 보았다. 그는 옥중에서 받은 계시를 편지로 기록했다.

사도 요한도 밧모섬에 격리되어 있는 동안에 요한계시록을 기록했다. 밧모섬은 육지에서 멀리 떨어진 섬이었다. 하지만 바로 그 섬에서 요한은 하나님과의 친밀한 교제를 나누었다. 그는 하늘에서 임하는 계시를 받았다. 그의 격리와 그의 홀로 있음이 우리를 복되게 했다.

마르틴 루터Martin Luther가 바르트부르크성에 감금되어 있는 동안 성경을 독일어로 번역했다. 갈릴레오Galileo Galilei는 자택 구금 상태에서 『대화』(Dialogue)를 집필했다. 단테Dante Alighieri의 역작인 『신곡』(La Divina Commedia)은 사형선고를 받은 후 20년을 지내는 동안 쓴 글이다. 번연John Bunyan은 베드포드 감옥에 감금되어 있는 동안 『천로역정』(The Pilgrim's Progress)을 썼다. 1666년은 뉴턴Isaac Newton에게 기적의 해였다. 그해 영국 런던에 전염병이 돌았다. 그는 런던을 떠나 고향에 내려가 자택 격리 상태에 들어갔다. 전염병을 피해 고향에서 갇혀 지내던 2년 동안 프리즘의 원리, 중력의 법칙 등 많은 업적을 남겼다.[7]

코로나19 이후의 세계에 대해 많은 사람이 걱정한다. 그 마음이 충분히 이해된다. 하지만 걱정한다고 문제가 해결되는 것이 아니다. 걱정하지 말고 기도해야 한다. 걱정하지 말고 하나님께 지혜를 구하면서 미래를 준비해야 한다. 역사는 하나님의 손길 안에 있다. 그분의 섭리 안에 있다. 우리가 할 일은 하나님을 전적으로 신뢰하는 것이다. 하나님께 기도함으로 하나님의 인도를 받는 것이다. 멈춤과 고립의 시간을 낭비해서는 안 된다. 위기를 낭비해서는 안 된다.

좋은 위기를 낭비하지 말라. _윈스턴 처칠8

우리가 하나님을 의지할 때 하나님은 위기를 기회로 만들어 주신다. 위기 가운데 인생 역전의 드라마를 연출해주신다. 멈춤과 격리 속에 하나님의 섭리를 발견해야 한다. 멈춤과 격리의 시간을 하나님의 은혜를 더욱 충만히 받는 기회로 만들어야 한다. 미래를 잘 준비하는 기회로 만들어야 한다. 하나님만이 우리의 산 소망이 되신다. 하나님을 소유한 자가 가장 부요한 자다. 하나님이 우리의 모든 것이 되신다.9

---

7 하시용 목사의 글 "안누스 미라빌리스(기적의 해)"에서 인용. 이 글은 기록문화연구소에서 이태형 소장에 의해 유튜브로 널리 소개되었다.
8 문화랑 외, 『회복하는 교회 ─ 우리가 다시 모일 때』 (서울: 생명의말씀사, 2020), 91.
9 멈춤과 격리의 영성에 대한 글은 2020년 8월 「신앙계」에 기고한 글이 포함되어 있다. 이 글에서 강조한 것은 멈춤과 격리를 하나님을 전적으로 신뢰하는 훈련의 시간으로 본 것이다.

5. 주님 안에서 누리는 기쁨의 영성

포스트코로나 시대에 추구해야 할 영성은 기쁨의 영성이다. 코로나 19는 기쁨을 빼앗아갔다. 코로나 블루를 만들었다. 우리는 바울에게서 기쁨의 영성을 배워야 한다. 그는 주님 안에서 항상 기뻐했다.

주 안에서 항상 기뻐하라 내가 다시 말하노니 기뻐하라(빌 4:4).

바울이 "주 안에서 항상 기뻐하라"고 말할 때 그는 로마 감옥에 갇혀 있었다. 그의 환경은 보통 사람들이 볼 때 기뻐할 수 있는 환경이 아니었다. 하지만 그는 감옥에 있다고 생각한 것이 아니라 예수 안에 있다고 생각했다. 또한 그가 항상 기뻐할 수 있었던 이유는 고난을 삶의 한 부분으로 여긴 지혜 때문이었다. 고난 속에 감추인 보물을 볼 수 있는 통찰력 때문이었다. 그는 고난을 당연하게 생각했다. 성숙한 사람은 고통을 삶의 한 부분으로 여긴다. 성장에 반드시 필요한 삶의 요소라고 생각한다. 성숙한 사람은 고통을 인정하고 고통을 극복하면서 성장한다. 그런 까닭에 환난 중에도 기뻐한다(롬 5:3; 약 1:2-4).

루이스Clive Staples Lewis는 어느 날 예기치 않은 기쁨을 경험했다. 갑자기 찾아온 예기치 않은 기쁨이었다. 그날 이후로 그는 그가 경험했던 기쁨을 동경하게 된다. 그가 사용했던 기쁨joy이란 말은 상황에 의존하는 행복happiness이나 오감과 늘 관련되어 있는 쾌락pleasure과는 뚜렷이 구분되었다. 그가 경험한 기쁨은 영원을 바라는 기쁨이었다. 루이스는 예기치 않았던 기쁨을 맛본 후에 그 기쁨을 동경하고 갈망했다. 그는 진정한 기쁨을 맛 본 후에 세상의 모든 쾌락과도 바꾸지 않겠다고 말했다.

> 기쁨을 맛본 적 있는 사람이라면, 설령 마음대로 할 수 있다 해도, 그것을
> 세상의 모든 쾌락과 바꾸려 하지 않을 것이다(C.S. 루이스).

우리 인간에게는 '기쁨에의 의지'라는 것이 있다. 우리 내면에 숨겨진 강렬한 의지 중의 하나가 기쁨에의 의지다. 고난 중에도 기뻐해야 하는 것을 알지만 현실적으로 어려움에 직면할 때 기뻐하기가 쉽지 않다. 하지만 우리는 어떤 상황에서든지 주님이 주시는 기쁨을 선택해야 한다. 주님이 주시는 소망 중에 기뻐해야 한다. 예수 앞에 있는 부활의 즐거움을 바라보시면서 고난을 참으셨던 것을 기억해야 한다. 또한 더 어려운 이웃을 돌아봄으로 기쁨을 회복해야 한다. 기쁨은 신비롭다. 지나친 자기 몰두와 자기 집착을 통해 주어지는 것이 아니다. 오히려 우리 자신을 잊을 정도로 다른 사람을 섬길 때 기쁨이 깃드는 것을 경험하게 된다.

6. 범사에 감사하는 영성

바울에게 배우는 영성은 범사에 감사하는 영성이다. 코로나19가 찾아온 이후로 많은 사람이 염려에 사로잡혀 있다. 공황장애로 고통을 받는 수가 늘고 있다. 우울증으로 치료를 받는 수가 늘고 있다. 자살 충동을 경험하는 사람도 있다. 이런 정서적 장애를 극복하는 길은 감사에 있다. 바울은 감옥에 있었지만, 그는 감사하는 삶을 살았다.

아무것도 염려하지 말고 다만 모든 일에 기도와 간구로, 너희 구할 것을 감사함으로 하나님께 아뢰라 그리하면 모든 지각에 뛰어난 하나님의 평강이 그리스도 예수 안에서 너희 마음과 생각을 지키시리라(빌 4:6-7).

바울은 아무것도 염려하지 말라고 권면한다. 염려를 기도로 바꾸라고 말한다. 염려를 기도로 바꾸는 것은 영적 훈련 중에 아주 소중한 훈련이다. 염려는 비생산적이다. 비신앙적이다. 염려한다고 해서, 키를 한 자라도 더할 수는 없다(마 6:27). 염려한다고 문제가 해결되지 않는다. 오히려 염려하면 생각이 마비된다. 분별력을 상실하게 된다. 나쁜 상상력만 발달하게 된다. 어두운 생각이 자리를 잡게 된다. 하지만 감사기도를 드릴 때 놀라운 기적이 일어난다. 바울은 범사에 감사하는 것이 하나님의 뜻이라고 말한다.

범사에 감사하라 이것이 그리스도 예수 안에서 너희를 향하신 하나님의 뜻이니라(살전 5:18).

바울이 말한 범사는 세상에서 말하는 좋은 일만 의미하지 않는다. 범사 감사란 세상에서 말하는 나쁜 일, 힘든 일, 고통스러운 일까지도 감사하라는 뜻이다. 좋은 일에 감사하는 것은 누구나 할 수 있다. 하지만 고통스러운 일까지도 감사할 수 있는 것은 성숙한 사람에게 가능한 것이다. 범사 감사는 하나님이 감추어 놓으신 충만한 삶의 비밀이다. 범사에 감사하는 사람은 하나님이 모든 것을 합력하여 선을 이루실 것을 믿는다(롬 8:28). 모든 것을 합력하여 역전의 드라마를 펼쳐주실 것을 믿는다.

미국 심리학회 회장을 역임한 셀리그만Martin E. P. Seligman은 감사를 통해 많은 사람을 치료했다. 그는 자기를 찾아온 환자들에게 6개월 동안 하루에 세 가지씩 감사내용을 노트에 기록하도록 가르쳤다. 감사내용을 기록할 때는 왜 감사하다고 생각하는지를 꼭 쓰게 만들었다. 6개월이 지난 후에 하루에 세 가지씩 감사내용을 기록한 사람들은 놀랍게 회복되었다.[10] 감사는 치유의 능력이다. 회복력이다. 감사는 기적을 창조하는 능력이다. 감사하게 되면 모든 지각에 뛰어난 하나님의 평강이 임하게 된다.

7. 유연함을 추구하는 영성

포스트코로나 시대에 가장 중요한 것은 유연함이다. 우리는 지금 대 변화의 위기 앞에 서 있다. 오래된 규칙이 무너졌다. 또한, 미래는 예측할 수 없는 상황이다. 무슨 일이 전개될지 모르는 혼돈과 불안이 우리 현실이다. 『사피엔스 ─ 유인원에서 사이보그까지, 인간 역사의 대담하고 위대한 질문』(*Sapiens: A Brief History of Humankind*)라는 책으로 우리에게 알려진 유발 하라리Yuval Noah Harari는 "오래된 규칙은 산산조각 나고 새로운 규칙은 아직 쓰이지 않았다"라고 말한다.[11] 코로나19 때문에 정부가 모든 것을 통제하기 시작했다. 경제활동이 제한을 받고 있다. 교회당에 모여 예배할 수 없는 상황이다. 사람들을 만나

---

10 Lucy Hone의 TED 강의(3 secrets of resilient people)에서 인용. 그녀는 회복력이 탁월한 사람들의 세 가지 비밀 중의 하나를 감사라고 주장한다.
11 이재은, "우리가 알던 세상은 끝났다 … '포스트 코로나' 3가지가 바뀐다",「머니투데이」(2020년 4월 14일)에서 재인용.

도 악수를 하면 안 된다. 어디를 가든지 마스크를 써야 한다. 이런 변화의 소용돌이 속에서 살아남기 위해서는 유연해야 한다. 유연함은 부드러움이다. 경직되어 있지 않은 것이 유연함이다. 유연함이란 고집스럽지 않은 것이다. 완고하지 않은 것이다. 유연함이란 다르게 생각할 줄 아는 것이다. 다른 사람의 생각을 경청할 줄 아는 것이다. 또한 다양하게 생각할 줄 아는 것이다.

유연함은 적응력이다. 변화의 시기에는 적응을 잘해야 한다. 적응을 잘하는 것이 왜 중요할까. 적응을 잘해야 살아남을 수 있기 때문이다. 살아남아야 새 미래를 맞이할 수 있기 때문이다. 성경에는 "남은 자" 사상이 있다(롬 9:27, 11:5). 남은 자란 하나님이 남겨놓은 자다. 특별한 목적을 위해, 새 미래를 위해 남겨놓은 자다. 남은 자들의 특징은 한결같이 유연하다. 환경에 잘 적응할 줄 안다. 남은 자들은 어떤 환경에도 자족할 줄 알았다. 비천에 처할 줄도 알았고, 풍부에 처할 줄도 알았다(빌 4:11-12).

유연하다는 것은 변화를 당연하게 여기는 것을 의미한다. 자연의 사계절처럼 변화는 늘 우리 곁에 있다. 유연하다는 것은 인생에 찾아오는 고난을 잘 수용하는 것을 의미한다. 어떤 일이 일어났을 때 "어떻게 세상에 이런 일이 일어날 수 있지?"라고 생각하는 태도는 유연한 자세가 아니다. 유연한 자세는 어떤 일이 일어났을 때 "그럴 수도 있지"라고 생각하는 마음가짐이다. "그런 일은 내게만 아니라 누구에게든지 일어날 수 있는 일이야"라고 생각하게 되면 직면한 사건에 잘 대처할 수 있게 된다.

유연하다는 것은 곡선으로 살아가는 것을 의미한다. 직선으로 가는 길은 속도가 빠르다. 속도가 빠르다 보면 과속하게 된다. 질주하게 된다. 브레이크를 잘 사용하지 않게 된다. 그 결과 빠르지만 잘못하면 파멸에 이르게 된다. 직선이나 속도를 무시하는 것이 아니다. 과속의 위험을 주의시키는 것이다. 반면에 곡선으로 가는 길은 조금 속도가 느리다. 길을 가다가 막히면 우회를 하게 된다. 필요하면 조금 물러났다가 다시 길을 떠나는 것이다. 곡선으로 가는 길이 느려 보이지만 곡선으로 가는 길이 안전하다. 가장 중요한 것은 중요한 목표를 향해 서서히 꾸준히 정진하는 것이다. 조금 느려 보이지만 기본에 충실해야 한다. 거듭 기본을 다지며, 꾸준히 내공을 쌓게 되면 어느 날 임계점에 이르게 된다.

유연하다는 것은 힘들 때도 고요한 미소를 지을 줄 아는 것을 의미한다. 곡선으로 살아간다는 것은 미소 짓는 것을 의미한다. 환경을 초월한 주님의 기쁨으로 살아가는 것을 의미한다. 살포시 미소를 지으면 눈과 입술이 곡선이 된다. 그때 마음이 부드러워진다. 생각이 유연해진다. 몸도 유연해진다. 사람들과의 관계도 유연해진다. 가장 오래가는 것은 유연한 것이다.

유연함의 영성은 예수의 영성이다. 성육신은 유연함 그 자체다. 하나님의 아들이신 예수께서 인간의 몸을 입고 구유에 태어나셨다. 아름다운 천국에 사시던 분이 초라한 구유에 적응하신 것이다. 예수는 소박하고 가난하게 사셨다. 우리 죄를 대신해서 십자가를 지셨다. 예수는 십자가를 지시고 십자가에 적응하실 만큼 겸손하셨다. 온유하셨다. 유연하셨다. 예수는 자기를 십자가에 못 박은 사람들을 용서하셨다. 유연함의 절정은 용서에 있다. 유연함의 영성을 추구할 때 예수의 영성을 닮게 된다.[12]

8. 소박함을 추구하는 영성

바울의 영성은 소박함의 영성이다. 바울은 소유에 집착하지 않았다. 그는 세상적으로 가진 것이 없었다. 그런데 그는 기뻐했다. 그는 감사하는 삶을 살았다. 소박함의 영성은 단순함의 영성이다. 내면의 부요를 추구하는 영성이다.

바울은 미니멀 라이프(minimal life) 스타일을 추구했다. 그는 소유보다 그리스도 안에서 자유를 추구했다. 그의 진정한 부요는 그리스도를 얻고, 그분을 소유한 데 있었다. 가장 부요한 사람은 그리스도를 소유한 사람이다. 가장 복된 사람은 하나님의 소유가 된 사람이다.

바울이 로마 옥중에서 영의 아들 디모데에게 보낸 편지를 통해 그가 부탁한 것을 보라. 먼저 마가를 데려오라고 부탁한다(딤후 4:11). 한때 바울은 마가를 포기했었다. 선교여행 중에 중도 탈락한 그를 포기한 적이 있었다. 하지만 바나바와 베드로가 마가를 잘 키웠다. 나중에 바울도 마가를 다시 품고 그를 사랑한다. 외로울 때 그는 마가를 그리워했다.

바울이 그다음에 부탁한 것은 가보의 집에 둔 겉옷이다. 그리고 책이다(딤후 4:13). 그것이 전부다. 바울처럼 소박함의 영성을 추구해야 하는 때가 찾아왔다. 경제는 갈수록 어려울 전망이다. 경제가 어려울 때도 그리스도인들은 기뻐하고 감사해야 한다. 소박함의 영성은 단순함을 추구하는 영성이다. 자족할 줄 아는 영성이다. 그동안 우리는 물질적인 풍부함을 누려왔다. 큰 것을 추구했고, 많은 것을 추구했고, 빠

---

12 강준민, 「새생명비전교회 목회서신」 (2020년 8월 23일).

른 것을 추구했다. 큰 것과 많은 것과 빠른 것이 행복을 줄 줄 알았다. 하지만 이상하게도 사람들은 더 불행해졌다. 불만족하고 불평이 많아졌다. 더욱 거칠어졌다. 마음은 더 산란해졌다. 더 조급해졌다. 우리나라의 자살률은 OECD 회원국 가운데 1위다.

우리는 어느 때부터 소박함의 아름다움을 상실하고 말았다. 어느 때부터 세상은 소박함을 초라하게 여기는 문화를 형성했다. 소박함을 촌스럽게 생각하는 문화를 만들었다. 그것은 소비를 장려하는 사람들이 만든 문화다. 소비가 모두 나쁜 것이 아니다. 우리가 살아가기 위해 소비는 필수다. 하지만 문제는 과잉소비다. 지나친 축적이다.

우리 영혼을 병들게 하는 것은 조급함과 산만함과 집착과 탐욕이다. 속도가 우상인 시대 속에 살고 있는 우리는 기다리는 것을 싫어한다. 스마트폰이 우리 삶의 한 부분이 되면서 우리는 너무 산만하게 살아간다. 선택할 수 있는 것들이 많아지면서 마음은 산만해졌다. 집중력을 상실하고 말았다. 영혼의 고요함은 집중하는 데 있다. 하나님을 앙망하는 데 있다. 산만함 때문에 집중하지 못하는 영혼은 불안하다. 불안은 두려움을 낳는다. 두려움은 혼돈을 낳는다. 우리 영혼을 잘 돌보기 위해서는 소박함의 영성을 가꾸는 법을 배워야 한다.

소박함의 영성은 허세를 버리는 진솔함에 있다. 허세란 자신에게 없는 것을 있는 것처럼 보이기 위해 자신을 꾸미는 것을 의미한다. 자신을 가꾸는 것과 꾸미는 것은 비슷하지만 다르다. 자신을 가꾸는 것은 좋은 것이다. 정원을 가꾸는 것처럼 자신을 가꾸는 것은 아름다운 것이다. 하지만 자신에게 없는 것을 있는 것처럼 꾸미는 것은 공허를 낳는다. 그것은 거짓 자아를 만들어 마치 거짓 자아가 자신인 것처럼 속이며 사는 것과 같다. 소박한 사람은 진솔하다. 소박함은 내적 자유다. 허세로부터 자유다. 거짓 자아로부터 자유다.

소박함의 영성은 단순함을 추구하는 영성이다. 아시시의 성 프란체스코San Francesco d'Assisi는 "모든 것에서 단순함을 사랑하라"고 가르쳤다.13 단순함은 복잡하지 않은 것을 의미한다. 단순함의 영성은 본질을 추구하는 것을 의미한다. 복잡하면 본질을 놓치게 된다. 본질이란 가장 소중한 것을 의미한다. 우리가 결코 잃어서는 안 되는 것을 의미한다.

단순하게 살기 위해서는 버릴 것들을 버려야 한다. 비울 것들을 비워야 한다. 나약한 마음을 가진 사람들은 쓸모없는 물건을 버리거나 정리하지 못한다. 그런 까닭에 주변을 정리하지 못하고 복잡함에 사로잡혀 살아간다. 버리고 비우고 정리하기 위해서는 용기가 필요하다. 물건이 많아질수록 행복이 느는 것은 아니다. 집에 쌓아둔 것을 비우고 나누고 버릴 때 우리 내면은 부요해진다. 우리 마음은 유쾌해진다. 비움을 통해 만들어진 집안의 여백은 작은 것들을 빛나게 만들어진다.

소박함의 영성은 검약의 영성이다. 검약의 영성은 절약의 영성이다. 절제의 영성이다. 절약과 인색함을 혼동하지 않도록 주의해야 한다. 절약은 빚으로의 자유와 삶의 풍성함과 나눔으로 가는 길이다. 절약하지 않으면 빚의 노예가 된다. 절약하지 않으면 핍절 의식 속에 살게 된다. 절약하지 않으면 여유를 갖고 살 수 없다. 절약하지 않으면 나눌 수 없다. 그런 면에서 절약은 좋은 것이다. 반면에 인색함은 돈에 집착하는 것이다. 재산을 축적하려고 혈안이 된 사람은 인색한 사람이다. 인색한 사람은 많이 소유해도 불안하다. 인색함은 탐욕에 바탕을

---

13 장석주, 『단순한 것이 아름답다』 (서울: 문학세계사, 2016), 117에서 재인용.

둔 삶의 방식이다.[14] 그리스도인들이 추구하는 삶의 방식은 나눔을 위해 절약하는 것이다.

소박함의 영성은 자족의 영성이다.

"내가 궁핍하므로 말하는 것이 아니니라 어떠한 형편에든지 나는 자족하기를 배웠노니"(빌 4:11).

"그러나 자족하는 마음이 있으면 경건은 큰 이익이 되느니라"(딤전 6:6).

작은 것에 만족하고, 자신이 소유하고 있는 것에 만족하는 사람은 부요한 사람이다. 사소한 일에 행복을 느낄 줄 아는 사람은 복된 사람이다. 하나님은 신비롭게도 행복과 기쁨을 작은 것 속에 감추어 두셨다.[15]

행복은 작고 조촐한 기쁨으로 채워진 마음에 날개를 접고 내려앉는다.[16]

9. 자족하는 영성

어려울 때 배워야 할 영성은 자족하는 영성이다. 자족은 스스로 넉넉하게 여기는 것을 의미한다. 스스로 넉넉하다고 생각하고 선택하는 것이다. 자족하기 위해서는 비교해서는 안 된다. 비교하면 자족할 수 없다. 우리를 불행하게 만드는 것은 비교하는 것이다. 비교하면 교만

---

14 장석주, 『단순한 것이 아름답다』, 82 참조.
15 강준민, 「새생명비전교회 목회서신」 (2020년 8월 9일).
16 장석주, 『단순한 것이 아름답다』, 114.

해지거나 비참해진다. 나보다 부족한 사람을 만나면 우쭐해지게 되고, 나보다 더 풍족한 사람을 만나면 비참해진다. 반면에 스스로가 자족하다고 생각하는 사람은 어떤 상황에서도 만족한 삶을 살 수 있다.

자족의 영성은 저절로 임하는 영성이 아니다. 자족의 영성은 학습하고 훈련하면서 우리에게 형성된다. 사도 바울은 자족하는 법을 배웠다고 말한다(빌 4:11). 자족의 영성은 배우고 익혀야 한다. 날마다 훈련해야 한다. 나이가 들면, 살 만큼 살았으니까 자족할 것 같으나 그렇지 않다. 나이가 들어도 인간의 욕심은 끝이 없다.

영국 복음주의 지도자 라일John Charles Ryle은 "세상에서 찾아보기 어려운 두 가지는 젊은이의 겸손과 노인의 만족이라는 말은 무서울 정도로 매우 정확하다"라고 말했다.17 노인의 만족은 당연할 것 같은데 그렇지 않다. 라일은 오히려 찾아보기 어렵다고 말한다. 그렇다고 나이가 든 어른들 가운데 자족하는 분이 전혀 없다고 말할 수 없다. 바울이 자족하는 법을 배웠다고 말할 때 그의 나이가 지긋했다. 바울이 로마옥중에서 빌레몬에게 편지를 보낼 때 "나이가 많은 나 바울은"(몬 1:9)이라고 기록하고 있다. 그 당시 사람들의 수명에 비추어 보았을 때 바울은 나이가 많았다. 하지만 그는 자족했다. 그는 주님 안에서 기쁨이 충만한 삶을 살았다.

자족의 영성은 예수로 충분하다는 확신에서 시작된다. 바울은 예수로 만족했다. 그는 그리스도 예수를 아는 지식을 가장 고상하다고 고백한다(빌 3:8). 그는 그리스도를 알고, 그리스도를 얻고, 그 안에서 발

---

17 William B. Barclay, *The Secret of Contentment*), 윌리엄 버클레이/강성택 역, 『만족의 비결』 (서울: P&R, 2012), 11-12 재인용.

견되는 것이 행복이라고 말한다. "내가 그를 위하여 모든 것을 잃어버리고 배설물로 여김은 그리스도를 얻고 그 안에서 발견되려 함이니"(빌 3:8-9). 우리가 예수께서 누구신가를 정말 알게 되면 우리는 예수로 충분하다는 확신을 하게 된다. 예수는 하나님이시다. 예수 안에 신성의 모든 충만이 담겨 있다(골 1:19, 2:9).

자족의 영성은 욕심을 줄이는 것이다. 기대를 조금 낮추는 것이다. 욕망을 제거하라는 뜻이 아니다. 욕망은 우리가 생존하는 데 반드시 필요한 에너지다. 하지만 그 욕망이 욕심이 되고 탐심이 될 때 죄를 짓게 된다. 자족의 비밀은 절제에 있다. 어느 정도에서 만족할 줄 아는 것이다. 바울이 늘 경계하는 것이 탐심이다. 탐심은 지나친 욕심이다(골 3:5). 탐심의 비극은 남이 소유한 것을 부러워하다가, 하나님이 자기에게 주신 소중한 것을 누리지 못하는 데 있다. 성령님의 열매 가운데 마지막 열매는 절제다(갈 5:23). 절제는 욕심을 다스리는 것이다. 인간의 행복은 욕심을 채움으로 경험하는 것이 아니다. 오히려 욕심을 절제함으로 경험하게 된다. 적게 탐하는 것, 적은 것으로 만족할 줄 아는 사람은 행복한 사람이다. 자기에게 주어진 것을 귀히 여기고 그것을 즐거워할 줄 아는 것이 자족의 영성이다.

원하는 것을 소유하는 것은 부(富)이고, 없이도 살 수 있는 것은 힘(力)이다(조지 맥도날드).[18]

---

18 Richard J. Foster, *Simple Life*, 리처드 포스터/윤종석 역, 『심플라이프』(서울: 규장, 2003), 183 재인용.

자족의 영성은 하나님의 경이로움 속에 사는 영성이다. 바울은 모든 사건 속에서 하나님의 경이로운 손길을 발견했다. 그는 하나님의 경이로움 속에 살았고, 그 경이로움을 바라보며 경탄하며 살았다. 그런 까닭에 그는 범사에 감사할 수 있었고 자족할 수 있었다. 영국 작가 체스터턴Gilbert Keith Chesterton은 "감사는 가장 고귀한 생각이다. 감사하는 것이 곧 행복이고, 그 행복은 경이로움을 느낄 때 더 커진다"고 말했다.19 성령의 도우심으로 우리 눈이 열리면 일상 속에 감추인 경이로움을 보게 된다. 아인슈타인Albert Einstein은 "더 이상 멈춰 서서 감탄하지 못하고, 경이로움에 황홀해 하지도 못하는 사람은 죽은 것이나 다름없다. 그의 눈은 감겨 있다"라고 말했다.20 자족의 영성을 추구하기 위해서는 성령 충만을 갈망해야 한다. 성령 충만을 받으면 눈이 열린다. 모든 것이 새롭고 경이롭게 느껴진다. 성령 충만이 자족의 영성의 비밀이다.21

10. 자제력을 키우는 영성

코로나19가 찾아오면서 우리에게 필요한 것은 자제력임을 깨닫는다. 자제력을 키울 줄 아는 사람은 지혜로운 사람이다. 자제란 자신의 욕망이나 감정을 다스리는 것이다. 자제란 곧 절제節制를 의미한다. 사도 바울은 절제를 아주 소중히 여겼다. 그는 성령님의 아홉 가지 열매

---

19 Paul David Tripp, *Awe: Why It Matters for Everything We Think, Say, and Do*, 폴 트립/조계광 역, 『경외 – 뒤틀린 삶을 바로잡는 힘』 (서울: 생명의말씀사, 2016), 63 재인용.
20 트립, 『경외』, 47 재인용.
21 강준민, 「새생명비전교회 목회서신」 2020년 8월 30일.

가운데 마지막 열매를 절제라고 말한다(갈 5:22-23). 성령의 열매는 사랑에서 시작된다. 그리고 절제에서 결론을 맺는다. 결국 사랑의 최고봉은 절제에 있음을 알 수 있다. 진정한 사랑은 절제에 있다. 절제는 기다림이다. 오래 참는 것이다.

바울은 사랑이란 "오래 참는 것"(고전 13:4)이라고 말한다. 사랑과 오래 참는 것과는 밀접한 관계가 있다. 사랑한다는 것은 오래 참고, 인내하고, 기다리는 것이다. 충동에 따라 움직이는 것은 참된 사랑이 아니다. 일시적인 감정에 따라 움직이는 것도 진실한 사랑이 아니다. 하나님의 사랑은 감정을 넘어선 의지적인 사랑이다. 사랑하는 대상을 향해 헌신하는 사랑이다. 책임지는 사랑이다. 책임과 헌신을 무시하고 쾌락만 추구하는 사랑은 충동에 불과하다.

절제는 바울의 설교 주제 중의 하나였다(행 24:25). 특별히 바울은 교회 지도자를 세울 때 "절제"의 덕이 있는지 살필 것을 강조했다. "감독은… 절제하며"(딤전 3:2). 절제란 스스로 자신을 다스리는 것을 의미한다. 지도자는 다른 사람을 다스리기 전에 자신을 다스릴 줄 알아야 한다. 절제節制란 정도正導를 벗어나지 않도록 자신의 욕망을 알맞게 조절하여 다스리는 것을 의미한다. 절제란 지켜야 할 선을 지키는 것이다. 기차가 철로를 벗어나면 탈선하게 된다. 우리는 선을 지키는 것을 대수롭지 않게 생각하는 경향이 있다. 하지만 작은 선을 벗어나기 시작할 때, 나중에는 탈선한 기차가 전복顚覆되는 것과 같은 결과를 초래하게 된다.

절제란 집중력이다. 절제란 건전한 목표를 위해 힘을 낭비하지 않고 집중하는 능력이다. 바울은 "이기기를 다투는 자마다 모든 일에 절제한다"(고전 9:25)라고 말했다. 운동선수가 시합에서 이기기 위해서는 모든 일에 절제할 줄 알아야 한다. 절제란 힘을 아껴 정말 필요한데 사용하는 것을 의미한다. 인간의 힘은 한계가 있다. 그런 까닭에 무모하게 힘을 사용하지 않도록 해야 한다. 자신의 힘을 꼭 필요한 데사용할 줄 알아야 한다. 그때 승리를 경험하게 된다. 힘이 있다고 다사용해서는 안 된다. 힘이 있을 때 오히려 아껴야 한다. 그 힘을 가장 소중한 일에 사용해야 한다.

자제력의 근본은 자신의 욕망을 다스림에 있다. 하나님은 인간을, 만물을 다스리는 영장靈長으로 창조하셨다. 하나님은 아담과 하와에게 "복을 주시며… 모든 생물을 다스리라"(창 1:28하)고 명하셨다. 다스림은 돌봄이다. 다스림은 잘 키움에 있다. 다스림은 보호다. 성경에서 말하는 다스림은 세도를 부리는 것이 아니다. 섬김에 있다(막 10:45). 하나님이 아담에게 모든 생물을 정성스럽게 돌보고, 키우고, 보호하고 섬기라고 명하신 것이다. 그런데 아담은 선악과의 탐욕을 다스리지 못함으로 다스림의 위치를 상실하고 말았다. 탐심을 자제하지 못한 결과는 비참했다. 저주와 심판과 정죄와 수치심의 고통이 임했다. 우리가 아담이 범한 실수를 반복하지 않는 길은 성령님을 힘입어 자제력을 키우는 것이다.

우리가 경험하고 있는 팬데믹과 지구온난화 현상은 인간의 탐욕에서 시작된 것이다. 보호하고 가꾸어야 할 지구를 탐욕 때문에 공해로 가득차게 만들었다. 코로나 19도 인간의 탐욕의 결과다. 인간 스스로가 자초한 재앙이다. 자연과 생명을 존중하지 않고 파괴한 결과다. 지금이라도 자제력을 발휘해야 한다. 환경 보호에 나서야 한다. 코로나바이러스가 확산되지 않도록 노력해야 한다. 또한 신종 코로나바이러스가 양산되지 않도록 주의를 기울여야 한다.

자제력을 키우는 길은 조금 더 견디는 것이다. 자제력을 키우는 길은 즐거움을 유보하고 고통을 먼저 선택하는 것이다. 고통을 먼저 선택하고 즐거움을 나중에 누리는 것이 자제력을 키우는 탁월한 훈련이다. 자제력을 키우는 길은 자신이 좋아하는 일보다는 마땅히 해야 할 일을 먼저 하는 것이다. 자제력을 키우는 길은 욕심을 조금 덜어내는 것이다. 욕심을 줄이고 주어진 삶에 감사하며 사는 것이다. 자제력을 키우는 길은 분노를 다스리는 것이다. 자제력을 키우는 길은 혀를 다스리는 것이다. 비난과 원망과 불평을 줄이는 것이다. 자제력을 키우는 길은 성령의 도우심을 받아 하나님의 뜻에 집중하는 것이다.

우리가 사는 세상 속에서 극단적인 언어와 극단적인 분노와 극단적인 불만을 본다. 지나친 통제도 문제가 있다. 모든 정보를 파악한 후에 모든 것을 통제하려는 것도 선을 넘어선 것이다. 지금처럼 정부가 모든 개인 정보를 파악하고 있는 때는 없었다. 투명성이라는 이름으로 모든 정보를 파악하고 있다. 한병철은 그의 책『투명사회』(*Transparenzgesellschaft*)에서 투명성이 폭력이 될 수 있다고 강조한다.

투명성을 부패와 정보의 자유라는 관점에서만 보는 사람은 그 영향력을 제대로 파악하지 못한다. 투명성은 모든 사회적 과정을 장악하여 근원적인 변화의 물결 속에 끌어들이는 시스템적 강제력이다. 오늘날 사회 시스템은 모든 사회적 과정을 조작할 수 있고 신속하게 만들기 위해서 투명성을 강조한다. … 이런 점에서 투명성은 폭력이다.[22]

권력을 남용하고 오용하는 것도 죄다. 권력은 정의와 공의를 위해

---

22 한병철, *Transparenzgesellschaft*, 김태환 역,『투명사회』(서울: 문학과지성사, 2014), 14-15.

적절하게 사용해야 한다. 절제하며 사용해야 한다. 공공의 선을 위해 사용해야 한다. 분노 때문에 복수하고, 분노 때문에 강압적인 통제 사회로 가는 것은 바람직하지 않다.

우리는 십자가에서 가장 아름다운 자제력을 만난다. 사람들이 십자가에 못 박혀 고통 중이신 예수를 향해 "지금 십자가에서 내려와 우리가 보고 믿게 할지어다"(막 15:32)라고 모욕했다. 그것은 예수에게 큰 유혹이었다. 그 이유는 예수는 십자가에서 내려올 힘이 있으셨기 때문이다. 예수는 십자가에서 내려오지 않으시고 모든 모욕과 치욕을 견디셨다. 오히려 그들을 용서하셨다. 예수는 복수하는 데 힘을 쓰지 않으셨다. 사랑하는 데 힘을 쓰셨다. 예수는 앞에 있는 즐거움을 바라보시며 십자가를 참으시는 데 힘을 쓰셨다(히 12:2). 예수는 자제력 때문에 우리는 구원을 받게 되었다. 영생을 얻게 되었다. 성령을 선물로 받게 되었다. 그래서 우리는 십자가의 예수를 사랑한다.[23]

11. 내면의 성소에서 하나님과 친밀한 교제를 나누는 영성

바울은 성도가 곧 성령이 거하시는 성전이라고 말한다. "너희는 너희가 하나님의 성전인 것과 하나님의 성령이 너희 안에 계시는 것을 알지 못하느냐"(고전 3:16). 우리 내면의 지성소에 은혜의 보좌가 있다. 우리는 언제든지 내면의 지성소에 들어가 하나님을 만나 예배하고 친밀한 교제를 나눌 수 있다.

우리 내면에는 생명수의 강이 흐르고 있다. 우리는 언제든지 내면

---

23 강준민, 「새생명비전교회 목회서신」 (2020년 9월 6일).

의 깊은 곳으로 들어가 생수를 마실 수 있다. 세상이 주는 것으로 우리 영혼의 갈증을 해갈할 수 없다. 세상이 약속하는 돈과 쾌락과 권력은 마실수록 더욱 우리 몸을 해롭게 하는 바닷물과 같다. 영성 생활은 내면세계를 가꾸는 생활이다. 내면의 깊은 중심부로 들어가는 것을 의미한다. 우리의 진정한 만족은 예수 그리스도와의 친밀한 교제 속에 있다. 예수를 지식적으로 아는 것에 머물러서는 안 된다. 예수를 경험적으로 깊이 체험해야 한다.[24]

우리 내면의 깊은 곳에 고요함이 있다. 마치 폭풍의 눈이 고요한 것처럼 우리 내면은 고요하다. 소란하고 혼돈스럽고 불안한 세상에서 고요함을 경험하는 길은 내면 깊은 곳에서 안식하는 것이다. 기도는 내면의 성전으로 들어가는 열쇠다. 내면의 성소에 들어가서 하나님과 친밀한 교제를 나누는 것은 이 세상에서 도피하는 것이 아니다. 오히려 이 세상의 문제를 용기 있게 직면하기 위한 힘을 얻기 위함이다. 고통받는 사람들과 함께하기 위한 하나님의 사랑을 공급받기 위함이다. 내면세계를 가꾸도록 도와주는 영성가들의 책을 가까이하도록 하라. 깊은 우물에서 생수를 마시도록 하라.

12. 나가는 말: 포스트코로나 시대에 추구해야 할 영성은 예수의 영성이다

예수의 영성은 소박함의 영성이다. 예수는 우리를 위해 자신을 비

---

24 Jeanne Guyon, *Experiencing the depths of Jesus Chris*, 잔느 귀용/ 채수범 역, 『예수 그리스도를 깊이 체험하기』 (서울: 생명의 말씀사, 2019). 이 책은 우리 내면세계를 가꾸는 데 도움이 되는 책이다. 하나님과 친밀한 교제를 나누는 길을 알려준다.

우셨다. 예수는 머리 둘 곳도 없이 사셨다(눅 9:58). 예수의 삶은 단순했다. 예수는 자족하는 삶을 사셨다. 기쁨이 충만한 삶을 사셨다. 예수는 소유에 집착하지 않으셨다. 하지만 예수는 만나는 모든 사람에게 풍성한 생명을 나누어 주셨다(요 10:10). 예수는 우리를 부요케 하시기 위해 친히 가난하게 되셨다(고후 8:9). 하나님은 우리가 결핍 의식을 갖고 사는 것을 원치 않으신다. 하나님은 우리가 풍부 의식을 갖고 살기를 원하신다. 소박함이 인색함이 아니다. 절약과 검약과 절제는 풍성함을 위한 것이다.

예수는 결핍의 세계와 사고방식에 젖어 사는 우리를 불러 풍요의 세계와 사고방식으로 옮겨 가게 하신다. 제자들에게는 결핍감이 있었고 지금 우리도 마찬가지다. 어차피 모두가 원하는 만큼 풍요를 얻을 수 없으니 내 것을 잃게 될까 봐 불안해한다. 인간은 두려워하는 존재다. 우리도 매일, 자주, 끊임없이 두렵다. 예상하지 못한 두려움이 시시때때로 우리를 덮쳐 온다.[25]

결핍이 우려되는 순간부터 우리는 모든 것을 일단 쌓아두려 한다. 떡과 물고기도 쌓아두고 명예와 애정과 지식과 아이디어도 쌓아둔다. … 그렇게 쌓아두기 시작하면 적이 생겨난다. 누군가는 으레 "당신은 나보다 가진 게 훨씬 많다"며 따지고 들 것이다.[26]

풍부 의식은 나눔으로 연결된다. 진정한 부요는 나눔에 있다. 예수의 생애는 나눔의 생애다. 자신의 몸과 피를 모두 내어주셨다. 모두 나누어주셨다. 그리함으로 우리의 삶을 풍성케 하셨다.

---

25 Henri J.M. Nouwen, *Following Jesus*, 헨리 나우웬/윤종석 역, 『예수의 길 - 미혹과 불안의 시대, 예수를 어떻게 따를 것인가』 (서울: 두란노, 2020), 48.
26 나우웬, 『예수의 길』, 48, 49.

경제가 어려워지면서 미래에 대해 염려를 하는 분들이 많다. 우리는 하나님의 부요하심과 공급하심을 믿어야 한다. 동시에 우리는 단순하게 사는 삶을 훈련해야 한다. 진정한 부요는 내면에 있다. 본질로 돌아간다는 것은 말씀으로 돌아가는 것이다. 본질로 돌아간다는 것은 하나님께로 돌아간다는 것이다. 예수 한 분으로 충분하다는 사실을 거듭 깨닫고 믿는 것이다. 이 세상의 모든 것은 변화한다. 하지만 오직 예수는 영원토록 변함이 없으시다. 하나님의 나라는 변함이 없다. 모든 것이 흔들리지만 흔들리지 않은 나라는 하나님의 나라다.

우리가 예배할 분은 오직 하나님뿐이시다. 우리는 예배당을 예배해서는 안 된다. 진정한 예배는 환경을 초월해서 영과 진리로 드리는 예배다(요 4:24). 공동체 예배는 소중하다. 그리고 회복되어야 한다. 공동체 안에서의 교제도 회복되어야 한다. 하지만 예배당의 예배만을 절대화해서는 안 된다. 건물이 교회가 아니다. 예수를 믿는 성도들의 공동체가 교회다.

이스라엘 백성이 바벨론 포로로 사로잡혀 가기 전에 그들은 성전 예배를 절대화했다. 하지만 하나님은 그들의 범죄로 인해 성전이 무너지는 것을 허락하셨다. 또한, 하나님의 영광이 예루살렘 성전을 떠났다. 놀라운 사실은 그들이 바벨론에 포로로 끌려가서 그발 강가에 머물 때 바로 그곳에서 하늘이 열린 것이다. 하나님의 임재가 나타났고, 하나님의 계시가 임했다(겔 1:1-3).

건강이 중요하고 생명이 소중하지만, 하나님 보다 앞세우면 안 된다. 생명을 주신 하나님 보다 앞세우면 안 된다. 우리 생명을 하나님 보다 앞세우면 우리 자신이 우상이 될 수 있다. 하나님은 우리를 만드시고, 예수의 피값을 지불하고 우리를 사셨다. 그러므로 하나님은 우리를 진정으로 소유하신 분이다. 우리는 하나님께 속하고, 하나님은 우리에게 속하신다. 우리를 소유하신 하나님은 영원토록 우리를 지키시고 보호하신다. 우리의 진정한 생명은 예수 안에 있다. 그러므로 우리가 바라보아야 할 분은 오직 예수시다.

포스트코로나 시대의 신학
— 그 정체성과 방향성 재고(교회론과 종말론의 맥락에서)

정성욱

1. 들어가는 말

100여 년 전 스페인독감 사태 이후 한 번도 경험해 보지 못한 상황이 지속되고 있다. 이른바 코로나19 팬데믹 사태다. 코로나 사태는 넓게는 기독교 신앙, 좁게는 신학의 정체성과 방향에 대해서 심각한 도전을 제기한다. 우리 세대가 이전에 겪어보지 못한 상황을 감내하면서 한국교회와 이민교회는 앞으로의 신학이 나아가야 할 방향에 대해서 반드시 고민해봐야 한다.

이런 문제의식을 느끼고 논자는 짧은 글을 통해 포스트코로나 시대에 교회가 추구해야 할 신학이 어떤 정체성을 가져야 하는지 그리고 그 신학의 방향성은 어떠해야 하는지를 논의해 보고자 한다. 신학의 정체성은 불변이라는 점을 논자는 재강조하고자 한다. 하지만 코로나 이후 시대, 신학의 방향성은 크게 교회론과 종말론 차원에서 재정향되어야 한다. 교회론과 관련해서는 유기적인 교회론의 복원과 비대면 예배의 정당성 확립이 관건이다. 종말론과 관련해서는 팬데믹을 재림의 징조로 이해하는 차원에서 징조론의 재구성, 밝고 행복한 종말론의 확립 그리고 건강한 계시록 해석학이 관건이다.

2. 포스트코로나 시대의 신학의 정체성

프리코로나pre-corona의 시대든 포스트코로나post-corona의 시대든 신학의 정체성은 변할 수 없다. 변해서도 안 된다. 우리말로 신학이란 말은 '하나님을 배운다'(learning God)를 뜻한다. 하나님이 어떤 분이신지, 무슨 일을 하시는지, 우리에게 무엇을 주시는 분이신지, 우리에게 무엇을 요구하시는 분이신지 그리고 우리와 어떤 관계를 맺고 싶어하시는지 등 배워가는 것을 의미한다. 영어로 신학을 뜻하는 theology는 하나님을 의미하는 헬라어 *theos*와 이성, 연구, 담론, 또는 말씀을 의미하는 *logos*를 합친 말로서 '하나님에 대한 연구, 담론'을 뜻한다.

지난 2천 년의 오랫동안 교회는 '신학'이라는 말을 사용해서 그리스도인들이 하나님에 대하여 배우고, 사유하고, 알아가는 과정을 표현했다. 문제는 이 '신학'이란 말이 성경에 나오지 않는다는 것이다. 그렇다면 성경에 나오지 않는 '신학'이라는 말을 계속 사용해야 할 정당성은 어디에 있는가. 여기서 우리가 꼭 기억해야 할 것은 '신학'이라는 말이 성경에 나오지 않는다고 해서 신학이라는 개념이나 아이디어가 성경에 나오지 않는 것은 아니라는 사실이다. 성경은 '신지식the knowledge of God' 또는 '하나님을 아는 지식knowing God'이라는[1] 말을 신학이란

---

1 하나님을 아는 지식에 대해서 일반 그리스도인들이 어렵지 않게 접근할 수 있는 저작으로 제임스 패커(J. I. Packer)의 『하나님을 아는 지식』(*Knowing God*, 정옥배 역, [서울: IVP, 2018])을 적극 추천한다. 에이든 토저(Aiden Wilson Tozer)의 『하나님을 추구함 – 하나님을 갈망하는 영혼을 위한 메시지』(*The Pursuit of God*, 이영희 역 [서울: 생명의 말씀사, 2006]) 역시 짧지만

개념과 동일한 의미로 사용하고 있기 때문이다.

신구약 성경 전체를 살펴보면 '하나님을 아는 지식'이라는 표현은 수없이 반복되고 강조된다. 대표적인 구절은 요한복음 17장 3절이다. "영생은 곧 유일하신 참 하나님과 그가 보내신 자 예수 그리스도를 아는 것이니이다." 이 말씀을 통해서 주님은 하나님을 아는 지식과 예수 그리스도를 아는 지식이 곧 영생이라고 말씀하셨다. 놀라운 말씀이 아닐 수 없다. 그렇다면 여기에서 또 다른 질문이 제기되어야 한다. 그것은 주님이 말씀하신 지식은 단순한 머리의 지식, 정보적 지식을 의미하는가라는 질문이다. 결코 아니다. 주님이 '알다'라고 하신 지식은 헬라오 '기노스코ginosko'로 표현된다. 이것은 그냥 지식적으로, 정보적으로, 머리로만 아는 피상적 지식을 의미하지 않는다. 도리어 관계적으로, 인격적으로, 가슴으로 아는 역동적 지식을 의미한다. 물론 관계적 지식이 정보적 지식을 배제하는 것은 아니다. 정보적 지식을 포함하되 그것을 넘어서는 관계적, 인격적 지식을 뜻한다. 그러므로 우리가 '신학'이라는 말을 사용할 때 그것은 하나님에 대한 개념적 지식을 넘어 인격적, 관계적 지식을 추구하는 것과 연결됨을 반드시 이해해야 한다.2

전통적으로 교회는 이 신학의 분야를 네 가지로 나누어 가르치고 연구해왔다. 그것은 성경신학biblical theology, 조직신학systematic theology, 역사신학historical theology, 실천신학practical theology이다. 성경신학은 성

깊은 통찰을 담고 있는 책으로 추천한다.

2 하나님을 아는 지식과 인간을 아는 지식이라는 두 가지 주제로 자신의 신학적 체계를 정립한 대표적인 신학자가 종교개혁자 칼뱅(John Calvin)이다. 그리고 칼뱅은 하나님을 아는 지식을 단순히 개념적, 정보적 지식이 아닌 인격적, 관계적 지식으로 바르게 이해했다. 그의 『기독교강요』(Institutes of the Christian Religion) 1권 1장을 참조하라.

경의 기자들이 가지고 있는 신지식에 집중한다. 그래서 바울의 신학, 모세오경의 신학, 선지서의 신학, 요한의 신학 등을 다룬다. 역사신학은 교회사에 걸쳐서 교리와 신학이 어떻게 발전해왔는지를 다룬다. 그래서 교부시대의 신학(patristic theology), 종교개혁 시대의 신학, 현대 신학 등을 연구한다. 실천신학은 교회의 사역과 목회에 직접 관련된 활동들을 연구한다. 예배학, 선교학, 기독교교육학, 기독교상담학, 영성신학 등이 이 영역에 포함된다.

마지막으로 조직신학은 성경 전체가 가르치는 총체적인 진리를 주제별로 체계화해서 연구하고 정리하는 신학 분야이다. 그래서 조직신학은 일반적으로 기독교의 핵심교리를 체계화하고 조직화하는 신학 분야로 여겨진다. 조직신학은 대체로 서론prolegomena, 신론theology, 인간론anthropology, 기독론Christology, 성령론pneumatology, 구원론soteriology, 교회론ecclesiology, 종말론eschatology 등 7~8개의 세부 분야로 나눠진다.

신학 분야를 어떻게 세분화하든 간에 신학의 정체성과 정의는 불변한다. 그것은 크게 보아 하나님을 아는 지식을 의미하기 때문이다. 포스트코로나 시대에도 하나님을 아는 지식에 포커스를 맞추는 신학의 정의와 정체성은 불변한다.

3. 포스트코로나 시대의 신학의 방향성

포스트코로나 시대에도 신학의 정체성은 변하지 않지만, 신학의 방향성은 달라져야 한다. 그것은 그동안 신학 작업을 해왔던 방향성을 재고함으로써 이뤄진다. 이 재고의 과정을 통해서 우리는 강조되지 못하고 무시되었던 부분을 되살려내고, 지나치게 강조되었던 부분에 대해서 재평가하고 그것이 있어야 할 제자리로 돌려놓는 작업을 감행해야 한다. 포스트코로나 시대의 신학의 방향성과 관련해서 논자는 조직신학의 두 가지 세부 분야를 특별히 다루고자 한다. 하나는 교회론이고 다른 하나는 종말론이다.

1) 교회론의 재정향(Reorientation of Ecclesiology)

(1) 유기적 교회론의 복원3

포스트코로나 시대의 교회론은 재정향되어야 하고, 한 차원 더 깊어져야 한다. 이 점에 있어서 우리 한국교회와 이민교회에는 대각성이 필요하다. 그동안 한국교회와 이민교회를 지배해왔던 교회론은 조직적/외면적/제도적 교회론organizational/external/institutional ecclesiology이다. 조직적/외면적/제도적 교회론이란 교회의 본질을 물리적 건물로 보거나, 교회 내의 다양한 직분과 오프라인상의 모임이나 회의를 포함한 조직적인 차원으로 보는 관점이다. 한국교회와 이민교회를 지배해온 조직적/외면적/제도적 교회론이 모두 비성경적인 것은 아니다. 하지만 조직적/외면적/제도적 교회론이 강조되면서, 교회론의 더 중요한 핵심인 유기적/내면적 교회론organic/internal ecclesiology은 심각하게 약화되거나 무시되어 온 것이 사실이다. 그 결과 관료적이고 세속적인 정

---

3 최근 미국에서 유기적 교회론 운동을 펼치고 있는 Frank Viola의 저서 *Reimagining Church: Pursuing the Dream of Organic Christianity*(Colorado Springs, CO: David C Cook, 2008)와 *Finding Organic Church: A Comprehensive Guide to Starting and Sustaining Authentic Christian Communities*(Colorado Springs, CO: David C Cook, 2009)를 참조하라.

신 심지어는 마케팅과 엔터테인먼트에 의존하는 괴이한 정신이 교회 안에 들어와 교회의 정체성을 심각하게 훼손하고 있다.

한국교회와 이민교회는 무시되고 약화되었던 유기적/내면적 교회론을 다시 회복하고 확립해야 한다. 그러면서 동시에 조직적/외면적/제도적 교회론의 강점을 살려내면서 그 약점을 극복해 내야 한다. 유기적/내면적 교회론은 교회의 본질을 어떤 건물이나 외적 구조 또는 관료적 시스템으로 보지 않는다. 도리어 교회의 본질은 예수 그리스도를 주님과 구주로 고백하는 사람들의 공동체로 본다.[4] 단순한 공동체가 아니라 막힘이 없는 소통과 깊은 영적 교제가 있는 끈끈한 유기적 공동체로 본다. 형제와 자매를 위하여 물질을 희생할 뿐 아니라 자신의 목숨까지도 버릴 수 있는 생명 공동체로 본다(요일 3:16-18). 예수 그리스도의 피를 나누고 하나님을 아바 아버지라고 부르는 거룩한 영적 가족으로 본다.

이런 유기적/내면적/생명적 교회론이 회복되고 하나님의 가족, 예수 그리스도의 몸이요 신부, 성령의 전이라는 교회의 본질이 회복되어 갈 때 조직적/외면적/제도적 교회론의 강점도 진정한 의미에서 살려낼 수 있다. 다시 말하면 교회의 본질이 막힘 없는 소통과 깊은 영적 교제가 있는 끈끈한 유기적 생명 공동체임을 직시하면서도, 진정한 의미에서의 오프라인 모임을 성경적으로 강조해 나가야 한다. 우리는 히브리서 10장 24-5절이 말씀하는 대로 순종하고 실천해야 한다. "서로

---

4 교회를 유기적 공동체로 인식하는 것과 관련해서 깊은 통찰을 주는 책은 Dietrich Bonhoeffer, *Life Together: The Classic Exploration of Christian in Community* (New York: Harper-One, 2009)이다. 동시에 20세기 후반부터 재흥되기 시작한 공동체적 삼위일체론(communal Trinitarian theology) 역시 유기적 교회론을 확립하고 실천하는 데 유익한 자원을 제공한다. 대표적인 신학자들 중에 그리스의 동방정교 신학자 John Zizioulas의 저작들을 추천한다.

돌아보아 사랑과 선행을 격려하며 모이기를 폐하는 어떤 사람들의 습관과 같이하지 말고 오직 권하여 그날이 가까움을 볼수록 더욱 그리하자." 오프라인/대면 모임을 권하여 주님 오실 때까지 더욱 열정적으로 실행해야 한다.

(2) 비대면 예배의 정당성 확립

우리가 예상하고 기대했던 것보다 코로나 사태는 길어지고 있다. 회복의 기미가 잘 보이지 않는다. 백신이 개발되어 일반인에게 보급될 날이 아무리 일찍 오더라도 내년 봄이 될 것이다. 더 늦어지면 내년 말까지 코로나 사태가 지속될 수 있다는 어두운 전망이 나오고 있다.

미국의 많은 교회는 비대면 예배로 전환한 지 오래다. 미국 콜로라도 주 덴버Denver에 살며 필자가 출석하는 교회는 교인 3~4천 정도의 대형교회다. 예배당의 좌석이 3500석 규모임에도 불구하고 대면 예배에 대한 제한 조치로 주일 오전 10시와 오후 5시에 드리는 예배는 최대 175명만 참석할 수 있다. 그것도 방역지침을 철저히 지켜야만 한다. 그 외에는 모두 비대면 예배를 드리고 있다. 이렇게 비대면으로 예배드린 지 벌써 반년을 넘어선다.

상대적으로 방역을 잘했다고 평가받는 한국도 이제는 여러 가지 요인으로 인하여 비대면 예배가 지배적인 흐름이 되어가고 있다. 대면 예배가 조만간 회복되더라도 철저한 방역지침을 준수하려면 교인의 대다수는 여전히 비대면 예배를 드려야 하는 상황이 꽤 오래 지속될 수 있다.

이런 상황에서 대면 예배만을 정당한 예배로 인식해온 많은 사람은 비대면 예배에 대한 부정적인 생각을 떨쳐버릴 수 없는 것 같다. 그래서 어떤 교회들은 정부가 내세우는 방역지침을 어기면서까지 계속해서 대면 예배를 드리고 있다. 심지어 어떤 교회들은 "대면 예배 사수"와 같은 모토를 내걸면서, 대면 예배를 드리다가 코로나에 걸려서 죽으면 바로 그것이 순교라 가르치고 있기도 하다.

같은 맥락에서 우리가 반드시 기억해야 할 것은 살아 계시고, 인격적이시며, 무한하신 영이신 삼위일체 하나님은 예배의 공간과 시간에 상관없이 우리가 신령과 진정으로 즉 영과 진리로 예배할 때 그 예배를 기쁨으로 받으신다.

수가성에서 만난 여인과 대화를 나누시면서 주님은 다음과 같이 말씀하셨다.

> 예수께서 이르시되 여자여 내 말을 믿으라 이 산에서도 말고 예루살렘에서도 말고 너희가 아버지께 예배할 때가 이르리라 너희는 알지 못하는 것을 예배하고 우리는 아는 것을 예배하노니 이는 구원이 유대인에게서 남이라 아버지께 참되게 예배하는 자들은 영과 진리로 예배할 때가 오나니 곧 이 때라 아버지께서는 자기에게 이렇게 예배하는 자들을 찾으시느니라 하나님은 영이시니 예배하는 자가 영과 진리로 예배할지니라(요 4:21-24).

예수는 이 말씀을 통해서 예배의 공간에 대한 모든 신화와 편견을 깨뜨려 버리셨다. "이 산에서도 말고 예루살렘에서도 말고"라고 말씀하심으로써 주님은 예배가 어떤 특정한 공간에 묶일 수 없음을 천명하신다. 다시 말하면 우리는 어느 곳이든 하나님을 예배할 수 있다는 것이다. 동시에 우리는 어떤 특정한 날이나 시간만이 아니라, 매일 매 순

간 언제라도 하나님을 예배할 수 있다.[5]

예배의 공간에 대한 신화와 편견을 깨뜨리신 주님은 예배자가 어떤 태도로 예배해야 하는지에 대해서 강조하셨다. "하나님은 영이시니 예배하는 자가 영과 진리로 예배할지니라"(요 4:24). 주님의 관심은 예배의 공간, 예배의 장소가 아니라 예배자의 태도와 마음가짐임을 재천명하신 것이다. 우리가 어디에서 예배하든지 "영과 진리" 즉 성령과 말씀 안에서 예배할 때 그 예배는 하나님이 기쁨으로 받으신다는 것이다.

예배와 관련된 이 대원리를 오늘날 상황에 적용한다면 매우 중요한 진리들을 우리는 도출할 수 있다. 첫째로 예배를 예배당이라는 공간에서 대면으로 드려야만 그것이 주님이 기뻐하시는 참 예배가 될 수 있다는 주장은 성경적 근거 없는 편견일 뿐이다. 물론 모든 상황이 허락한다면 교회 공동체가 약속된 예배 공간에서 함께 모여 대면으로 예배하는 것은 영광스럽고 복된 일이다. 그것을 부인할 사람은 없다. 하지만 예배당이라는 특정 공간 안에서 대면으로 드리는 예배만 참된 예배라는 잘못된 생각은 성경적으로 수정되어야 한다.

둘째로 상황이 여의치 않을 경우 교회 공동체가 예배당이라는 한 공간에 모일 수 없더라도 각자의 자리와 처소에 흩어져서 비대면으로 드리는 예배도 얼마든 하나님이 기뻐하시는 참된 예배가 될 수 있다. 다행히 오늘날 21세기에는 과학기술의 발전으로 인하여 각자의 처소에 흩어져 있지만 온라인으로 서로의 얼굴을 보고 함께 예배할 수 있

---

5 매일 매순간 드리는 예배의 의미와 중요성을 다룬 작품들 중에는 Ruth Chou Simons, *Beholding and Becoming: The Art of Everyday Worship* (Eugene, OR: Harvest House Publishers, 2019)과 Trisha Wilkerson, *Everyday Worship: Our Work, Heart and Jesus* (Scotland, U.K.: Christian Focus, 2013)가 있다.

게 되었다. 물론 이러한 온라인/비대면 예배가 예배당이라는 공간에서 드리는 오프라인/대면 예배보다 성도들 간의 교제와 스킨십을 약화할 수밖에 없다는 점은 인정해야 할 것이다. 또한, 교회 운영이라는 현실적인 측면에서 볼 때 헌금이 대폭 줄어드는 어려움이 발생하고 있다. 또한, 기술적인 준비가 되어 있지 않은 교회들도 여전히 존재한다. 그럼에도 불구하고 하나님과의 수직적인 관계에서 온라인/비대면 예배가 오프라인/대면 예배보다 본질적으로 저급한 또는 합당치 못한 예배일 수밖에 없다는 생각은 전혀 성경적 근거가 없다.

오프라인으로 모일 수 없는 비상사태에서 온라인 모임은 중요한 역할을 감당하였다. 그것은 부정할 수 없는 명백한 사실이다. 하지만 우리는 온라인 모임이 교회의 본질을 지켜내는 최선이 아님을 또한 반드시 기억해야 한다. 반드시 오프라인 모임이 재개되어야 하고, 예배당에서 모든 성도가 함께 모여 드리는 공적 예배와 다음 세대를 위한 주일학교, 성도의 양육과 성숙을 위한 제자훈련 그리고 다양한 성경공부 모임 같은 공적 사역을 힘 있게 회복해야 한다. 유기적/내면적/생명적 교회론의 이름으로 조직적/외면적/제도적 교회론의 정당한 부분이 무시되거나 왜곡되어서는 안 된다.

요컨대 코로나 사태는 한국교회와 이민교회가 무시해왔던 유기적/내면적 교회론이 복권될 은혜로운 기회를 제공해 주었다. 동시에 한국교회와 이민교회가 강조해왔던 오프라인의 모임을 어떻게 더 성경적으로 깊은 모임으로 만들어 갈 것이냐는 심각한 질문을 제기할 기회를 제공하였다. 그런 의미에서 코로나 사태는 역설적으로 한국교회와 이민교회에 복된 계기가 되었다.

2) 종말론의 재정향(Reorientation of Eschatology)

필자는 코로나 팬데믹 사태를 예수의 재림 즉 종말론과 관련해서 해석하는 것이 절대적으로 필요하다고 믿는다. 다시 말하면 코로나 사태는 한국교회와 이민교회가 종말론에 대해서 더 깊은 고민이 필요하다는 각성을 가져다주었다.

(1) 재림 징조로서 팬데믹에 대한 바른 이해 확립

종말론적 관점에서 볼 때 이번 코로나 팬데믹 사태는 또 하나의 매우 중요한 예수 재림의 징조임이 분명하다. 누가복음 21장에서 예수는 당신의 재림과 관련해서 여러 가지 징조들을 말씀하셨다. 그중에서도 우리의 주의를 끄는 것은 누가복음 21장 10절과 11절이다. "또 이르시되 민족이 민족을, 나라가 나라를 대적하여 일어나겠고 곳곳에 큰 지진과 기근과 전염병이 있겠고 또 무서운 일과 하늘로부터 큰 징조들이 있으리라." 특별히 11절에 나오는 전염병이라는 말에 우리는 주목해야 한다. "곳곳에 큰 지진과 기근과 전염병이 있겠고"라고 주님이 직접 말씀하셨다.

결국, 예수께서 오시기 전에 온 지구가 예수 재림을 위한 해산의 고통birth pangs을 경험하게 되는데 바로 그때 일어나는 일들 중에 하나가 곳곳에 전염병이 생기는 것이다. 이번 코로나바이러스 사태는 이전의 사태와는 달리 문자 그대로 전 지구적으로 영향을 미치고 있다. 중세 시대의 흑사병도 엄청난 전염병이었지만 여전히 유럽이라는 지역에 국한되어 있었다. 그 외에 역사 속에서 다양한 전염병들과 괴질들이 등장했지만, 그것들은 전 지구적으로 퍼지지는 않았다. 그러나 이번에 일어난 코로나바이러스는 중국에서 시작되어 온 아시아와 유럽, 아프리카를 넘어서 북미와 중남미까지 이르는, 전 세계에 걸쳐 퍼지고 있다는 점이 매우 특이한 현상이 아닐 수 없다.

그렇다면 종말론의 관점에서 현재의 코로나바이러스 사태를 어떻게 이해해야 할 것인가. 첫째로 기억해야 할 것은 이번 코로나바이러스 전염 사태는 너무나 당연히 예수 재림의 징조라는 것이다. 분명한 것은 예수께서 다시 오시기 직전까지 이런 전염병 사태는 계속해서 늘어날 것이라는 점이다. 이번 사태를 경험하면서 우리는 모두 이 사태가 빨리 진정되고 다시는 이런 사태가 일어나지 않기를 바라지만, 사실상 이 사태가 진정된 후에도 제이, 제삼, 제사의 코로나 사태는 계속 이어질 것이다. 그것은 바로 예수께서 예언하신 바가 이뤄지는 과정이 될 것이다.

둘째로 우리는 이번 코로나바이러스 사태가 일어난 목적 중 하나가 우리 그리스도인들이 정신을 차리고 깨어서 기도하며 살아가도록 하는 데 있음을 기억해야 한다. 주님의 의도는 이번 사태를 통해서 우리 그리스도인들에게 두려움이나 공포감을 심어주시려는 것이 아니다. 도리어 근신하며, 자신을 돌아보며, 깨어서 주님 맞을 준비를 하도록 하시려는 것이 주님의 뜻임을 우리는 기억해야 한다. 데살로니가전서 5장 4-6절은 다음과 같이 말씀한다.

형제들아 너희는 어둠에 있지 아니하매 그 날이 도둑같이 너희에게 임하지 못하리니 너희는 다 빛의 아들이요 낮의 아들이라 우리가 밤이나 어둠에 속하지 아니하나니 그러므로 우리는 다른 이들과 같이 자지 말고 오직

깨어 정신을 차릴지라.

바울이 이 말씀을 통하여 우리에게 교훈하고자 하는 바는 예수의 재림이 우리 믿는 자들에게는 도적같이 올 것이 아니라는 것이다. 즉 여러 가지 징조를 통해서 주님은 우리로 하여금 주님 재림에 대해 준비할 수 있게 하시기에 영적으로 잠들지 말고 오직 깨어서 정신을 차려야 한다는 것이다. 오늘날 코로나바이러스 사태는 우리가 모두 영적으로 깨어서 정신 차린 삶을 살아가라는 주님의 경고 메시지임을 꼭 기억해야 한다.

마지막으로 우리가 기억해야 할 것은 코로나바이러스 사태가 주님 재림의 마지막 징조는 아니라는 것이다. 마태복음 24장에서 주님은 재림의 징조에 대해서 말씀하시면서 마지막 징조에 대하여 다음과 같이 말씀하신다. "이 천국 복음이 모든 민족에게 증언되기 위하여 온 세상에 전파되리니 그제야 끝이 오리라"(마 24:14). 즉 주님이 다시 오시기 직전에 있을 최후의 징조는 바로 천국 복음이 모든 민족에게 증언되는 것이다. 여기서 민족이란 말은 국가가 아니라 종족이라는 뜻이다. 지구촌에 현재 약 1만 1천 정도의 종족이 있다고 한다. 놀랍게도 아직 이 종족 중에 복음을 모르고 예수를 모르는 미전도 종족이 있다. 결국, 미전도 종족이 사라지는 날, 천국 복음이 온 세상 모든 민족에게 전해지는 날이 오면 주님은 다시 오시게 될 것이다. 오늘날의 세계 선교 상황을 볼 때 이 일이 이뤄지는 데에는 많은 세월이 소요되지 않아 보인다. 그렇다면 주님 재림은 우리가 생각하는 것보다 훨씬 가까이 와있음을 알게 된다.

(2) 밝고 행복한 종말론의 확립6

　최근까지도 한국교회와 이민교회의 종말론은 어둡고 두려운 종말론이 지배적이었다. 종말론과 예수의 재림에 대해서 언급할 때마다 밝고 행복한 분위기보다는 어둡고 두려운 분위기가 지배적이었다. 유독 종말론과 관련된 이단들이 한국교회의 역사 속에서 자주 등장해왔다. 특히 1992년 다미선교회 사태는 한국교회에 종말론에 대한 트라우마를 남겼다. 또한, 코로나 팬데믹 사태와 함께 진행된 신천지 사태 역시 종말론에 대한 혐오증을 극대화했다. 그래서 종말론이나 계시록에 관해서 이야기하는 것을 금기시하거나 두려워하는 안타까운 풍조가 한국교회와 이민교회 내에 지배적인 상황이다.

　이제 종말론을 대하는 자세와 태도가 반드시 달라져야 한다. 성경적인 건강한 종말론을 확립해야 한다. 성경적인 종말론은 다름 아닌 밝고 행복한 종말론이다. "복스러운 소망과 우리의 크신 하나님 구주 예수 그리스도의 영광이 나타나심을 기다리게 하셨으니"(딛 2:13). 디도서 2장 13절이 말씀하고 있는 것처럼 재림과 종말은 "복스러운 소망"(blessed hope)이요 우리의 하나님이시자 구주이신 예수 그리스도의 "영광이 나타나는" 날이다. 주님은 우리를 이 세상에 소명자와 사명자로 보내셨다. 이 땅에서의 사명과 소명을 신실하게 감당하면서도 우리는 영원한 새 하늘과 새 땅을 간절히 사모하는 기쁨과 환희와 승리의 종말론으로 무장해야 한다.

　현재 우리가 경험하고 있는 코로나 사태는 앞으로 인류 역사의 미

---

6 필자의 졸저, 『정성욱 교수의 밝고 행복한 종말론』 (서울: 눈출판그룹, 2016)을 참조하라.

래가 이와 유사한 사태들로 점철될 수 있음을 보여주었다. 제이, 제삼의 코로나 사태가 얼마든지 일어날 수 있음을 보여준 것이다. 우리는 이 사태들을 경험하면서 두려움과 공포에 떨어서는 안 된다. 절망에 빠져서도 안 된다. 도리어 이러한 사태들이 주님 재림의 확실한 징조임을 깨닫고 정신을 차리며, 근신하며, 기도하는 건강하고 성숙한 자세를 견지해야 한다. 어려움을 당하는 사람들에게 선을 행하며, 예수의 피 묻은 복음을 전하는 일을 지속해야 한다. 주님 재림하셔서 우리와 함께 혼인 잔치에 참여할 것이라는 신부의 종말론으로 무장해야 한다. 다시 오실 신랑과의 영광스러운 만남을 준비하는 정결하고 거룩한 신부의 종말론을 확립해야 한다.

예수의 재림 또는 재림의 징조를 말할 때마다 어둡고, 두렵고, 공포스러운 분위기가 지배적이었던 비성경적인 종말론을 벗어버리고 밝고 행복한 분위기, 기대와 소망과 기쁨과 승리에 대한 확신으로 가득찬 건강한 종말론으로 무장해야 한다. 앞으로 주님의 재림과 관련된 여러 징조가 나타날 때 기대와 기쁨과 감사로 반응하는 밝고 행복한 종말론을 살아내야 한다. 그것이 오늘을 사는 우리에게 꼭 필요한 거룩한 지혜이다.

(3) 건강한 계시록 해석학의 확립

요한계시록은 어렵다는 오해/신화/편견 파괴

밝고 행복한 종말론의 확립과 궤를 같이하는 것이 건강한 계시록 해석학의 확립이다. 우리 개혁교회 또는 개신교 복음주의자들은 성경 66권이 모두 하나님의 말씀이라 믿는다. 66권 성경은 하나님의 감동

즉 영감에 의해서 기록되었고 절대 무오한 하나님의 계시 기록이다. 성경 전체가 하나님의 말씀이기에 마귀는 성경 66권 모두를 미워하고 싫어한다. 그래서 마귀는 신구약 성경 계시가 완결된 이후 성경을 소멸시키려 노력해왔고, 동시에 성경의 가르침을 왜곡하고 변질시키려 노력해왔다. 그런데 성경 66권 중에서도 마귀가 가장 미워하고 싫어하는 책이 있다면 그것은 요한계시록이다. 요한계시록은 마귀의 멸망과 영원한 운명에 대해서 너무나도 명시적으로 분명하게 알려주고 있기 때문이다. 계시록 20장을 보면 자세히 나온다. 마귀의 영원한 운명은 하나님께 정죄를 받아 불 못 즉 지옥에 던져지는 것이다. 그 지옥에는 이미 적그리스도와 거짓 선지자도 던져져서 영원한 형벌을 받고 있다고 계시록 20장은 증거한다. 그 지옥으로 악의 세력의 최종적 우두머리인 마귀가 던져지게 된다. 그 이후에 마귀의 종노릇하면서 마귀를 따르는 모든 죄인의 무리가 영원한 불 못으로 던져진다. 마귀는 계시록을 싫어하고 미워하기 때문에 그는 모든 노력을 다해서 예수의 사람들조차 요한계시록을 접하지 못하도록 노력해왔다. 그는 예수의 사람들이 계시록을 읽고, 듣고, 그 안에 기록된 것을 지켜서 복을 받는 것을 (계 1:3) 싫어할 수밖에 없다. 거짓의 아비가 만들어낸 거짓말이 바로 "요한계시록은 어렵다"라는 오해와 편견과 신화다. 요한계시록은 어려운 책이어서 함부로 접근해서는 안 된다는 오해와 편견과 신화는 한국교회나 이민교회 내에 너무나 깊이 뿌리내렸다. 우리가 기억해야 할 것은 요한계시록은 결코 어려운 책이 아니라는 것이다. 일정한 해석학적 훈련을 받고 적절하게 가이드를 받으면 어느 누구라도 읽고, 듣고, 지켜서 주님이 주시는 놀라운 복을 누릴 수 있는 책이다. 그렇지 않았다면 주님께서 "이 예언의 말씀을 읽는 자와 듣는 자와 그 가운데에 기록한 것을 지키는 자는 복이 있나니 때가 가까움이라"(계 1:3)고 말씀하시지 않았을 것이다.

요한계시록은 하나의 그림책 또는 모자이크 작품과 같다. 물론 상징법을 사용하였기에 성경적 상징해석에 대한 어느 정도의 훈련이 필요하지만, 계시록을 큰 그림이나 모자이크의 관점에서 접근하면 사실 로마서나 다른 서신서들보다도 훨씬 이해하기가 쉬워진다. 말세지말의 이 시대 요한계시록과 관련해서 팽배해 있는 신화와 편견과 오해 중에 반드시 제거되어야 할 것은 요한계시록이 어렵다는 거짓말이다. 그렇기에 주님은 계시록을 인봉하지 말라고 하셨다(계 22:10). 우리는 이 오해와 편견과 신화를 반드시 제거해야 한다.

요한계시록은 두렵고 무서운 책이라는 오해/신화/편견 파괴

오늘날 요한계시록에 대하여 팽배한 오해 가운데 또 하나는 요한계시록이 두렵고 무섭다는 오해다. 이것은 단순히 오해를 넘어서 거의 신화로 굳어져 있다. 아니 정설로 확정되어 있다. 요한계시록이 두렵고 무섭다는 것은 흔들릴 수 없는 이론이 되었다.

요한계시록은 결코 두렵고 무서운 책이 아니다. 우리 그리스도인들에게 말할 수 없는 위로와 기쁨과 행복과 기대와 소망을 주는 책이다. 요한계시록은 우리의 신랑이신 예수께서 우리와 혼인 잔치를 벌이기 위해서 반드시 다시 오신다는 약속의 말씀이기 때문이다. 요한계시록은 예수의 신부 된 교회가 반드시 이길 것이라는 예언의 말씀이기 때문이다.

물론 요한계시록을 피상적으로 얼핏 보면 무서운 내용 두려운 내용으로 가득 차 보인다. 그것들은 주로 일곱 인, 일곱 나팔, 일곱 대접의 재앙들과 관련되어 있다. 이 재앙들은 무섭고 두려운 현상을 수반하기 때문이다. 하지만 우리가 꼭 기억해야 할 것은 일곱 인, 일곱 나팔, 일곱 대접의 재앙은 교회를 대상으로 퍼부어지는 것이 아니라는 사실이다. 도리어 이 재앙들은 하나님을 배반하고 반역한 세상 즉 바벨론 제국, 적그리스도 제국을 대상으로 퍼붓는 하나님의 심판이다.

요한계시록이 무섭고 두렵다고 느껴야 할 사람들은 우리 그리스도인들이나 교회가 아니다. 도리어 세상이다. 바벨론 제국이다. 적그리스도의 지배하에 있는 어둠의 왕국에 속한 사람들이다. 이 사람들에게 요한계시록은 두려움의 책이며, 그 두려움 때문에 회개하고 주님께로 돌아올 수 있다고 한다면 계시록에 기록된 두렵고 무서운 심판의 내용은 복된 역할을 한 것이다. 일곱 인, 일곱 나팔, 일곱 대접과 관련된 하나님의 심판과 세상을 향한 재앙은 불신자들과 적그리스도의 추종자들에 대한 하나님의 공의로운 진노와 심판을 보여주기에 결코 우리 그리스도인들에게 적용되는 것이 아님을 기억해야 한다.

그럼에도 불구하고 오늘날 일곱 인, 일곱 나팔, 일곱 대접의 재앙을 마치 교회가 받을 것처럼 가르치고 주장하는 자는 거짓 선지자요 교사일 뿐이다. 물론 그렇다고 해서 교회가 마지막 대환난을 피하여 대환난 전에 휴거된다는 세대주의적인 주장이 옳은 것은 아니다. 과거 애굽을 향하여 하나님의 열 가지 재앙이 쏟아질 때에도 이스라엘 백성들은 애굽 땅에 그대로 머물러 있었다. 그리고 하나님은 이스라엘 백성들에게 애굽인들에게 향한 재앙이 적용되지 않도록 철저히 보호하셨다.[7] 다시 말하면 교회는 대환난을 피하여 휴거되는 것이 아니라 대환

---

7 요한계시록에 나타나는 출애굽 모티프에 대해서는 David L. Mathewson, *A Companion to*

난을 통과한다.[8] 그 대환난의 상황 속에서 하나님은 교회를 철저히 보호하시고 지키실 것이다. 우리는 장차 영광중에 오셔서 우리를 적그리스도와 거짓 선지자의 손에서 구원해 내시고 우리와 혼인 잔치를 벌이실 신랑을 바라보는 기대와 소망으로 가득 차야 한다. 최종적으로 마귀를 심판하사 영원한 불 못에 던져버리실 주님의 위대한 능력과 거룩하고 의로우신 성품을 인정하고 찬양 드려야 한다. 우리를 영원한 새 하늘과 새 땅으로 들이시고 그곳에서 영원히 주님을 예배하며, 주님과 교제하고, 주님과 함께 다스리게 하실(계 22:3-5) 삼위일체 하나님에 대한 감사가 넘쳐야 한다. 요한계시록은 우리 그리스도인들에게는 결코 두렵거나 무서운 책이 아니다.

4. 나가는 말

코로나 팬데믹 사태는 코로나 이후 시대의 신학에 대해 심각한 도전을 제기한다. 그럼에도 우리가 기억해야 할 것은 신학의 정체성은 불변이라는 점이다. 하지만 코로나 이후 시대 신학의 방향성은 크게 교회론과 종말론의 차원에서 재정향되어야 한다. 교회론과 관련해서는 유기적인 교회론의 복원과 비대면 예배의 정당성 확립이 관건이다. 종말론과 관련해서는 팬데믹을 재림의 징조로 이해하는 차원에서 징조론의 재구성, 밝고 행복한 종말론의 확립 그리고 건강한 계시록 해

---

the Book of Revelation (Eugene, OR: Wipf & Stock, 2019)를 참조하라.

8 교회가 예수 재림 직전에 대환난을 통과할 것이라는 관점은 역사적 전천년주의와 무천년주의의 공통된 주장이다. 다양한 전천년주의의 모델들에 대해서는 Sung Wook Chung & David Mathewson, *Models of Premillennialism* (Eugene, OR: Wipf & Stock, 2018)을 참조하라.

석학이 관건이다. 한국교회와 이민교회가 이러한 차원에서 신학적 재정향을 추구할 때에만 그 미래가 있을 것이다. 이런 신학적 재정향에서 실패한다면 교회의 미래는 어두울 수밖에 없다.

포스트코로나 시대의 평신도 역할
: 일상의 선교사 되기

이종찬

1. 들어가며

코로나가 온 지 벌써 9개월째다. 미국에 본격 상륙한 게 3월이니 락다운lock down 후 6개월이 지나고 있다. 필자가 4월에 집필한 『코로나와 4차 산업혁명이 만든 뉴노멀』의 예견대로 코로나는 단기간 유행하는 감기가 아니다. 날씨가 따뜻해지면 사라진다는 근거 없는 소문도 비껴간다. 필자의 암울한 예언이 맞아 좋으나 고통받고 있는 세상과 교회를 보면 마음은 아프다.

나는 평신도로서 코로나 이전부터 교회가 안고 있는 여러 문제점에 대해 깊은 관심을 지니고 있었다. 왜 이런 문제들이 해결되지 않고 있는지를 고민하면서 코로나 시대를 통해 이 문제들을 근본적으로 연구하여 대안을 찾고 실천하는 기회가 되어야 한다 생각한다.

현재 가장 큰 문제라 인식하는 것은 성도들의 '크리스천으로서의 정체성' 문제다. 오프라인 예배를 드리지 못함으로써 그동안 주로 봉사와 사역을 통해 크리스천의 정체성을 찾았다. 이제는 온라인 예배를 드리지만, 교회에서 성도들을 일일이 관리하고 감독하지 못하는 문제가 있다. 그 때문에 성도들이 무중력 상태에 있는 것처럼 무게 중심을 못 잡고 표류하는 현상을 보게 된다. 일상에서 성도로서의 삶, 좀 더 이상적으로는 '선교적 삶'(missional life)을 사는 성도들을 찾기 힘든 상황이다.

필자의 경우 평소 일터사역 BAM(Business as Mission)을 통해 선교적 삶을 고민하고 실천하려 노력하던 터라, 지금 팬데믹 상황에서 고군분투하며 선교적 삶을 위한 고민과 실천을 지속하고 있다. 이런 노하우와 지식들을 짧은 글에서나마 같이 나누려 한다. 사실 위에서 소개한 필자의 졸저에서 언급한 기술, 사회, 경제적 트렌드를 먼저 기술하고 팬데믹 시대의 평신도 역할을 다루어야겠지만 지면의 제한으로 전반적 트렌드 부분은 여기서는 다루지 않으려 한다.

2. 하나님 나라 복음의 신앙관 심어주기: 이분법적 신앙에서 총체적 신앙으로

'하나님 나라의 복음'은 우리 신앙을 균형 있고 온전하게 하는 신학적 기초지만 '하나님 나라의 복음'이라는 개념과 그 의미를 제대로 알고 있는 성도들은 그리 많지 않다. 물론 목회자들이 '하나님 나라 복음'이라는 개념을 가지고서 신학적 설교나 목회를 하겠지만 일반 성도들로서는 온전한 삶을 통해 이 땅에 하나님 나라를 회복하려는 소명은 머릿속에 희박하여 실천은 더욱 어렵다.

성도들의 신앙이 개인 구원에 경도된 나머지 세상과 담쌓은 채 '우리만의 리그league'를 하고 있는 교회가 많다. 교회의 공적 역할을 도외시한 채 교회 안에서만 봉사하고 섬기는 것을 하나님이 원하시는 사역이라고 여기는 것이 성도들 대부분의 현실이다. 교회 성도들이 가정, 학교, 일터 등 일상생활 현장에서 선교사로서 산다는 것은 무슨 의미이며, 어떻게 그런 삶을 살 수 있는가에 대해 모르는 경우가 많다. 천국이란 죽어서 가는 유토피아적 실제(utopian reality)라고 여겨 우리의 실존과는 별로 상관 없는 것이라고 생각하는 이분법적 태도가 지배적이다.[1]

교회 안은 정하고 성스럽고 바깥은 부정하고 비천한 곳이라는 이분법적 신앙관으로 인해 세상에서의 빛과 소금 역할은커녕, 세상으로부터 지탄받는 성도와 교회가 속출하는 안타까운 현실을 목도한다. 필자가 일터사역을 하면서 만나는 청년들 가운데 하나님의 부르심, 즉 소명을 선교사나 목회자가 되는 것으로만 여기는 이들이 있다. 자기 분야에서 전문성을 가지고 세상과 소통하면서 평신도 사역자, 즉 '일상속의 선교사'로 사는 것의 중요성을 인식하지 못하는 경우가 많다. 아직도 목회자와 평신도 사이를 구분하는 성직주의가 교회 안에 깊이 뿌리내리고 있다.

교회는 코로나19 팬데믹 기간을 통과하면서 건전하고 균형 잡힌 신학적 토대 위에 하나님 나라의 복음을 평신도들에게 제대로 가르쳐 그들이 일상 선교사로 살 수 있도록 도와야 한다. 관념적 차원에만 머무는 것이 아닌 일상의 다양한 영역 속에서 성경적 원리에 따라 살아가는 건강한 평신도들을 양육해야 한다. 이를 위해서는 목회자(교회), 신학자(신학교), 평신도(일터) 각자가 자신의 전문성을 가지고 서로 긴

---

1 김세윤 외 공저, 『하나님 나라 복음』 (서울: 새물결플러스, 2013), 221.

밀히 소통하면서 교회를 세워나가는 융합사역unifying ministry을 감당해야 한다. 건물로서 교회라는 공간 안에 갇힌 신앙을 넘어 세상을 위한 교회가 되어야 한다.[2]

3. 목회자 중심의 수직구조에서 평신도와 동역하는 수평구조로

기존의 교회 조직은 예전이나 지금이나 크게 바뀐 것은 없지 않나 싶다. 루터Martin Luther와 같은 종교개혁자들은 로마 가톨릭교회의 사제 중심 교권주의clericalism를 강도 높게 비판하였다. 그러나 그런 종교개혁적 유산에 기반하여 탄생한 개신교는 이후 로마 가톨릭교회의 성직주의라는 폐습을 교회 뒷문으로 다시 받아들이면서 교회 안에 수직적이고 교권적 구조가 자리 잡게 되었다.

교회, 회사, 비정부기구NGO 같은 조직들은 존재하는 목적이나 추구하는 방향은 제각각 다르지만 고유한 조직 형태를 통해 정한 목표를 성취하려는 입장에서는 큰 차이가 없다. 최근 많은 회사는 빠르게 변화하는 시대의 흐름을 맞춰 조직의 구조를 수직형 구조에서 수평형 구조, 모듈형 구조 혹은 네트워크형 구조 등으로 전환하여 의사소통의 효율화와 의사 결정의 현장성을 강화함으로써 급변하는 시장의 요구에 신속히 대응하고 있다.

하지만 교회는 예나 지금이나 목회자 중심으로, 특히 담임목사 중심으로 주요 사항이 결정되는 일방통행식 수직적 구조가 여전히 지배적이다. 교회의 주요 정책 결정에 있어 평신도들이 자신의 입장을 개

---

2 권혁빈, 『사랑에 이르는 신학』 (서울: 두란노, 2018), 317.

진하는 것이 제한되어 있다. 평신도들이 교회 안팎에서 경험하고 있는 고통이나 애로사항을 공유하는 것도 때론 어렵다. 평신도들의 다양한 피드백을 수렴하여 반영하는 시스템도 빈약하다. 이렇듯 교회는 여전히 구태의연하다. 로마 가톨릭교회 신학자로서 자신이 몸담고 있는 교회를 비판하다 교수직을 박탈당한 큉Hans Küng이 주장한 대로, 교회 형태는 시대와 역사성을 반영할 수밖에 없기에 한 가지 형태만으로 존재하는 것이 아니라 시대 상황에 맞춰 세상과 역동적으로 소통하고 복음을 전할 수 있는 유기적이고 융통성 있는 조직으로 거듭날 필요가 있다.

특히 현시대의 기업들은 수평적 조직이나 네트워크형 조직을 통해 소비자의 니즈needs를 파악하고 새로운 제품을 출시하는 트렌드를 추구한다. 교회 조직도 세상 사람들의 고통, 성도들의 고민들을 품고 이해하고 실제적 도움을 제공하려 한다면 수평적 구조 또는 네트워크형 구조를 지닌 조직으로 전환해야 한다. 교회는 목사, 장로, 집사 등의 직분을 계급적 상하구조가 아닌 각자의 재능과 전문성으로 협력하는 동등한 관계의 조직이 되어야 한다. 신앙 연륜이 있고 전문성을 갖추었으면 그에 걸맞은 직임과 권한을 부여하여 공동체를 세워나가도록 하는 수평적 조직이 바람직하다. 고린도전서 12장과 로마서 12장에서 바울은 교회를 '그리스도의 몸'에 견주어 설명한다.[3] 성도를 그리스도의 몸에 붙어있는 지체에 견준 바울의 설명처럼, 교회는 공동체 구성원 각자가 상하 관계가 아닌 자신의 직능을 가지고서 수평적 관계에서 섬기는 평등지향적 공동체(egalitarian community)다.

수직적 구조는 시대 상황이 안정적이거나 예측 가능한 경우에는 일

---

3 에베소서 4장도 참조.

사불란하게 한 가지 목표를 향해 갈 수 있는 장점이 있다. 그러나 팬데믹이 엄습한 현재와 같은 불확실성의 사회에서는 리더가 내린 단 한 번의 오판으로 관련 프로젝트가 실패하고 조직이 무너질 수 있는 위기를 맞이할 수 있다. 이에 반해 수평적 네트워크형 구조는 비교적 유동적이며 필요에 따라 시대 요구를 반영하기에 적합하다. 각 분야에 전문성을 가진 성도들과 목회자들의 공조로 외부 필요에 신속히 대응할 수 있고, 성도들의 자율적이고 적극적인 참여를 끌어낼 수 있다는 장점이 있다. 특히 4차 산업혁명 시대에 기업들은 '애자일 경영agile management'이나 '회복탄력적 경영resilient management'을 도입하고 있는데 이런 경영방식은 민첩하게 행동함agile과 어려움 가운데서도 언제든 다시 튀어오르는 회복력resilient을 말한다. 코로나19 팬데믹으로 인해 더욱 불확실해진 시대 속에서 교회는 기업들의 이런 경영 전략들을 검토해 봐야 한다.

4. 수동적인 평신도에서 능동적인 평신도 키우기

팬데믹 기간을 지내면서 비대면이라는 특수한 상황으로 인해 일부 성도들은 목회자들로부터 돌봄(양육)을 제대로 받지 못하는 어려움을 경험하고 있다. 목양의 측면에서 보면 성도들이 목회자들로부터 돌봄받는 것은 당연하고 자연스러운 일이다. 팬데믹 이전에도 성도들이 교회 양육 프로그램 참여에 다소 피동적이거나 성도들이 자발적으로 사역의 주체가 되는 경우는 빈약했다. 더군다나 이번 팬데믹과 같은 재난 상황에 노출된 성도들이 교회로부터 적절한 돌봄과 양육을 제대로 받지 못하는 형편이어서 그 어려움은 가중되고 있다.

필자가 복무한 카투사KATUSA(미군에 배속된 한국군) 시절을 돌아보면 미군들은 겉보기에 너무 자유분방하고 질서가 없는 듯 보이나 상사가 보지 않는다고 자신의 역할과 임무를 소홀히 하지 않는 것을 지켜보면서 그들의 몸에 밴 자율적 책임의식으로부터 많은 것을 느꼈다. 팬데믹 기간에 성도들이 목회자의 지도 관리 없이 자율적으로 신앙생활 하는 것에 준비되어 있지 않기에 일상 속 선교사로 살아가는 것을 그들에게 요구하는 것은 난망한 일일 테다. 평상시 성도들이 자율성과 주도성을 가지고서 사역하게 하는 훈련 프로그램이 없었기 때문에 이런 팬데믹 상황에 노출된 성도들은 신앙을 유지하는 것조차 힘겨울 수밖에 없다.

이번 팬데믹을 계기로 이제는 능동적이고 자율적으로 사고하고 활동할 수 있는 성도들을 양육해서 그들이 교회 사역의 주축이 되게 하고 기본적인 신학교육을 시켜 성도들이 자기 전문 분야와 성경적 세계관을 가지고서 일상 속 선교사로 살아갈 수 있도록 훈련해야 한다. 특히 한국인의 DNA에는 여전히 자율성보다는 상급자(상사)들의 명령이나 지시받아 수동적으로 처신하는 것에 익숙하고 그것을 선호하는 요소가 많은 것 같다. 이제는 4차 산업혁명 시대를 살아가는 데에 필요한 창의성과 실험정신이 교회와 성도들에게 요구되는 시점이다.

팬데믹 시대에 많은 교회가 재정적 어려움을 견디다 못해 문닫는 일이 곳곳에서 발생하고 있다. 특히 목회자의 사례비가 확보되지 않아 그들의 생계가 막막하다는 소식도 종종 듣곤 한다. 심지어 목회자의 이중직이 일부 교단에서 논의 중인 것으로 알고 있다. 제대로 신학적 훈련받아 교회 안팎에서 활발히 사역할 수 있는 평신도들을 발굴하여 세우는 일이 급선무다. 필자는 그런 의미에서 앞으로 실천하는 신학자(목회자)

와 삶으로 신학 하는 성도들이 많이 배출되어야 한다고 생각한다.

5. 풀뿌리 평신도 활동과 교회의 유기적 관계

필자는 평소 성도로서 일상 속 선교적 삶을 어떻게 이루어 갈 수 있을까 고민하다 BAMBusiness as Mission과 일터사역을 10년 동안 해왔다. 또한, 목자되신 예수와 같이 구성원들을 목양하는 비전을 가지고 그들을 섬겨도 보았다. 현재 필자는 지역사회위원회 멤버로 활동 중이다. 교회 안팎의 사역을 통해 교회내 사역들과 선순환virtuous cycle하는 경험을 하고 있다.

성도들 각자가 처한 상황이 제각각 다르기에 현재 대부분의 교회에서 제공되는 양육과정은 그들의 상황에 따른 니즈를 채워주는 데에 한계가 있는 기본(성경) 교육에 그칠 수밖에 없다. 나아가 전문성을 요구하는 선교나 다른 사역 프로젝트들은 교회가 감당하기에는 역량의 한계를 노정할 때가 있다. 필자의 경우에는 교회 안팎에서 하는 사역을 통해 바른 신앙 정체성을 확립하였을 뿐만 아니라 사역 관련 달란트를 찾았다. 외부 BAM 사역과 일터사역을 통해서 교회에 좋은 선교 사례들과 일터사역 콘텐츠를 제공하기도 하였다.

교회 바깥 선교 단체와 같은 파라처치para-church 기관과 교회가 공조할 수 있는 유기적 관계의 설정이 이 시대에는 더 요구되고 있어 무엇보다 중요하다고 판단한다. 하지만 요즘에 워낙 이단도 많아서 성도들이 외부에서 어떤 모임에 참여하는 것이 위험할 수 있으므로 외부 모임 활동에 대해 부정적 입장을 지닌 교회가 많다. 또한, 지교회에서만 봉사하기를 원하는 경우가 대부분이어서 교회 바깥에서 사역하는 것을 달갑게 생각하지 않는 경우가 있다. 그러나 성도가 교회 바깥에 관심있는 사역 분야나 활동할 수 있는 현장이 있다면 교회가 열린 마음으로 그에게 외부사역할 수 있도록 안내하고 적절히 지도해 주는 것이 좋다. 거기서 얻은 좋은 경험과 지식을 지교회 성도들과도 공유함으로써 그들에게 실제적 사역원리를 공유하고 그들의 영적 근육을 키울 수 있도록 하는 좋은 기회로 삼아야 한다.

교회는 지역사회와 협조해서 평신도의 풀뿌리 활동과 풀뿌리 선교운동을 활발히 전개해야 한다. 신약성경은 사도들과 선교사 외에도 삶 속에서 복음을 전한 평신도 풀뿌리 선교사들을 소개하고 있다. 풀뿌리 선교운동의 대표적인 성경적 근거는 사도행전 11장 19절에서 찾을 수 있다. 바나바와 바울의 선교(13-28장) 이전인 11장은 "그때에 스데반의 일로 일어난 환난으로 말미암아 흩어진 자들이 베니게와 구브로와 안디옥까지 이르러"(19절) 유대인과 헬라인에게 복음을 전했다고 서술하고 있다. 본문에서 말하는 "흩어진 자들"이 바로 풀뿌리 선교운동의 모델이다. 선교 역사에서도 풀뿌리 선교모델을 찾을 수 있다. 영국 신약학자 브루스F.F. Bruce는 "영국에 기독교를 전파한 것은 평범한 사람들, 곧 고올Gaul(현대의 프랑스 지역) 지방에서 온 상인들이었다"고 주장한다. 모라비안 교도들에게 영향을 받은 바젤 선교회의 사역 역시 풀뿌리 선교운동의 대표적인 형태라고 할 수 있다.[4]

교회가 성도들의 달란트를 적극적으로 활용하며 지역사회의 문제들을 해결할 수 있도록 유용한 사역 모델을 만들 수 있으려면 우선 목

---

4 한현구, "선교사 중심의 한국선교, 이제 '풀뿌리 선교운동'으로", 「아이굿뉴스」 2018년 4월 30일.

회자와 성도들이 쌍방향으로 소통하고 공동체 구성원들의 니즈를 진지하게 경청하는 문화를 교회 안에 정착시켜야 한다. 성도들 스스로 자신들의 경험과 지식을 공유할 수 있는 현장이 있다면 그곳에서 사역할 수 있는 플랫폼platform을 열어주고 목회자와 교회는 그 사역을 지원해주는 역할을 감당해야 한다. 현재 필자는 교회의 지역사회위원회 멤버로서 지역사회를 섬기는 일을 교회와 연계하여 소통하는 역할을 하고 있는데 BAM사역과 지역 홈리스homeless를 위한 비영리nonprofit 기관에서 일해온 경험을 교회사역에 적절하게 활용하고 있다. 팬데믹 이전에는 교회가 담장 안에 성도들을 가두어 놓고 양육하는 형식으로 성도들을 지도 관리하였다면 이제는 바깥 여러 다양한 현장에서도 선교적 삶을 살아내면서 세상을 섬길 수 있는 자율적이고 건강한 성도를 세우는 일에 적극적으로 나서야만 하는 시대에 처해있다.

6. 창의적 상상력과 실험정신

4차 산업혁명 시대에 있어 가장 중요한 요소는 창의성이다. 이제는 지식을 암기하는 것으로 능력을 평가받는 시대는 지났다. 인공지능과 인터넷의 발달로 인간은 인공지능 장착 기계에 물어보면 원하는 대답을 얻을 수 있는 시대를 살고 있다. 대신 기계가 할 수 없는 창의적인 일을 해야 한다. 그렇지 않으면 '도태'라는 운명을 맞이하는 시대다. 잡스Steve Jobs, 베조스Jeff Bezos, 머스크Elon Musk 같은 기업가들을 보면 독창적인 아이디어를 가지고 사업을 일구어 현재는 세계의 경제를 좌지우지하는 큰 기업을 이루었다. 통찰력과 창의성이 이 시대의 핵심이며 우리 자녀들을 어떻게 하면 이런 창의적인 인재로 키울까를 고민해야 한다.

현대 교회는 창의성을 만들어낼 수 있는 환경을 제공하고 있지 않다. 대부분의 양육 프로그램은 성도들의 창의성보다는 수동적이고 지식을 주입하는 방식으로 진행한다. 요즘 성도들이 고학력화하고 있는 상황에서 사회, 문화와 과학 관련 다양한 이슈들에 대한 고민에 답을 제공해주는 성경공부 교재는 턱없이 부족하다. 균형 잡힌 신학적 기초를 제공하기는커녕 단편적인 성경 지식을 주입하듯 하는 성경공부 위주다.

부분적 성경 지식은 전달하나 성경 전체를 보는 안목은 없고 기초적이고 중요한 신학적 교육을 받지 않아 자기중심적이고 무리한 문자적 성경해석으로 기울기 쉽다. 교회 안에서 그토록 강조되는 신앙이 막상 성도들의 일상생활 속에서는 맥 못 추는 안타까운 사태가 벌어진다. 필자도 스스로 '왜'라는 무수한 질문을 하고 그에 대해 답을 찾아가는 과정 속에서 신앙이 자랐다. 일상 속에서 만나게 되는 질문들에 대해 성경의 가르침을 경청하고, 전문 신학자들의 의견을 듣고, 관련 서적을 보면서 신학적 기초가 튼튼해졌고 성경에 대한 이해와 삶의 적용에 대한 안목이 열리기 시작하였다.

여러 현장에서 다양한 경험을 하는 성도들의 신앙을 고양하려면 목회자들도 많이 노력해야 한다고 생각한다. 필자가 4차 산업혁명에 대해 몇 년 전부터 관심을 가지고 연구하며 글을 쓰고 있지만, 목회자와 신학자들 대다수가 4차 산업혁명이 교회에 미칠 영향에 대한 인식도 부족하고 관심조차 기울이지 않음을 보고 안타까움을 느꼈다. 이제는 목회자들이 사회와 세계 관련 이슈를 다룬 분야의 서적도 탐독하고 깊이 성찰하여 현실 속에서 여러 다양한 난관에 처한 성도들이 스스로 답을 찾을 수 있도록 그들의 영적 멘토와 신앙적 가이드 역할을 해 주어야 한다.

인터넷이 보급되기 이전, 기업들이 취한 마케팅 방법은 'AIDMA'라 하였다. 이는 소비자들의 행동은 주의attention ⟹ 흥미interest ⟹ 욕구desire ⟹ 기억memory ⟹ 구매행동action의 단계를 거친다고 보았다. 인터넷 보급 이후 SNS가 보편화한 지금은 SIPS 모델로 바뀌어서 공감sympathaize ⟹ 흥미interest ⟹ 참가participate ⟹ 공유 및 확산share & spread의 과정을 거치는 것으로 이해한다. 소비자들의 구매 패턴이 수동적에서 적극적으로 변경되었다. 4차 산업혁명과 팬데믹이 가져온 위기와 도전 앞에 교회는 교회만이 제공할 수 있는 다양한 요소들로 성도들의 공감을 불러일으키고 그것들에 흥미를 느끼게 하고 참여를 끌어내어 함께 나누고 확산해야 한다. 우리 신앙공동체만이 나누고 유포할 수 있는 우리의 경험, 이야기, 콘텐츠를 개발하여 나누고 유통해야 한다. 지금은 단순한 지식이 아닌 공감을 불러일으키는 이야기를 찾고 있는 시대다. 교회 공동체 구성원 모두를 하나로 묶을 수 있는 담론이 필요하다. 세상과는 구별되는, 교회만이 제공할 수 있는 이야기를 세상은 우리에게서 듣고 싶어 할지도 모른다. 고도로 발달한 과학기술문명 시대를 살아가고 있는 현대인들의 영성은 가뭄으로 인해 갈라진 토양처럼 메마르다. 더군다나 팬데믹으로 인해 불안해하고 삶의 기반이 무너진 이 시대에 교회만이 세상과 나눌 수 있는 콘텐츠를 찾아야 한다. 이것은 역발상의 창의성을 요하는 일이다.

창의적 교회가 되려면 성도들의 아이디어들을 청취하고 수용하여 과감히 도입할 수 있는 실행력과 실험정신이 필요하다. 결국, 창의성은 얼마만큼 아이디어를 시도했느냐 하는 실행력과도 연결된다. 일반기업들의 경우에는 급변하는 환경에서 '린스타트업lean start-up'이라는 개념으로 접근하여 신속히 창업하고 '스케일업scale-up'하는 경영기법을 쓰고 있다. 10개 시도해서 한두 개 성공만 해도 소위 '대박'이 날 수 있다. 현시대처럼 모든 것이 급변하는 사회환경에서 교회는 계획을 처음부터 너무 거창하고 완벽하게 세울 필요가 없다. 린스타트업의 개념처럼 상황에 따라 계획을 세우고 실행하면서 맞지 않으면 그때 궤도수정하여 추진하면 된다. 필자는 디자인 경영design thinking이라는 경영기법을 NGO나 교회가 사용해야 한다고 주장한다. 디자인 경영이란 그것의 핵심인 '프로토타입prototype'을 출시한 후, 시장에 신속히 제시하고 피드백을 받아 필요하다면 즉시 수정해서 시장이 원하는 제품을 내놓는 방식을 말한다. 급변하는 사회 속에서 교회가 장기계획을 세우는 데에 크게 공들이다가 타이밍을 놓치기보다는 교회가 안팎에서 실행해야만 하는 주요 사역을 추진하면서 다양한 경로로 피드백을 받아 수정해 나가면서 완성해 나가는 방식을 취하는 것이 필요하다. 이러한 피드백을 자주 수용하여 성도들과 지역사회의 요구와 문제에 신속하고 적절하게 대처할 수 있다. 교회는 교인들과 지역사회가 봉착한 고민과 어려움을 수시로 경청하고 적극적으로 수용함으로써 그들을 위한 대책을 세워 긴급히 지원해야 한다.

7. 지성적 크리스천, 실천하는 크리스천 양성

교회에 오면 사람들이 지성과 사고력이 떨어지는 현상을 본다. 급변하는 사회 속에서 여러 다양한 이슈에 노출되는 성도들이 스스로 비판적 사고critical thinking를 하는 것은 매우 중요하다. 목회자 중심의 문화와 수직구조는 교회 내 자아 성찰 없이 순종만 하는 성도들, 사고력

없는 성도들, 더 나아가 반지성적 크리스천들을 양성하기에 적합한 환경이다. 결국, 이러한 관료화한 조직과 경직된 문화는 크리스천 공동체가 세상과 소통도 되지 않고 광신도 집단으로 폄하되는 이유와도 직결된다. 성경과 하나님 나라 복음에 대한 바른 이해가 있다면 일반 대학교육을 거친 성도들은 자신의 의견을 피력하고 상식과 영성을 겸비할 수 있는 역량이 있음에도 피동적으로 사고하는 바보가 된다. 일방통행식 소통과 교조적 가르침에 익숙한 성도들은 '왜'라는 질문이 '믿음 없음'의 표식으로 인식하게 되고 나아가 '불순종하는 성도'라는 낙인이 찍힐 수 있다는 불안한 마음을 갖기에 십상이다.

경영학에서는 시스템 사고system thinking가 경영의 한 기법인데, 전체와 동시에 부분을 들여다보면서 한 부분의 원인과 결과가 다른 부분의 원인과 결과가 될 수 있음을 통찰하게 하는 인식 능력이다. 교회를 둘러싼 여러 다양한 이슈들의 부분과 전체를 동시에 보면서 문제의 본질을 제대로 짚어낼 수 있는 통섭적 판단 능력이 있어야 한다. 우리에게 지정의를 주신 하나님은 그 지정의를 통해 하나님과 하나님이 만드신 세상을 깊이 인식하도록 우리를 창조하셨다. 그럼에도 한국교회는 감성적 부분에 지나치게 치우쳐 지적(지성적)이고 의지적(실천적)으로 연약한 성도들을 양성하고 있다. 믿음이 뜨겁다가도 일상 속에서 치열하게 고민해야만 할 때는 그 열정이 갑자기 식어버리는 경우를 종종 본다.

교회는 성도들이 지적으로 의지적으로 성장할 수 있도록 도와야 한다. 단편적 지식을 채우는 정도의 성경공부가 아니라 성경의 가르침에 근거하여 자신을 깊이 반추할 수 있도록 하는 심층적 성경 읽기와 공부가 되어야 한다. 관념적 신앙이 아닌 성경으로부터 배운 바대로 살아내는 실천적 성도들을 양육해야 한다. 이러한 지성적이고 실행력 있는 성도들이 세상에 나가서 활동할 때, 교회는 세상으로부터 게토화되지 않고 복음으로 세상을 섬길 수 있는 신앙공동체로 거듭날 것이다.

최근 유튜브YouTube, 페이스북Facebook, 트위터Twitter와 같은 SNS에서 유포되는 가짜 뉴스를 식별할 수 있는 분별력이 없어서 정보전염병infodemic에 걸린 이들이 갈수록 늘어나고 있는 현실은 안타깝다. SNS 관련 기업들은 그것을 이용하는 구독자들을 최대한 끌어모아 광고주로부터 큰 수익을 챙기는 데에 혈안이 되어 있다. 이를 위해 인공지능 알고리즘algorism을 통해서 구독자의 취향을 분석할 뿐만 아니라 수익률을 높이기 위해 지속적으로 편향된 동영상이나 관련 정보를 올려주고 있다. 편향된 정보를 지속적으로 접하게 되면 바르게 인식하지 못하는 심각한 상태에 이르게 된다. 이를 '알고크러시algocracy'라 하는데, 최근 넷플릭스Netflix가 출시한 다큐멘터리 〈소셜 딜레마social dilemma〉는 인공지능이 어떻게 우리의 삶을 지배하는지를 여실히 보여준다. 이것과 관련하여 '디지털 치매digital dementia'라는 말이 생겨났다. 디지털 치매란 디지털 기기에 의존한 나머지 기억력과 계산 능력이 저하되고 각종 건망증 증세를 보이는 상태를 이름이다. 이런 정신적 장애는 우리의 신앙생활을 해치는 여러 요소들 가운데 하나이다. SNS의 발달로 인해 정치적 양극화가 심해지고 교회 내 성도들이 갈라져 대립하는 것은 참으로 무서운 현실이다. 특히 상황이 불안하고 불확실할수록 각종 음모론이 판친다. 모든 음모론이 다 그렇지는 않지만 많은 성도들이 확증되지 않은 음모론에 빠져서 비판적 사고를 멈추고서 그것을 맹신하는 것은 정보사회가 앓고 있는 심각한 병리적 현상 가운데 하나일 것이다.

8. 교회의 공공성과 MZ세대, 환경과 생태주의

요즘 세대 중에 밀레니얼 세대(1980~1995년)와 Z세대(1996~2010년)는 이전의 기성세대와는 크게 다른 가치관과 삶의 양식을 추구한다. 그들은 공공성과 사회정의 관련 이슈에 민감하다. 그리고 환경문제에도 관심이 많다. 기후변화 문제를 두고 사사건건 도널드 트럼프 대통령과 갈등을 빚고 있는 스웨덴 소녀 환경운동가 툰베리Greta Thunberg가 바로 그 Z세대에 속한다. 이들의 사고구조와 행동양식 관련 서적들도 시중에 많이 출간되고 있다. 나이 드신 목회자들과 장로들이 속한 베이비부머나 X세대(1970년대생)와 MZ세대 사이의 간격은 크게 벌어져 그 두 세대는 서로를 외계인 취급한다고 말한다면 지나친 표현일까.

한국과 미국의 젊은이들이 교회를 떠나는 주된 이유 가운데 하나가 교회에 대한 실망이다. 부모 세대의 삶과 신앙의 불일치, 고질적 목회 세습, 잦은 성 문제와 재정 비리를 지켜보며 자란 젊은이들은 교회에 대해 깊은 회의를 느낀다. MZ세대들은 갈수록 고령화하는 사회에서 가중되는 취업난과 부동산 가격 등의 상승으로 부모 세대보다 경제적으로 훨씬 힘든 삶을 살고 있다. 미래에 대한 기대를 잃은 젊은이들이 우리 주변에 많다. 젊은 세대가 떠난 교회의 현실을 반성하고 이들을 향한 교회의 깊은 관심과 사랑이 어느 시대보다 절실하다.

젊은 세대에 관한 관심 외에 교회가 관심 가져야 할 주요 사항 가운데 하나가 생태환경 문제가 아닌가 생각한다. 이번 팬데믹이 생태환경 파괴로 인한 것임을 과학자들은 여러 번 지적해 왔다. 야생동물 서식지 파괴와 지구온난화로 인해 각종 바이러스에 인간이 노출되는 접촉 빈도는 가파르게 상승하고 있다. 코로나19 팬데믹이 진정되더라도 또

다른 팬데믹이 인류를 덮칠 가능성은 농후하다. 지구촌 곳곳에서 동시 다발적으로 발생하는 각종 자연재해(허리케인, 가뭄, 홍수, 지진, 대형 산 불 등)는 해가 갈수록 심해지고 있다. 곳곳에서 파괴되고 있는 생태환 경을 돌아보고 바른 생태영성으로 하나님의 창조 사역에 동참하는 성 도와 교회가 늘어나야 한다.

가톨릭교회에서는 교황이 주기적으로 환경문제에 대한 우려와 바 른 행동 양식을 촉구하지만, 개신교의 경우에는 이 문제에 관한 관심 이 비교적 저조한 편이다. 필자가 속한 교회는 성도들에게 환경문제를 환기하고 환경보존단체에 재정을 지원하고 환경캠페인들을 벌여 성 도들의 참여를 끌어내려고 노력하고 있다. 이런 노력은 다음 세대의 생존문제와 삶의 질 문제와도 직결된다. 교회는 성도들이 창조신학에 근거한 친환경 삶을 살 수 있도록 바르게 계도해야 한다.

9. 4차 산업혁명 시대, 교회와 성도의 역할

이번 팬데믹 이전, 4차 산업혁명이 가져온 기술발전은 우리가 사는 세상을 빠른 속도로 재편하고 있다. 인공지능과 로봇으로 인한 일자리 감소, 긱워커gig worker 및 비정규직 증가, 바이오 기술 발달로 인한 유 전자 조작, 인간 영생을 추구하는 포스트휴머니즘post-humanism 등의 이 슈는 인류에게 혜택을 주는 측면도 있지만 심각한 윤리적, 신학적 문 제도 안고 있다.

히브리대학교 역사학 교수 유발 하라리Yuval Noah Harari는 21세기의 기술 발달, 특히 인공지능과 로봇으로 인해 인간의 설 자리가 줄어들 것을 우려한다. 목회자와 신학자는 정치적 경제적 가치를 잃은 '무용

계급'useless class'으로 전락하고 있는 인간은 '이제 무엇을 위해 존재하는 가'라는 질문 앞에 서 있다. 이 질문을 놓고서 신학적 철학적 성찰을 해야 한다.5 인간은 육체적 정신적 노동을 로봇과 인공지능에 빼앗기고 있다. 심지어 설교하는 인공지능 로봇도 개발되었다고 한다. 기술의 발전으로 인해 새로운 일자리 창출보다는 일자리가 크게 줄어들 것으로 예상한다. 머지않은 미래에는 세계적 규모의 전자 상거래 오너가 전 세계의 부 가운데 99%를 차지하고 나머지 몫을 가지고서 플랫폼 스타, 인공지능과 로봇 순으로 차지하게 되어 인간은 '불안정한 노동 자계급'을 의미하는 '프리캐리아트precariat'로 살게 될지도 모른다.6

4차 산업혁명의 특징 가운데 하나가 빅데이터를 이용한 인공기술인데 빅데이터는 이미 우리의 행동 패턴을 파악해서 미래를 예측하는데에 사용된다. 하라리는 무한의 데이터가 무한의 믿음을 가져다 줄 '데이터교dataism'에 대해 언급한다.7 '데이터교'라는 신조어가 생길 만큼 우리 사회는 인간으로 하여금 기술과 그것이 생산하는 데이터에 의존하고 나아가 맹신하게 한다. 이미 인간의 뇌를 슈퍼컴퓨터에 연결하는 실험을 하고 있다. 구글도 인간수명 연장과 영생을 연구하는 자회사를 운영하고 있다. 영화〈트랜센던스Transcendence〉는 주인공 (영화배우 조니 뎁이 분한) 윌 캐스터가 뇌사하자 슈퍼컴퓨터에 뇌의 데이터를 업로드해서 가상에서 삶을 연장한다는 줄거리인데, 이런 내용은 아주

---

5 유발 하라리(Yuval Noah Harari) 외 공저, 『초예측 – 세계 석학 8인에게 인류의 미래를 묻다』 (未來を讀む: AIと格差は世界を滅ぼすか) (서울: 웅진지식하우스, 2019).

6 나동욱, "서울대 연구팀, '미래 도시, 네 개의 계급 존재하게 될 것'", 「베리타스 알파」 2017년 10월 25일자.

7 Yuval Noah Harari, *Homo Deus*, 유발 하라리/김명주 역, 『호모 데우스 – 미래의 역사』 (서울: 김영사, 2017).

먼 미래의 이야기가 아니다.

　인간을 영생불사의 존재로 만드는 데에 매진하고 있는 인공지능과 생명공학 관련 과학기술은 이미 신의 자리를 넘보고 있어 탈종교화 현상은 더욱 가속화할 것이다. 이런 심각한 도전 앞에서 교회는 과연 어떤 답을 준비하고 있는지를 심각히 숙고해야 한다. '믿으면 구원받는다'는 메시지만으로는 이러한 도전에 적절히 대응할 수 없다. 인공지능과 생명공학이 제기하고 있는 여러 다양한 이슈에 대해 교회는 신학적으로 답변할 수 있도록 준비되어 있어야 한다. 이런 답변을 제공할 타이밍을 놓치게 되면 젊은 세대의 교회 이탈은 더 심각하게 진행될 것이다.

　교회는 조만간 닥칠 미래사회를 내다보고 성도들이 어떤 환경에 처하더라도 '하나님의 자녀', '그리스도의 제자'라는 정체성을 지닌 채 살아갈 수 있도록 도와야 한다. 발생주기가 점점 빨라지는 팬데믹 상황과 가속화하는 과학기술의 발달로 삶의 곳곳에 적신호가 켜진 위기의 성도들을 돌아보고 그들을 구체적으로 도울 수 있는 여러 다양한 방법들을 마련해야 한다. 100세 시대를 맞은 성도들은 학교-직장-은퇴라는 삼단계 구조에서 학교-직장-재교육-일-재교육-일이라는 다단계 구조로 변화하고 있는 사회 속에서 평생학습 혹은 마이크로 학습을 하여야 한다. 교회는 모든 네트워크를 동원하고 교회 내 혹은 지역교회 간 전문인력의 도움을 받아 성도들에게 재교육, 연장교육의 장을 제공하거나 생활기반이 무너지지 않도록 그들을 도울 수 있는 다양한 방안을 마련해야 한다. 교회 내 전문적인 달란트를 가진 성도들이 기술로부터 소외된 성도들을 상담하고 재교육해 줄 수 있다. 4차 산업혁명 시대가 가져올 미래사회를 맞이할 준비가 되어 있지 않은 성도와 교회는 위기에 처할 공산이 크다. 미래를 제대로 준비하지 않으면 어느 누구도 어떤 조직도 살아남지 못할 것이다.[8]

10. 성도의 SESG 모델

'크리스천'이라는 명칭에 걸맞은, 세상 사람들과 구별되는 정체성과 라이프스타일을 성도들은 지녔는가. 언론매체를 통해 '믿는 사람들이 더하다'라는 사회적 비난을 자주 접하게 되어서 해 본 질문이다. 일터에서 본이 되지 않는 크리스천의 행태로 인해 눈살 찌푸리는 일이 자주 발생한다. 부를 축적하는 데에 수단과 방법을 가리지 않는 탐욕스러운 교인들의 이야기가 종종 회자된다. 교회에 출석하면서 사회적약자를 상대로 갑질하는 이들을 본다. 목회자들의 적절하지 않은 언행이 종종 언론매체나 SNS를 장식하기도 한다. 이러한 사례들로 인해교회에 출석하지 않는 소위 '가나안 성도들'이 우리 주변에 점점 늘어나고 있다.

필자는 성도의 삶을 SESG 모델로 만들어보았다. 내가 추구하는 삶이기도 하다. SESG 중에 ESG는 기업의 사회적 활동 시에 세 가지 영역, 즉 E - Environmental, S - Social, G - Governance로 나눠서 활동하고 그 결과를 측정하는 툴tool이다. 여기에 크리스천으로의 S - Spiritual을 붙여서 영적인 책임 영역을 더한다. BAM 사역이나 교회에서도 이러한 SESG를 활용할 수 있다.

첫째 영적 영역spiritual field과 관련해서 성도는 하나님을 알아가는

---

8 이종찬, 『4차 산업시대의 크리스천 일터와 Business As Mission』 (서울: 북랩, 2019).

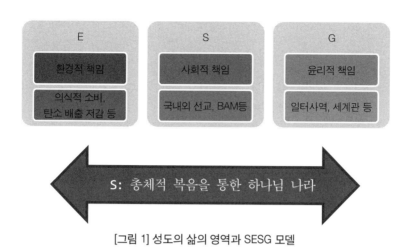

E	S	G
환경적 책임	사회적 책임	윤리적 책임
의식적 소비, 탄소 배출 저감 등	국내외 선교, BAM등	일터사역, 세계관 등

S: 총체적 복음을 통한 하나님 나라

[그림 1] 성도의 삶의 영역과 SESG 모델

것과 일상 속 성경적 실천을 통해 얻을 수 있는 영적 성숙을 추구해야 한다. 이는 하나님 나라 비전을 가지고 전도(선교)하는 것을 지향한다. 이는 성경적 원리에 근거해 다양한 영역 속에서 성도로서의 마땅한 삶을 사는 것을 목표로 한다.

둘째는 사회적 책임social responsibility이다. 주변에 가난한 자, 홈리스, 이민자, 난민, 고아 등을 돌보며 도움의 손길을 제공하는 것이다. 필자의 경우 섬기는 교회 성도들과 함께 BAM 사역으로 아이티Haïti의 가난한 사람들을 도와주고 동네 홈리스들에게 일자리를 찾아주거나 그들을 멘토링하는 사역을 하고 있다. 이러한 실천은 내 안의 영성을 키우고 신앙을 일깨우는 촉매제로 작용한다. 특히 미주지역 한인들 가운데 지역사회와 교류하지 못하고서 '문화적 섬cultural island'에 고립된 채 살아가는 이들이 많다. 그들은 대체로 지역사회에 무관심하다. 지역사회가 제공하는 각종 혜택만을 챙기려는 얌체족이 아니라 지역사회와 소통하면서 사회구성원들을 위해 다양한 형태로 봉사하는 성도들이 늘어나야 한다. 이 시대는 지역사회의 필요가 무엇인지를 파악하여 그것을 실제로 채워주는 일상 선교사로서 살아가는 신실한 성도들을 더욱 필요로 한다.9

셋째는 환경적 책임environmental responsibility이다. 필자가 살고 있는 미국은 다른 국가에 비해 환경적 관심이 비교적 낮은 편이다. 최근 미국에도 '베네피트 기업benefit cooperation'이 늘어나고 있는데 이는 이윤을 추구하면서 동시에 기업 시민으로서 환경보존과 같은 사회적 책임을 적극적으로 수행하는 기업이다. 세상의 청지기로 우리를 세우신 하나님의 뜻에 따라 환경을 관리하고 보호하는 것은 우리 크리스천들이 져야 할 주된 책임 가운데 하나다. 성도는 생활 쓰레기 감소, 친환경 제품 구매, 탄소 배출 저감 관련 캠페인을 벌이고 이러한 일들을 실천해야 한다. 교회는 성도들에게 창조신학에 근거한 환경교육도 제공해야 한다. 하나님이 창조하신 생태환경을 파괴할 권리는 우리에게 없다. 생태파괴는 여러 죄악의 한 형태다.

넷째는 윤리적 책임ethical responsibility이다. 성도는 스스로 절제하고 윤리적으로 성결한 삶을 추구해야 한다. 사업을 하든 직장을 다니든 사역을 하든 윤리적으로 사는 것은 중요하다. 성도는 결과보다 과정을 중요하게 여겨 어떤 불법도 자행하지 않아야 한다. 탈세하여 취한 돈을 교회에 헌금하는 것은 성도의 바른 태도가 아니며 하나님을 물질의 맘몬으로 취급하는 행위다.

위 네 가지 지표는 성도가 필히 추구하고 실행해야 하는 영역이다. 반 신적이고 탈 종교화 시대에 바른 영성으로 사회적 환경적 윤리적

---

9 이상훈, 『처치 시프트 - 선교적 교회 사역 패러다임 』 (서울: 워십리더미디어코리아, 2017).

책임을 다하는 성도들이 그들의 일터에서 제 역할을 감당할 때 교회는 이 세상을 변혁시킬 수 있다.

11. 나가며

불확실하고 불안정한 사회에서는 애자일하고 회복 탄력적으로 일하지 않으면 안 된다. 지금과 같은 팬데믹 상황에서는 종전과 같이 경직된 사고방식과 구태의연한 해결방안으로 위기를 극복할 수 없다. 실패하더라도 실험적으로 시도하고 과감하게 변화에 뛰어드는 교회만이 생존할 수 있을 것이다. 무엇보다 현 상황을 깊이 성찰하고 끊임없이 '왜'라는 질문을 던져보아야 한다. 우리가 믿는 하나님은 해결사라기보다 우리에게 끊임없이 질문하시는 하나님이시다. 그런 질문을 통해 하나님은 우리로 하여금 하나님과 세상을 더 깊이 있게 이해하고 그런 이해에 근거하여 바르게 사고하고 살아갈 것을 요청하신다.

끝날 줄 모르는 팬데믹 시대에 교회와 성도들 대부분은 다양한 형태의 고통을 경험하고 있다. 팬데믹을 잘 통과하는 것도 중요하지만 포스트코로나 사회에서 교회가 직면할 위기와 도전을 전망하고 구체적 방안을 마련하는 일은 더욱 중요하다. 얼마 전 이사야서를 읽던 중 '거룩한 그루터기'(6:13)에 관한 구절을 묵상하면서 이 팬데믹을 통해 하나님이 우리 교회와 성도들을 새롭게 하신다는 생각을 하게 되었다. 하나님은 베어져 밑둥치만 남아, 불에 그슬린 그루터기로도 위대한 일을 해내시는 분이시다. 물기가 사라진 것 같은 밑둥치에서 하나님은 새싹을 틔우신다. 새싹은 하나님이 이뤄나가시는 생명과 구원 역사가 새로운 국면에 접어들었음을 알리는 메타포다. 우리의 무너진 자리에서 하나님은 새로운 생명 역사를 일으키신다. 하나님은 팬데믹 재난 상황에서 살아남아 구원 역사에 동참할 수 있는 그루터기 같은 성도와 교회를 찾고 계신다. 어떤 환경에서도 일상 선교사로서 하나님이 위탁하신 일을 묵묵히 수행하는 성도들이 포스트코로나 시대의 희망이다. 그들을 붙들고 계신 하나님은 우리와 이 세상의 궁극적 희망ultimate hope 이다.

글쓴이 알림

강준민

새생명비전교회(L.A., California) 담임목사. 서울신학대학교(B.A.), Azusa Pacific University(M.A. & M.Div.), Talbot Seminary(Th.M.), William Carey University (Ph.D.)에서 수학했다. 1989년 로고스교회를 개척해서 12년을 목회한 후, 2001년 부터 2009년까지 동양선교교회에서 담임목사로 사역했다. 2009년 11월 새생명비 전교회를 개척해서 지금까지 담임목사로 사역하고 있다. 저서로는 『뿌리 깊은 영성』 (두란노) 외에 다수가 있다. 영문 저서로는 *Deep-Rooted in Christ*(IVP), *Scripture by Heart*(IVP), *Spirituality of Gratitude*(IVP)가 있다. 목회와 신학, 월간목회, 빛과 소 금, 그 말씀 등 여러 기독교 잡지에 영성과 목회 리더십에 관한 글들을 기고했다.

고승희

아름다운교회(Rowland Heights, California) 담임목사. 서울대학교 경영학과를 졸업했다. 텍사스 A&M 대학교를 거쳐 미시시피 주립대학교에서 경영학 박사 학위 를 마치고, 풀러신학교에서 목회학을 공부했다. Los Angeles Mission Conference 총 디렉터를 역임하였다. 현재 미주복음방송 이사를 맡고 있으며, Gateway Seminary 교수로 재직 중이다. 1993년 L.A. 동부에 소재한 아름다운교회를 27년째 담임목사로 섬기고 있다. 적극적으로 교회 개척 사역을 펼치고 있으며, 후배 목회자 들의 멘토 역할을 감당하고 있다. 저서로는 『악의 뿌리』(넥서스 CROSS), 『UPL 이 슬람』(KIATS|키아츠)와 공저 『고엘, 교회에 말걸다』(홍성사)가 있다.

김사무엘

인공지능 과학자(A.I. Scientist). 연세대학교에서 전기전자공학 학사와 석사를 취 득하고, University of Southern California에서 인공지능을 이용한 소리 인식을 연구하여 박사 학위를 받았다. 스위스 IDIAP Research Institute 박사후 연구원, 연 세대학교 연구원, 스타트업 회사 등을 거치며 인공지능을 연구하고 있으며, 현재 인 공지능으로 정신건강을 진단하는 솔루션을 개발하는 스타트업 회사에서 근무하고 있다. 과학기술의 시대를 살아가는 그리스도인의 자세와 정체성에 대한 고민을 담은 "디지털 공감"을 미주중앙일보에 연재하고 있다.

김현경

월드미션대학교(L.A., California) 기독교상담학 교수. 같은 대학교에서 기독교상
담학 학사과정 디렉터를 지냈다. 브라질 상파울루의 Universidade Presbiteriana
Mackenzie에서 화학을 전공하고 미국 Biola University의 Talbot School of
Theology에서 목회상담학 석사 및 기독교교육학 박사 학위를 받았다. ANC온누리
교회에서 내적 치유 담당 사역자를 지냈고 현재 상담 사역을 담당하고 있다. 이민
교회 가운데 건강한 소울 케어와 가정 사역이 뿌리내릴 수 있도록 리더십 훈련 과정
을 개발하고 있다. 발표된 논문 주제는 "중년 여성의 이야기 정체성 형성", "기독교
정체성 형성과 앎의 방식" 등이다.

민종기

충현선교교회 담임목사(L.A., California). Azusa Pacific University 신학대학원
에서 외래교수로 가르치고 있다. 새일세계선교회 이사장 및 미주복음방송 부이사장
으로 사역했다. 한양대 정치외교학(B.A.). 서울대학원 정치학과(M.A.). University
of Southern California 정치학 박사과정 중 Fuller Theological Seminary로 옮겨
석사와 윤리학 전공 조직신학 부전공으로 박사학위(M.A., Ph.D.) 취득하였다. 주요
저서로는 Sin and Politics(Peter Lang), 『한국 정치신학과 정치윤리』(KIATS|키아
츠), 『목회세습, 하늘 법정에 세우라』(대장간)가 있으며, 공저로는 『고엘, 교회에 말
걸다』(홍성사), 『요한계시록, 하나님 백성의 승전가』(성서유니온) 등이 있다.

박동식

미주장로회신학대학교(Santa Fe Springs, California) 조직신학 교수. 계명대학교
철학과를 졸업한 후 장로회신학대학교에서 목회학 석사와 신학 석사를, 미국 Emory
University에서 신학 석사와 Claremont Graduate University에서 종교철학과 신
학으로 박사 학위를 각각 받았다. 미주장로회신학대학교에서 기독교인문학 디렉터
와 평신도대학 디렉터로 섬겼다. Fuller Theological Seminary, 쉐퍼드대학교,
AEU미성대학교, 미주개혁대학교에서 가르친 바 있다. 저서로는 『마가복음 읽기: 일
상과 신앙』(기독교문서선교회|CLC)이 있으며, 역서로는 『케노시스 창조이론』(The
Work of Love: Creation as Kenosis)과 『신학 논쟁』(God in Dispute, 새물결플러스)이
있다.

박성호

ANC온누리교회(Lake View Terrace, California) 총괄목사. Biola University에
서 인류문화 선교학과를 졸업하고 Talbot Theological Seminary에서 목회학 석사

를 취득했다. Midwestern Baptist Theological Seminary에서 목회학 박사과정에 있고, 미주개혁대학교에서 가르치고 있다. 이민 1.5세로 2세 영어권 자녀들 대상으로 교회교육을 담당했고, 남가주한인교육사역자회 회장 및 임원으로 이민한인교회 교회학교들을 섬겼으며, 10년 동안 담임목사로 이민한인교회 목회를 했다.

이상명

미주장로회신학대학교(Santa Fe Springs, California) 신약학 교수 겸 총장. 계명대학교와 장로회신학대학교를 졸업한 후 미국 Claremont Graduate University에서 신약학으로 박사 학위를 취득했다. 통전적이고 선교지향적 신학교육을 추구하는 한인 디아스포라 신학자이다. 학문적 관심은 기독교의 기원과 성서해석, 그레코-로마 콘텍스트에서 바울 신학 사상의 해석과 상황화 신학에 있다. 주요 저서로 *The Cosmic Drama of Salvation* (WUNT II/276; Mohr Siebeck), 『성서 인물에게서 듣다: 구약』, 『성서 인물에게서 듣다: 신약』(홍성사)과 공저인 『고엘, 교회에 말걸다』(홍성사), 『참 스승』(새물결플러스), 『요한계시록, 하나님 백성의 승전가』(성서유니온), 『4차 산업혁명과 디아스포라 시대의 선교』(케노시스) 등이 있다.

이상훈

America Evangelical University(L.A., California) 선교학 교수 및 총장. Missional Church Alliance(MiCA) 대표 디렉터. 서울신학대학교에서 신학(B.A. & M.Div.)을, Fuller Theological Seminary에서 선교학 석사(Th.M. in Missiology)와 박사(Ph.D. in Intercultural Studies) 학위를 마쳤다. 새로운 시대에 맞는 혁신적이며 창의적인 사역 패러다임을 찾기 위해 지속적인 리서치를 해 왔고 이를 기반으로 글쓰기와 강연, 훈련을 하는 교육자요 운동가이다. 주요 저서로 『처치시프트』(Church Shift, 워십리더미디어코리아) 외에 『리폼처치』(Re_Form Church), 『리뉴처치』(Re_New Church), 『리싱크처치』(Re_Think Church, 이상 교회성장연구소) 등이 있다.

이종찬

J&B Food Consulting 대표, 미국 식품법 전문가. 연세대 화공과를 졸업하고, California State College Long Beach에서 경영학 석사학위를 받았고, Walden University에서 경영학 박사과정을 수료했다. 남가주에 위치한 씨드교회에 출석하면서 교회에서 지역사회위원회 위원으로 로컬 커뮤니티를 섬기고 있다. 교회 바깥에서는 일터 사역 및 BAM(Business as Mission) 사역을 2011년부터 시작하면서 청년, 사업가, 직장인들의 미셔널 라이프(missional life)를 위한 평신도 사역을 하고 있다.

저서로는 『게으름의 경영학』, 『성령이 이끄는 경영』, 『4차 산업시대의 크리스천 일터』, 『미국 식품 수출 성공가이드』, 『코로나와 4차 산업이 만든 뉴노멀』 등이 있다.

정성욱

Denver Seminary(Littleton, Colorado) 조직신학 교수겸 아시아사역 처장. Harvard University에서 목회학 석사 학위를, University of Oxford에서 조직신학으로 박사학위(D.Phil.)를 취득했다. 주요 저서로 *Admiration and Challenge: Karl Barth's Theological Relationship*(Peter Lang), *Models of Premillennialism*(Wipf & Stock), 『티타임에 나누는 기독교 변증』, 『10시간 만에 끝내는 스피드 조직신학』, 『삶속에 적용하는 라이프 삼위일체 신학』(이상 홍성사), 『정성욱 교수의 밝고 행복한 종말론』(눈출판그룹), 『한국교회 이렇게 변해야 산다』(큐리오스 북스) 등 30여 권의 저서, 편저, 역서가 있다.

정요석

세움교회(서울 동작구) 담임목사. 서강대와 영국 University of Aberdeen에서 경제학과 토지경제학을 각각 공부하였다. 직장 생활 중 부름을 받고 합동신학대학원대학교에서 목회학 석사를 공부하고, 조직신학으로 안양대와 백석대에서 석사와 박사학위를 각각 받았다. 1999년에 세움교회를 개척하여 지금까지 섬기고 있고, 합동신학대학원대학교에서 외래교수로 가르치고 있다. 저서로는 『내 뜻인가, 하나님 뜻인가』, 『소요리문답, 삶을 읽다』, 『하이델베르크 교리문답, 삶을 읽다』, 『칼뱅주의 5대 교리 완전정복』 등이 있다. 신앙고백으로 삶과 사회를 읽어내는 데 관심이 있다.